U0693899

商务部"十二五"规划系列教材
中国国际贸易学会"十二五"规划教材

保税物流仓储实务

（2012 年版）

主编　夏荣辉

中国商务出版社

图书在版编目（CIP）数据

保税物流仓储实务：2012年版/夏荣辉主编 . —北京：中国商务出版社，2012.3（2017.4重印）
商务部"十二五"规划系列教材　中国国际贸易学会"十二五"规划教材
ISBN 978-7-5103-0646-4

Ⅰ.①保…　Ⅱ.①夏…　Ⅲ.①自由贸易区—物流—仓库管理—高等学校—教材　Ⅳ.①F253.4

中国版本图书馆 CIP 数据核字（2012）第 032731 号

商务部"十二五"规划系列教材
中国国际贸易学会"十二五"规划教材

保税物流仓储实务（2012 年版）
BAOSHUI　WULIU　CANGCHU　SHIWU
主编　夏荣辉

出　　　版：中国商务出版社
地　　　址：北京市东城区安定门外大街东后巷28号　　邮编：100710
责任部门：教育培训事业部（010-64243016　gmxhksb@163.com）
责任编辑：刘姝辰
总 发 行：中国商务出版社发行部（010-64208388　64515150）
网购零售：中国商务出版社考培部（010-64286917）
网　　　址：http://www.cctpress.com
网　　　店：https://shop162373850.taobao.com/
邮　　　箱：cctp6@cctpress.com
开　　　本：850毫米×1168毫米　1/16
印　　　张：18　　　　　　　字　　数：416千字
版　　　次：2012年3月第1版　　印　　次：2017年4月第3次印刷
书　　　号：ISBN 978-7-5103-0646-4
定　　　价：34.00 元

凡所购本版图书有印装质量问题，请与本社总编室联系。（电话：010-64212247）

版权所有　盗版必究（盗版侵权举报可发邮件到此邮箱：1115086991@qq.com 或致电：010-64286917）

本书编委会

主　　编　　夏荣辉

副主编　　李　虎

编　　委　　谢云嵩　何光淮　冯　凭
　　　　　　夏　阳　骆　玮

前　言

　　保税仓库、出口监管仓库、保税区、出口加工区、保税物流园区、保税物流中心和保税港，这七个词语解读了我国改革开放以来中国保税物流的发展和变革历程。目前，我国海关已发展成现代海关监管体系，即"以保税港和区港联动的保税物流园区为龙头，以保税区、保税物流中心和出口加工区为枢纽，以优化的保税仓库和出口监管仓库为网点"的结构化体系，保税仓库、出口监管仓库作为保税物流运作中最基本的环节仍突显其重要位置。

　　随着我国加快融入经济全球化、区域经济一体化的步伐，我国正在成为承接国际产业转业的基地。跨国公司在全球化运作中采用网络订单、供应链管理库存、在线结算、门到门销售等现代化经营方式、运输方式以及第三方物流、第四方物流服务，对我国构建多元化的保税物流监管体系提出了新的要求。

　　在当前出口加工贸易、保税物流蓬勃发展的形式下，优化保税仓库、出口监管仓库在保税物流运作中节点的作用，加快保税货物的流通和通关，降低保税货物的仓储成本，提高经贸企业和仓储企业的经济效益，是本书编者期盼的目的。

　　由于上海市的保税仓库、出口监管仓库、保税区、出口加工区、保税物流园区、保税物流中心和保税港发展模式多样化，所以本书主要是以海关总署、上海海关相关保税货物的监管规定以及上海各保税园区的保税仓储企业为基础研究编写的。本书作者长期从事物流管理业务，有着丰富的物流理论和实践经验。本书以对外贸易制度构成和管理的基本知识为主导，论述对外贸易管制是如何通过海关执行对进出口货物的监督管理来实现，分析保税仓库的经营管理和货物进出保税仓库的通关流程，由浅入深，通俗易懂，具有较强的实用性和可操作性。

　　本书可作为经济贸易、交通运输、物流管理学院的本科、高职高专教材使用，也可作为企业培训教材使用，供企业管理人员、操作人员学习参考。

　　本书在编写过程中得到中国国际贸易学会的指导和中国商务出版社的大力支持，感谢本书责任编辑吴晓岷女士高质量、认真负责的工作精神，为本书增色良多。在调研过程中，得到有关保税仓储经营企业的帮助，在此一并表示感谢！

　　与此同时敬请各位学者和专家对书中的错误给予指正，以利今后修正。联系邮箱：dhlwxp@hotmail.com

编　者

2012 年 1 月

目录

第一章　对外贸易制度和海关监管

本章导读

　　本章以对外贸易制度为研究对象，简述了对外贸易制度的构成和管理，并说明了具体的进出境货物管制要求；贸易管制是政府的一种强制性行政管理行为，它所涉及的法律、行政法规，均属于强制性法律范畴，不得随意改变。因此，对外贸易经营者、进出口货物所有者或其代理人、保税仓库经营人在通关过程中必须严格遵守这些法律、行政法规，并按照相应的管理要求办理货物进出口手续，维护国家利益不受损害，同时保护自己的合法权益。本章为以下各章做好一般性基础概念的铺垫。

学习目标

　　理解掌握对外贸易制度，了解对外贸易制度构成和管理的基本知识和内涵，依照这些法律制度和我国履行有关国际公约的规定，了解对外贸易管制是如何通过海关执行对进出口货物的监督管理来实现的。

第一节　对外贸易制度

　　我国对外贸易制度是一种综合制度，主要由对外贸易经营者的资格管理制度、进出口许可证制度、出入境检验检疫制度、进出口收付汇管理制度、海关监管制度、关税制度以及贸易救济制度等构成。经过几十年的努力，我国基本建立和健全了以《中华人民共和国对外贸易法》为核心的一系列对外贸易法律法规，并依照这些法律制度和我国履行有关国际公约的规定，自主实行对外贸易管制。

　　对外贸易的国家管制，是指一国政府从国家宏观经济利益、国内外政策需要以及为履行所缔结或加入国际公约义务出发，为对本国对外贸易经济活动实现有效管理而颁发实行的各种制度以及所设立的相应机构及其活动的总称，简称贸易管制。

　　国家贸易管制是通过海关执行对进出口货物的监督管理来实现。

一、对外贸易经营者实行备案登记

对外贸易经营者应依法到所在地办理工商登记或其他执业手续，依照《中华人民共和国对外贸易法》及相关法律法规合法经营。从事货物进出口或技术进出口的对外贸易经营者，应当向国务院对外贸易主管部门或其办事机构办理备案登记，未按照规定办理备案登记的，海关不予办理进出口货物的报关验放手续。已办理备案登记的对外贸易经营者可以接受他人的委托，在经营范围内代为办理对外贸易业务。

图 1—1　对外贸易经营者备案登记表

二、对货物、技术进出口实行许可证

进出口许可是我国对货物、技术进出口实施的一种行政管理制度，包括准许进出口有关证件的审批和管理制度本身的程序、以国家各类许可为条件的管理手段，总称为进出口许可证管理制度。进出口许可作为一种非关税措施是世界各国管理进出口的常用手段，在国际贸易中长期存在并广泛使用。货物、技术进出口许可管理范围包括禁止进出口货物和技术、限制进出口货物和技术、自由进出口的技术以及自由进出口中部分实行自动许可管理的货物。

（一）禁止进出口管理

为维护国家安全、社会公共利益和保护人民生命安全健康，履行我国所缔结或参加的国际公约和协定，国务院对外贸易主管部门会同国务院有关部门，依法制定、调整并公布禁止进出口货物和技术目录。由海关依法对禁止进出口货物和技术目录上列明的商品实施监管。

1. 禁止进口货物和进口技术管理

列入国家公布禁止进出口目录和其他法律法规明令进口的货物、技术，任何人不得经营进口。目前，我国公布的《禁止进口货物目录》共 6 批，涉及环境保护、生态资源、旧电机产品、对环境造成污染的、固体废物等。

目前，《中国禁止进口限制进口技术目录》所列明的禁止进口的技术涉及化工、钢铁冶金、有色冶金、石油化工、石油炼制、电工、轻工、消防、印刷、医药、建筑材料生产技术 11 个领域 26 项技术。

2. 禁止出口货物和出口技术管理

我国政府明令禁止出口已列入《禁止出口货物目录》的有 4 批，涉及保护世界自然生态环境的、匮乏的森林资源、少数矿产品。

列入《中国禁止出口限制出口技术目录》的部分技术涉及核技术、测绘技术、地质技术、药品生产技术、农业技术等 25 个领域 31 项技术。

（二）限制进出口管理

为维护国家安全、社会公共利益和保护人民的生命安全健康，履行我国所缔结或参加的国际公约和协定，国务院对外贸易主管部门会同国务院有关部门，依法制定、调整并公布各类限制进出口货物和技术目录。由海关依法对限制进出口货物和技术目录上列明的商品实施监管。

1. 限制进口货物和进口技术管理

（1）限制进口货物管理，按照其限制方式分为许可证件管理和关税配额管理（配额管理：限制商品数量，非配额管理：限制商品种类）。

许可证件管理是国务院对外贸易主管部门或国务院有关部门在各自的职责范围内，根据国家有关法律法规及国际公约的有关规定签发各项管理所涉及的许可证件。许可证件管理主要包括进口许可证、濒危物种进口、可利用废物进口、进口药品、进口音像制品、黄金及其制品进口管理。

关税配额管理是指在一定时期内，国家对部分商品的进口制定的关税配额税率，并规定该商品的进口数量总额。经国家批准后，在限额内的进口商品允许按照关税配额税率征税进口，对超出限额的部分按照配额外税率征税。一般情况下，关税配额税率优惠较大。

（2）限制进口技术实行目录管理，属于目录范围内的限制进口技术，实行许可证管理，未经国家许可，不得进口。目前，列入《中国禁止进口限制进口技术目录》的技术包括生物、化工、石油炼制、石油化工、生物化工和造币技术6个技术领域16项技术。

经营限制进口技术的经营者在向海关申报进口手续时，必须主动递交技术进口许可证，否则，经营者将承担所造成的一切法律责任。

2. 限制出口货物和出口技术管理

对于限制出口货物管理，《货物进出口管理条例》规定：国家规定有数量限制的出口货物，实行配额管理；其他限制出口货物，实行许可证件管理；实行配额管理的出口货物，由对外贸易主管部门或国务院有关经济管理部门按照国务院规定的职责划分进行管理。

实行配额管理的分为出口配额管理（限制商品数量）和出口非配额管理（限制商品种类）。

（1）出口配额

是指在一定的时期内，为增强我国商品在国际市场的竞争力，保障最大限度的收汇，保护我国产品的国际市场利益，建立公平竞争的机制，国家对部分商品的出口数量直接加以限制而采取的措施。

出口配额管理有两种管理形式，即出口配额许可证管理和出口配额招标管理。

① 出口配额许可证管理

是指在一定的时期内，国家对部分商品的出口规定数量总额，经国家批准获得配额的允许出口，否则不准出口的配额管理措施。国家通过行政管理手段对一些重要商品以规定绝对数量的方式来实现限制出口的目的。国家各配额主管单位对经申请有资格获得配额的申请者发放各类配额证明，申请者凭配额证明到国务院对外贸易主管部门及其授权发证机关申领出口许可证。

实行出口配额许可证管理的商品有：大米、小麦、玉米、大米粉、小麦粉、玉米粉、棉花、锯材、蚕丝类、煤炭、焦炭、原油、成品油、稀土、锑及锑制品、钨及钨制品、锡及锡制品、铟及铟制品、锌矿砂、白银、钼，以及对港澳的活牛、活猪、活鸡。

② 出口配额招标管理

是指在一定的时期内，国家对部分商品的出口规定数量总额，采取招标分配的原则，经招标获得配额的允许出口，否则不准出口的配额管理措施。国家通过行政管理手段对一些重要商品以规定绝对数量的方式来实现限制出口的目的。国家各配额主管单位对中标者发放各类配额证明，中标者凭配额证明到国务院对外贸易主管部门及其授权发证机关申领出口许可证。

实行出口配额招标管理的商品有：碳化硅、氟石块（粉）滑石块（粉）轻（重）烧镁、矾土、甘草及甘草制品、蔺草及蔺草制品。

（2）出口非配额限制

出口非配额限制是指在一定的时期内根据国内政治、军事、技术、文化、卫生、环境保护、资源保护等领域需要，以及为履行我国所加入或缔结的有关国际条约的规定，以经国家各主管部门签发许可证的方式来实现的各类限制出口的措施。出口非配额限制管理包括出口许可证、濒危物种、敏感物项出口以及军品出口等许可管理。

（3）限制出口技术管理

目前，我国限制出口技术实行目录管理，主要依据《核出口管制清单》、《生物两用品及相关设备和技术出口管制清单》、《导弹及相关物项和技术出口管制清单》等制定的《敏感物项和技术出口许可证管理目录》以及《中国禁止出口限制出口技术目录》。经营限制出口技术的经营者，出口前应向国务院对外贸易主管部门提出技术出口申请，经审核批准，取得技术出口许可证件，凭以向海关办理出口通关手续，在向海关申报出口手续时，必须主动递交技术出口许可证件，否则经营者将承担一切法律责任。

（三）自由进出口管理

除国家禁止、限制进出口货物、技术外的其他货物、技术，均属于自由进出口范围，进出口不受限制。货物自动进口管理是在任何情况下对进口申请一律批准的进口许可证制度，实际上是一种在进口前的自动登记性质的许可证制度，主要用于国家对这类货物的统计和监督目的。

进口属于自动进口许可货物的经营者，应当在办理报关手续前向国务院对外贸易主管部门或国务院有关经济管理部门提交自动进口许可申请，凭有关部门发放的自动进口许可证，向海关办理报关手续。

进出口属于自由进出口技术的经营者，应当在办理海关报关手续前向国务院对外贸易主管部门或其委托机构申请办理合同备案登记，国务院对外贸易主管部门自收到合同备案文件后，对技术进出口合同进行登记，颁发技术进出口合同登记证，申请人凭合同登记证，办理外汇、银行、税务、海关等相关手续。

三、对商品质量实行进出口检验、动植物检疫和国境卫生检疫

出入境检验检疫，是指检验检疫部门和检验检疫机构依照我国法律、行政法规和国际惯例等要求，对出入境的货物、交通工具、人员等进行检验检疫、认证及签发官方检验检疫证明等监督管理工作。出入境检验检疫制度是我国贸易管制重要的组成部分，其目的是保护国家经济的顺利发展，保护人民生命和生活环境的安全与健全。出入境检验检疫是国家的主权和国家管理职能的体现；是保证中国对外贸易顺利进行和持续发展的保障；对保护农林牧渔业生产安全，促进农畜产品的对外贸易和保护人体健康具有重要意义；是实施国境卫生检疫时保护我国人民健康的重要屏障。

我国出入境检验检疫制度实行目录管理，国家质量监督检验检疫总局根据对外贸易需要，公布并调整《出入境检验检疫机构实施检验检疫的出入境商品目录》（简称《法检目录》），该目录列明的商品是国家实施强制性检验的进出境商品，也称为法定检验商品。

除法定检验商品外，对外贸易当事人根据所签订的贸易合同和有关国家货物进出口法检的需要，决定进出境商品是否需要检验。进出口商品收发货人申请检验检疫时，检验检疫机构可以接受其委托实施检验检疫并制发证书，此外，检验检疫机构对法定检验以外的

商品，可以抽查的方式予以监督管理。

对经预检合格的出口商品，直属检验检疫局或分支局只签发"预检结果单"或"出境货物换证凭单"，供以后货物出运前换证用；正式出境时，出入境检验检疫机关凭此单查验核对无误并符合要求时予以换发证书或"出境货物通关单"，此单供海关通关放行时使用。

出口商品检验检疫证单，一般用中/英文签发，除非合同或信用证有进口国（或地区）政府要求证书文字使用本国语言的，检验检疫机构视情况办理。

（一）检验检疫证单的有效期

检验检疫证单一般应以检讫日期作为签发日期。出境货物的出运期限及检验检疫证单的有效期：

1. 一般货物为 60 天；

2. 植物和植物产品为 21 天，北方冬季可适当延长至 35 天；

3. 鲜活类货物为 14 天；

4. 换证凭单以标明的检验检疫有效期为准。

出口企业在取得检验检疫证单或放行通知单后，必须在检验检疫证单规定的有效期内报运出口，否则超过期限必须重新申请报检才能出口。

需要注意的是：出口商品经检验后，如果较长时期不出口，商品的质量就有可能发生变化，原来检验的结果可能就不能完全反映商品的实际情况。因此，各种重要的出口商品均规定适当的检验有效期，自验讫日期起开始计算，凡超过检验有效期的，原发的检验证/单即应失效。该批商品如仍需出口时，必须重新办理报验。为了保证出口商品检验结果的有效性，国家质检总局对不同种类出口商品在同一格式的"出境货物换证凭单"上标明了不同的有效期。根据《出入境检验检疫签证管理办法》第 30 条第 6 项，"换证凭单以标明的检验检疫有效期为准"。

（二）延长证单的有效期，证单更改、补充或重发

1. 如换证凭单或电子转单尚未超过证单有效期，且货物未超过检验检疫有效期，符合更改条件的，允许企业申请更改证单，延长证单的有效期。

2. 证单更改、补充或重发

检验检疫证单签发后，若证单内容与合同及信用证规定有出入或情况发生变化，需更改或补充检验检疫证单内容，属于申请人责任的，应填写更改申请单，注明更改原因和要求，经检务部门审核同意后给予更改或补充，更改、补充涉及检验检疫内容的，须经施检部门核准。品名、数（重）量、检验检疫结果、包装、发货人、收货人等重要项目更改后与合同、信用证不符的，或者更改后与输出、输入国法律法规规定不符的，均不能更改。

申请重发证单的，应收回原证单，不能退回的，要求申请人书面说明理由，经法定代表人签字、加盖公章，并在指定的报纸上声明作废，经检务部门负责人审批后，可重新签发。

更改、补充或重发的证单延用原证编号，更改证书（Revision）在原证编号前加"R"，补充证书（Suplicate）在原证编号前加"S"，重发证书（Duplicate）在原证编号前加"D"；并根据情况在证书上加注"本证书/单系×××号证书的更正/补充"或"本证书/单系×××号证书的重本，原发×××号证书/单作废"。

（三）分批出境的货物

分批出境的货物经施检部门核准分批，在"出境货物换证凭单"正本上核销本批出境货物的数量并留下影印件备案，检务部门办理分批通关、出证手续。换证凭单正本由检务部门退回报检人，整批货物全部出境后，报检人应交回换证凭单正本给检务部门存档。

四、对进出口货物收、付汇核销管理制度

外汇管理也称外汇管制，是指一国政府授权货币当局或其他机构，依据所制定的法律、法规或制度，对在境内和其管辖地区的外汇收支、买卖、借贷、转移以及国际间结算、外汇汇率和外汇市场等实行的管制行为。中国人民银行依据国务院颁发的《中华人民共和国外汇管理条例》及其他有关规定，对经营项目外汇业务、资本项目外汇业务、金融机构外汇业务、人民币汇率的生成机构和外汇市场等领域实施监督管理。

进出口货物收付汇管理是我国实施外汇管理的重要手段，也是外汇管理制度的重要组成部分。

（一）出口货物收汇管理

出口收汇核销管理制度是指国家外汇管理部门依据国家赋予的职能，在海关、商务、税务、银行等部门的配合协助下，以出口货物的价值为标准，核对出口单位在规定的期限内是否有相对应的外汇（或货物）收回国内的一种事后监督制度。其目的是监督出口单位将出口货物价值相对应的外汇及时、足额收回境内结汇或入账，防止不法企业逃汇或将外汇非法滞留或截流在境外，提高收汇率，加强出口收汇管理。国家外汇管理局先后颁布了《出口收汇核销管理办法》和《出口收汇核销管理办法实施细则》，规定了出口外汇核销单管理方式：国家外汇管理局制发出口收汇核销单，由货物的收发货人或其代理人填写，外汇管理部门凭海关签注的出口收汇核销单和出口货物报关单、出口收汇核销联办理出口收汇核销，对出口货物实施直接收汇控制。

出口收汇核销单是跟踪、监督出口单位办理货物出口海关手续和出口后收汇核销的重要凭证之一。

（二）进口货物付汇管理

进口付汇核销制度就是外汇管理局在海关的配合和外汇指定银行的协助下，以跟"单"（核销单）的方式对进口单位的进口付汇直至报关到货的全过程进行监督、核查的一种管理制度。其目的是为防止汇出外汇而实际不进口商品的逃汇行为发生，通过海关监督实际进口货物来监督进口付汇。

表1-1　出口收汇核销单

出口收汇核销单 存　　根 （宁）编号：31A351294	出口收汇核销单 **31A351294** （宁）编号：31A351294	出口收汇核销单 出口退税专用 （宁）编号：31A351294

出口单位：	出口单位盖章 海关盖章	出口单位：					出口单位盖章 海关盖章	出口单位：				未经核销此联不得撕开
单位代码：		单位代码：						单位代码：				
出口币种总价：	银行签注栏	类别	币种金额	日期	盖章			货物名称	数量	币种总价		
收汇方式：												
预计收款日期：												
备注：		海关签注栏：						报关单编号：				
此报关有效期截止到：		外汇管理局签注栏：						外汇管理局签注栏：				
				年　月　日（盖章）						年　月　日（盖章）		

其程序为：进口单位在进口付汇前向付汇银行申请办理"贸易进口付汇核销单"，凭单办理付汇；货物实际进口后，进口单位或其代理人凭海关出具的进口货物报关单付汇核销联向国家外汇管理局指定银行办理付汇核销。

表1-2　贸易进口付汇核销单（代申报单）

制表机关：国家外汇管理局

核销单编号：NO

单位名称：　　　　　　　　　　　单位编码：

付汇银行名称		所在地分局	
进口合同号		进口发票号	
商品类别		进口批件号	
购汇付出币种金额：		现汇付出币种金额：	交易编码□□□□
付汇性质：正常付汇 □　远期付汇 □　异地付汇 □　真实性审查付汇 □　备案表号：			
结算方式：信用证 □　托收 □　货到付款（报关单编号：　　　　币种金额：　　　　） 其他 □			
付汇日期：　　/　　/外汇账号：			人民币账号：
应到货日期：　　/　　/收款人国别：			折美元金额：
外汇指定银行审核无误后填写此栏			
银行业务编码：　　申报号码□□□□□□　□□□□　□□□□□　□□□□			
营业员签章：　　　业务公章：　　　审核日期：　/　/			

进口单位（签章）　　年　月　日

注：1. 核销编号为8位顺序号，由各印制本核销单的外汇管理局自行印制；
　　2. 核销单一式三联：第一联送所在地外汇局；第二联退进口单位；第三联外汇指定银行存档；
　　3. 本核销单尺寸为16开纸；
　　4. 进口单位编码为国家监督局编制的企业代码；
　　5. 申报号码和交易号码按国际收支申报统计规定的原则填写。

第二节　关税基本知识

一、关税的含义与特点

海关是设在关境上的国家行政管理机构，它所奉行的基本职责是货运监管、稽征关税、查缉走私和统计业务。关境是指一国的海关法令、规章所管辖的领域，是实施同一部海关法的区域。保税区实行"境内关外"的运作模式，保税区内的业务活动仍要受到海关监管，例如经海关批准的保税货物的储存、加工、装配等业务活动享有"保税"待遇，但该项经营活动必须限定在"海关监管区"内。

关税是由政府设置的海关依法对进出境货物、物品为征税对象的一种国家税收。进口货物的收货人、出口货物的发货人、进出境物品的所有人，是关税的纳税义务人。

关税是一种间接税，与所得税、财产税类别的税收不同：进出口商缴纳的税款是作为成本的一部分追加到货价上，最后将转嫁到消费者头上。正因为这种间接税特征，关税率越高，就越能起到限制进口的作用，所谓关税壁垒就是指高额的进口税。

关税与其他国内税收的显著区别在于它具有涉外性。关税是贯彻一国对外经贸政策的重要工具，可以通过调整关税结构来调节进出口商品结构和贸易差额。关税也是贸易谈判的重要武器，在中美双方知识产权谈判以及其他贸易谈判中，实施贸易报复与反报复的行为主要是通过实施或不实施特别关税进行的。

二、海关税则

海关税则，是由政府通过立法程序公布实施、海关凭以执行、按商品类别排列的关税税率表以及有关的规章。海关税则的内容以税率表为主体，通常还包括有关计征的规章。许多国家把税则列为国家关的组成部分，由此可以看出，海关税则是关税的强制性、无偿性、预定性的具体体现。

国际上著名的税则目录有《海事合作理事会税则商品分类目录》（CCCN），又称《布鲁塞尔税则目录》。该税则目录以商品的自然属性为主，结合加工程度将全部商品分为 21 类、97 章。在栏目的税则号与对应的商品名称之间列有相应的联合国《国际贸易标准分类法》（SITC）号列，便于在海关管理时也可用于贸易统计。该税则目录曾为大多数国家普遍采用。

由于《布鲁塞尔税则目录》与用于贸易统计的《国际贸易标准分类法》使用各自的商品分类目录，虽有对照但仍有很大不便。为了取得进一步协调和统一，海关合作理事会设立一个专门委员会，以原 CCCN 为核心，参照 SITC，制定了新型的、系统的、多用途的国际贸易商品分类体系《商品名称及编码协调制度》（简称《协调制度》，HS）。该商品分类体系可以兼顾海关税则、贸易统计、运费计算、单证简化以及普惠制利用等诸多方面，我国也于 1992 年起开始采用。

由于《协调制度》为世界上各国普遍采用，商品编码分类制度具有广泛的规范性、统一性。但是海关税则中的税率栏及其关税结构显然是不统一的。有的国家在一个税则号列下只设一栏税率，适用于来自任何国家的商品，没有差别待遇，称为单式税则。除了极少数发展中国家使用单式税则外，大多数国家使用两栏或两栏以上税率，即使用复式税则。复式税则采用高低不同的税率，实行差别待遇。目前发达国家多使用两栏以上的复式税则。

三、海关通关系统《商品综合分类表》的正确使用

我国作为世界贸易组织成员国与世界贸易组织其他成员国签订了有关关税互惠协议，我国从事国际贸易进出口业务和报关业务的企业应正确地使用《商品综合分类表》，合理地缴纳进出口货物的关税。在查阅《商品综合分类表》时应理解表内有关栏目的说明：

1.《商品综合分类表》的第一列为"商品编号"，其前八位代码与《税则》中的税则号列和《统计商品目录》中商品目录编号完全一致，第九、十位代码是根据进口环节税、进出口暂定税和贸易管制的需要而增设的。商品编号未增列第九位、第十位时，用 00 补齐十位。

"商品编号"栏有 * 的，表示：

（1）该项商品实施年度暂定税率，凡从世界贸易组织成员国与我国有双边互惠协议的国家或地区进口的货物，即按暂定税率（可查看我国海关每年公布的进口商品暂定关税税率表，如《2010 年进口商品暂定税率表》），从其他国家或地区进口的货物仍按规定的普通税率征税。

（2）该项商品实施出口商品暂定税率（可查看我国海关每年公布的出口商品关税、暂定及特别关税税率表，如《2010 年出口商品关税、暂定及特别关税税率表》）。

2.《商品综合分类表》的第二列为"商品名称及备注"，它是为适应通关系统的需要，由《税则》和《统计商品目录》中的"货物名称"缩减而成，括号内的文字是对该商品名称的补充描述。

3.《商品综合分类表》的第三列为"进口关税税率"，栏内数字表示关税的百分比，对从世界贸易组织成员国与我国订有双边互惠协议的国家或地区进口的货物，按最惠国税率待遇，对从其他国家或地区进口的货物按普通税率征税。

进口关税税额＝到岸价格×进口关税税率

出口关税税额＝离岸价格/（1＋出口关税税率）×出口关税税率

4.《商品综合分类表》的第四列为"增值税率"，仅有 13 和 17 两栏，栏内数字相应地表示为该项商品的进口环节增值税率为 13％或 17％。

增值税税额＝（到岸价格＋关税税额＋消费税额）×增值税税率

5.《商品综合分类表》的第五列为"计量单位"。

6.《商品综合分类表》的第六列为"监管条件"，该栏目的代码表示该项商品在一般贸易进出口时需要向海关提交的监管证件。具体代码所表示的证件可查阅《监管证件代码表》。

四、进出口商品归类总规则

货主或报关人员在办理货物进口手续前，查寻商品在税则目录上的归类时，遵循以下规则：

规则一：类、章及分章的标题，仅为查找方便而设；具有法律效力的归类，应按税目条文和有关类注或章注确定，如税目、类注或章注无其他规定，按以下规定确定：

规则二：

（一）税目所列货品，应视为包括该项货品的不完整品或未制成品，只要在进口或出口时该项不完整或未制成品具有完整品或制成品的基本特征，还应视为该项货品的完整品或制成品（或按本款可作为完整品或制成品归类的货品）在进口或出口时的未组装件或拆散件。

（二）税目中所列材料或物质，应视为包括该种材料或物质与其他材料或物质混合或组合的物品。税目中所列某种材料或物质构成的货品，应视为包括全部或部分由该种材料或物质构成的货品。由一种以上材料或物质构成的货品，应按规则三归类。

规则三：当货品按规则二（二）或由于其他原因看起来可归入两个或两个以上税目时，应按以下归类：

（一）列名比较具体的税目，优先于列名一般的税目。但是，如果两个或两个以上税目都仅述及混合或组合货品所含的某部分材料或物质，或零售的成套货品中的某些货品，即使其中某个税目对该货品描述得更为全面、详细，这些货品在有关税目的列名应视为同样具体。

（二）混合物、不同材料构成或不同部件组成的组合物以及零售的成套货品，如果不能按照规则三（一）归类时，在本款可适用的条件下，应按构成货品基本特征的材料或部件归类。

（三）货品不能按照规则三（一）或（二）归类时，应按号列顺序归入其可归入的最末一个税目。

规则四：根据上述规则无法归类的货品，应归入与其最相类似的货品的税目。

规则五：除上述规则外，本规则适用于下列货品的归类：

（一）制成特殊形状仅适用于盛装某个或某套物品并长期使用的照相机套、乐器套、枪套、绘图仪器盒、项链盒及类似容器，如果与所装物品同时进口或出口，并通常与所装物品一同出售的，应与所装物品一并归类。但本款不适用于本身构成整个货品基本特征的容器。

（二）除规则五（一）规定的以外，与所装货品同时进口或出口的包装材料或容器，如果通常是用来包装这类货品的，应与所装货品一并归类。但明显可重复使用的包装材料和包装容器可不受本款限制。

规则六：货品在某一税目项下各子目的法定归类，应按子目条文或有关的子目注释以及以上各条规则来确定，但子目的比较只能在同一数级上进行。除本税则目录条文另有规定的以外，有关的类注、章注也适用于本规则。

表 1—3　查阅《商品综合分类表》举例

商品编码	商品名称及备注	进口关税税率（%）		增值税率（%）	计量单位	监管条件
		最惠国	普通			
0101101010	改良种用濒危野马	0.0	0.0	13.0	千克/头	AFEB
1212201010	鲜海带（不论是否碾磨）	20.0	70.0	13.0	千克	AB
1517100000	人造黄油（但不包括液态的）	30.0	80.0	17.0	千克	AB
7612901000	铝制易拉罐及罐体	30.0	100.0	17.0	千克	A
9609101000	铅笔	21.0	80.0	17.0	千克/百支	B

注：在查阅《商品综合分类表》时，表中的监管条件可以查《监管证件名称代码表》。

《监管证件名称代码表》由两部分组成（参见第三章表3—12），即监管证件代码和监管证件名称。

例：代码"1"为进口许可证，如果某一商品编号后注有监管证件"1"，则说明在一般贸易项下该种商品需申领进口许可证（其他代码以此类推）。

五、关税和征税标准

关税有进口关税、出口关税和过境关税。各类关税的税率一般在海关税则中都有载明。

（一）进口关税

进口关税是进口国海关在外国商品输入时，根据海关税则征收的关税，是指一国海关以进境货物和物品为征收对象所征收的关税，在国际贸易中，一直被各国公认为是一种重要的对本国经济的保护手段。征收的进口关税其中包括外国货物由自由贸易区、保税区等提出运往进口国国内市场销售而在税境所征收的部分。进口关税是关税中最基本的税种，它与"进口税费"有区别，"进口税费"包括进口关税和对进口货物征收的其他国内税费。进口货物在海关办理征税手续放行后，应视为国内商品，与本国商品同等对待，同样应缴纳应征的国内税费，这些国内税费通常在进口时由海关征收，但它不是关税。

从进口关税的税率栏目来看，我国的进口关税设置有最惠国税率、协定税率、特惠税率、普通税率、关税配额税率等，对进口货物在一定的限期内可以实行暂定税率。但一般以普通税税率和最惠国税税率两种为主，也称为复式费率，普通税率即最高税率，最惠国税率比普通税率低，而且差幅往往很大。

1. 最惠国税率：适用原产于与我国签订有最惠国待遇原则的贸易条约或协定的国家或地区所进口的货物，以及原产于我国境内的进口货物。

2. 协定税率：适用原产于与我国签订含有关税优惠条款的区域性贸易协定的国家和地区的进口货物。

3. 特惠税率：适用原产于与我国签订含有特殊关税优惠条款的区域性贸易协定的国家和地区的进口货物。

4. 普通税率：适用原产于除与我国签订1、2、3以外的国家或地区的进口货物以及原产地不明的进口货物。

适用最惠国税率的进口货物有暂定税率的，应适用暂定税率。适用协定税率、特惠税率的进口货物有暂定税率的，应从低适用税率。适用普通税率的进口货物有暂定税率的，不适用暂定税率。

进出口货物品种繁杂，计征关税须有统一标准作为计税的基准。征收标准不同，相应有了不同的计税方式。

1. 从量税：以货物的计量单位（如重量、数量、容量等）作为计税标准的一种关税计征方法。以每一计量单位货物的应征税额为税率，由于对标准化的商品所征的税是固定的，在计征时较为简便，但缺点是与商品的价格、质量无直接关系，关税的保护作用与商品价格呈负相关关系。

从量税应征税额＝货物计量单位总数×从量税税额

2. 从价税：是一种最常用的关税计税标准，以货物的完税价格作为征税依据，以应征税额占货物完税价格的百分比率作为税率。货物进口时，以次税率和海关审定的完税价格相乘计算应征税额，该种方法优点是税负较为合理，即相对进口商品价格的高低，其税额也相应高低。关税的保护作用与货物价格呈正相关关系。其缺点是海关据以计征的完税价格不易确定，如：不同品种、规格、质量的同一货物价格有很大差异；海关估价有一定的难度，往往引起异议。为了抑制海关武断估价这种非关税壁垒措施的影响，关贸总协定的多边贸易谈判曾达成《海关估价准则》。第二次世界大战后世界性通胀使得各国普遍采用从价税计征方法。

目前，我国海关计征关税标准主要是从价税。

从价税应征税额＝货物的完税价格×从价税税率

3. 复合税：对某种进口货物混合使用从价税、从量税的一种关税计征标准。有的国家以从量税为主加征从价税，有的国家则以从价税为主加征从量税。

复合税应征税额＝货物计量单位总数×从量税税额＋货物的完税价格×从价税税率

4. 选择税：对同一种进口货物同时定有从价税、从量税两种税率，在征税时，由海关或纳税人选择一种税率计征标准，海关一般选择其中较高税额征收。为了鼓励某种商品进口，则选择从低征收的。

5. 滑准税：是一种关税税率随进口货物的价格由高至低而由低至高设置计征关税的方法，通俗地说，就是进口货物的价格越高，其进口关税税率越低；进口货物的价格越低，其进口关税税率越高。滑准税的特点是可保持实行滑准税商品的国内市场价格相对稳定，不受国际市场价格波动的影响。

（二）进口附加税

进口附加税是指一国海关在外国商品进口时，除了征收正常的进口税以外，根据某种特定需要而额外加征的关税。征收进口附加税通常是一种特定的临时性措施，其目的主要有：应付国际收支危机，维持本国进出口贸易平衡，防止外国商品低价倾销，对某个国家实行歧视或报复等。人们为了把正常的进口关税与这种额外加征的关税相区别，通常称前者为正常关税或进口正税，而称后者为特别关税或进口附加税。进口附加税不同于进口税，在一国的《海关税则》里找不到，也不像进口税那样受到世界贸易组织的严格约束而只能降不能升，其税率的高低往往视征收的具体目的而定。它是限制商品进口的重要手段，在特定时期有较大的作用。例如，1971 年美国出现了自 1893 年以来的首次贸易逆差，国际收支恶化。为了应付国际收支危机，维持进出口平衡，美国实行新经济政策，对外国商品进口在一般进口税上再加征 10% 的进口附加税，以限制进口。

世界贸易组织允许其成员国在受到进口产品倾销、出口国对出口产品补贴和进口产品过激增长等给本国产业造成损害的情况下，使用征收进口附加税和保障措施手段来保护国内产业不受损害。

征收进口附加税和使用保障措施都属于对外贸易救济措施。征收进口附加税针对的是价格歧视的不公平贸易行为，保障措施针对的是进口产品过激增长情况。

为充分利用 WTO 规则，维护国内市场的国内外商品的自由贸易和公平竞争秩序，我国依据 WTO《反倾销协议》、《补贴与反补贴措施协议》、《保障措施协议》以及我国《对外贸易法》的有关规定，颁布了《中华人民共和国反补贴条例》、《中华人民共和国反倾销条例》以及针对保障措施的有关规定。

征收进口附加税采取两种方式：一种是对所有进口商品征收，另一种只对某些商品予以加征。

一般来说，对所有进口商品征收进口附加费的情况很少，大多数情况是针对个别国家和个别商品征收进口附加税，我国《进出口关税条例》第四条对征收进口附加税规定主要有反倾销税、反补贴税、报复性关税和保障措施关税以及决定实施其他关税措施。

1. 反倾销税

反倾销税是指对实行倾销的进口货物所征收的一种临时性进口附加税。征收反倾销税的目的在于抵制商品倾销，保护本国产品的国内市场。因此，反倾销税税额一般按倾销差额征收，由此抵消倾销商品价格与该商品正常价格之间的差额。

反倾销税税额＝海关完税价格×反倾销税税率

关贸总协定第 6 条对倾销的定义、正常价值的稳定、损害的标准等事项做了原则性的规定。

确定正常价格有三种方法：

（1）采用国内价格，即相同产品在出口国用于国内消费时在正常情况下的可比价格；

（2）采用第三国价格，即相同产品在正常贸易情况下向第三国出口的最高可比价格；

（3）采用构成价格，即该产品在原产国的生产成本加合理的推销费用和利润。

这三种确定正常价格的方法是依次采用的，若能确定国内价格就不使用第三国价格或构成价格，依此类推。另外，这三种正常价格的确定方法仅适用于来自市场经济国家的产品。对于来自非市场经济国家的产品，由于其价格并非竞争状态下的供求关系所决定，因此，西方国家选用替代国价格，即以一个属于市场经济的第三国所产相似产品的成本或出售的价格为基础。

按《反倾销守则》规定，确定商品倾销的条件为：存在以低于正常价值进入另一国市场的事实，如对该缔约国领土内已建成的某项工业造成重大损害或产生重大威胁，或者对某一国内工业的新建产生严重障碍，倾销商品与所称损害之间存在因果关系。进口国在经过充分调查后，确定某进口商品符合上述征收反倾销税的条件，缔约国可以对倾销的产品征收数量不超过倾销额差额的反倾销税。如果某进口商品最终确认符合被征收反倾销税的条件，则所征的税额不得超过经调查确认的倾销差额，即正常价格与出口价格的差额。征收反倾销税的期限也不得超过为抵消倾销所造成的损害必需的期限。一旦损害得到弥补，进口国应立即停止征收反倾销税。另外，若被指控倾销产品的出口商愿做出"价格承诺"，即愿意修改其产品的出口价格或停止低价出口倾销的做法，进口国有关部门也认为这种方法足以消除其倾销行为所造成的损害，可以暂停或终止对该产品的反倾销调查，不采取临时反倾销措施或者不予以征收反倾销税。

作为倾销论处的进口商品，必须是对该国工业造成重大损害或重大威胁的主要原因，其他原因造成的损害或威胁，不能归于倾销。《反倾销守则》对于协调和统一各国反倾销做法起到了一定的积极作用。

我国根据 WTO《反倾销守则》和《中华人民共和国反倾销条例》实施反倾销措施。反倾销措施包括临时反倾销措施和最终反倾销措施。

（1）临时反倾销措施

进口方主管机构经过调查，初步认定被指控方存在倾销，并对国内同类产业造成损害，据此可以依据 WTO 规定的程序进行调查，在全部调查完毕之前，采取临时性的反倾销措施，以防止在调查期间国内产业继续受到损害。

采取临时性的反倾销措施有两种形式：一是征收临时反倾销税；二是要求提供现金保证金、保函或其他形式的担保。临时反倾销税实施的期限，自临时反倾销税实施决定公告规定实施之日起，不超过 4 个月；特殊情况下可以延长至 9 个月。

（2）最终反倾销措施

对终裁决定确定倾销成立并由此对国内产业造成损害，可以在正常海关征税之外征反倾销税。

2. 反补贴税

反补贴税是进口国为了抵消某种进口商品在生产、制造、加工、买卖、输出过程中所受的直接或间接的任何奖金或补贴而征收的一种进口附加税。征收的目的是在于增加进口商品的价格，抵消该商品所享受的补贴金额，削弱其竞争能力，使其不能在进口国的国内市场上进行低价竞争或倾销。

反补贴税税额＝海关完税价格×反补贴税税率

根据关贸总协定有关反补贴税的规定，如果某一缔约国输入另一缔约国的产品直接或间接地得到出口国的奖金或津贴，并对进口国某项已建立的工业造成重大损害或重大威胁，或严重阻碍该国某一工业的建立，则可以对其征收反补贴税。构成可以征收反补贴税的两项基本条件是：

（1）存在补贴的事实；

（2）对进口国某一工业造成重大损害。

由于关贸总协定有关规定比较笼统，在执行过程中易发生歧义与纠纷，总协定在 1979 年结束的"东京回合"谈判中又制定了《补贴与反补贴税守则》这一协议。其用意主要在于通过对原有规定的修改与补充，保证签字国不使用补贴来损害其他签字国的利益，不采用反补贴措施来不合理地阻碍国际贸易。

征收反补贴税也分临时反补贴措施与最终反补贴措施。

（1）临时反补贴措施

初裁认定确定补贴成立，并由此对国内同类产业造成损害的，可以采取临时反补贴措施。临时反补贴措施采取提供现金保证金、保函担保或征收临时反补贴措施税的形式；临时反补贴措施实施的期限一般不超过 4 个月。

（2）最终反补贴措施

在经过磋商努力没有取得效果的情况下，终裁认定确定补贴成立，并由此对国内同类产业造成损害的，征收反补贴税。

反补贴税税额一般按其接受的奖金或补贴数额征收，不得超过该产品接受补贴的净额，且征税期限不得超过 5 年。对于接受补贴的倾销商品，不能既征反倾销税，同时又征收反补贴税。

补贴与倾销有着密切的关系，但也有明显区别。补贴多是政府行为，而倾销主要是企业本身的行为。故而在进行反补贴调查时，进口国政府的调查机构一般与对方政府的代表进行会谈；而在进行反倾销调查时，调查机构一般只与实行倾销的企业的代表进行会谈。

3. 报复性关税

任何国家或地区违反与我国签订或者共同参加的贸易协定及相关协定，对我国在贸易方面采取禁止、限制、加征关税或者其他影响正常贸易措施的，我国对原产于该国家或者地区的进口货物可以征收报复性关税，适用于报复性关税税率。当他国取消了不公正待遇时，报复性关税也即取消。

4. 保障措施

根据 WTO《保障措施协议》的有关规定，保障措施分为临时保障措施和最终保障措施。

（1）临时保障措施

临时保障措施是指在紧急情况下，如果延迟会造成难以弥补的损失，进口国成员可不经磋商而采取临时性保障措施。临时保障措施实施期限，自临时保障措施实施公告规定之日起，不超过 200 天，并且此限期计入保障措施总限期。

（2）最终保障措施

保障措施可以采取提高关税、纯粹的数量限制和关税配额形式。最终保障措施应仅在防止或救济严重损害的必要限度内实施。

保障措施的实施期限一般不超过 4 年，如仍需要保障措施防止或救济损害的产业，或有证明该产业正在进行调整的，则可以延长实施期限，但保障措施全部实施期限（包括临时保障措施实施期限）一般不超过 10 年。

（四）出口关税

出口关税是关税中最基本的税种，是出口国海关对本国出口货物、物品所征收的关税。

为鼓励出口，目前大多数国家对绝大部分出口商品都不征收出口税，仅对少数商品征收出口税；征收出口关税的目的主要是为调控某些商品的出口，特别是防止本国一些重要的自然资源和原材料的出口。从 2005 年起，我国对鳗鱼苗、锌矿砂、铅矿砂等 37 个税目的出口商品按法定出口税率征收出口税，其中 23 个税目的出口商品实行暂定出口税率。根据《进出口关税条例》规定，适用出口税率的出口货物有暂定出口税率的，应适用暂定出口税率。对外商投资企业出口的应税商品，除法律法规有明确规定可以免征出口关税外，一律照章征收出口关税。

目前，我国征收的出口关税都是从价税；如果出口货物是以我国口岸离岸价格成交的，应以该价格扣除出口关税后作为完税价格；如果该价格中包括了向国外支付的佣金等，对这部分费用应先予以扣除。

应征出口关税税额＝出口货物完税价格×出口关税税率

出口货物完税价格＝离岸价格/（1＋出口关税税率）

（五）过境税

过境税是一国对于通过其国境运往另一国的外国货物所征收的关税。目前大多数国家都不征过境税，而只征收少量的准许费、印花税、登记费和统计费等。

第三节　进出口货物的通关监管制度

一、进出口货物通关程序

（一）货物通关

货物通关是指进出口货物通过设立海关的口岸或其他地点出入一国国境（关境）的整个过程。具体包括从进出境货物的货主向海关申报、海关接受报关、海关审单、海关查验、征税、结关放行到货物出入境的全过程。实际上货物通关是由进出口货物的收发货人或其代理人的报关行为和海关货运监管两方面内容组成。

进口货物的收货人在收到"提货通知书"以后，或出口货物的发货人在备齐出口货物、确定运输工具和航班后，即应及时办理进、出口报关手续。如果是委托货运代理公司办理报关手续的也可以委托货运业务的同时，向货运代理公司提交报关委托书和其他报关所需要的单证，委托货运代理公司代理报关。货运代理公司在接受进出口单位的报关委托后，应按委托书指明的委托事项和委托权限，做好进出口报关准备，备妥所有报关所需单证。在进口货物到港后，或出口货物托运完毕，确定船名及航班后，及时向海关申报，办理货物的通关手续。

（二）关企 E 线通

海关报关自动化系统是海关运用计算机处理各项业务工作，实现监管、征税、统计三大海关业务一体化管理的信息应用开发工程。其中与通关有关的子系统是报关单的预录入、舱单核销、审单、查验、征税、放行和统计七个子系统。一笔货物的进出口如果通过了这七个子系统，也就基本上完成了通关程序。实现"关企 E 线通"，极大地促进了贸易便利化。

（三）进出境运输工具舱单的管理

为了规范海关对进出境运输工具舱单的管理，促进国际贸易便利，保障国际贸易安全，2009 年 1 月 1 日起施行《中华人民共和国海关进出境运输工具舱单管理办法》（海关总署令第 172 号，以下简称《办法》）。

该《办法》所称进出境运输工具舱单（以下简称舱单）是指反映进出境运输工具所载货物、物品及旅客信息的载体，包括原始舱单、预配舱单、装（乘）载舱单。

进出境运输工具载有货物、物品的，舱单内容应当包括总提（运）单及其项下的分提（运）单信息。

《办法》适用海关对进出境船舶、航空器、铁路列车以及公路车辆舱单的管理。

进出境运输工具负责人、无船承运业务经营人、货运代理企业、船舶代理企业、邮政企业以及快件经营人等舱单电子数据传输义务人应当按照海关备案的范围在规定时限向海关传输舱单电子数据。

海关监管场所经营人、理货部门、出口货物发货人等舱单相关电子数据传输义务人应当在规定时限向海关传输舱单相关电子数据。

对未按照《办法》规定传输舱单及相关电子数据的，海关可以暂不予办理运输工具进出境申报手续。

因计算机故障等特殊情况无法向海关传输舱单及相关电子数据的，经海关同意，可以采用纸质形式在规定时限向海关递交有关单证。

海关以接受原始舱单主要数据传输的时间为进口舱单电子数据传输时间；海关以接受预配舱单主要数据传输的时间为出口舱单电子数据传输的时间。

舱单传输人、监管场所经营人、理货部门、出口货物发货人应当向其经营业务所在地直属海关或者经授权的隶属海关备案。

二、进出口货物的通关监管制度

海关对一般进出口货物的监管是海关管理的重要组成部分，也是对外贸易管理的重要组成部分。根据我国《海关法》，海关对进出口货物分别实施以下几种管理：

1. 对于少数统一经营和联合经营的进出口商品，海关根据进出口公司的经营权进行监督，即该公司是否为国家指定有权经营这类商品的外贸公司。

2. 对于放开经营但实行许可证管理的进出口商品，凭对外贸易管理部门签发的许可证进行管理。

3. 对须进行法定检验、动植物检疫、药物检验、文物鉴定或者其他国家管制的货物，凭主管机构签发的证明文件进行管理。

总而言之，任何进出口货物在进出关境时，都必须凭有关单据及证明文件办理报关手续。进口货物自进境起到办妥海关手续为止，出口货物自向海关申报起到出境止，过境、转运和通运货物进境起到出境止，应当接受海关监管。

对进出口货物的监管控制是海关确保货物合法进出境的基础和前提条件，海关对单证审核的管理是确定货物合法进出境的依据，海关通过对单证和货物的管理（"单"即包括报关单在内的各类报关单据，"证"即各类许可证，"货"即实际进出口的货物），"单"、"证"、"货"互为相符，确认达到"单单相符"、"单证相符"、"单货相符"、"货证相符"要求的情况下，海关才可以放行。

（一）一般进出口货物的报关环节

海关对一般进出口货物的监管过程分为申报、查验、征税和放行四个环节。目前，我国对于绝大多数商品不征收出口税，只对极少数原料、材料和半成品征收出口税。因此，目前出口货物通常只需经过申报、查验和放行三个环节。

1. 申报

申报是指货物的所有权人或其代理人在货物进出境时，向海关呈交规定的单证并申请查验、放行的手续。其方式有按海关规定格式填写并提交报关单的书面申报和电子数据申报两种，目前使用书面申报和电子数据申报并行。

电子报关，是指进出口货物收发货人或其代理人通过电子计算机或终端，利用现代通讯和网络技术，向海关传送规定格式的报关单电子数据，并根据海关计算机系统反馈的审核和处理结果，办理海关手续的申报。

申报时间，根据海关法的规定为：

进口货物在自承载货物的运输工具申报进境之日起 14 天内办理，过期申报的，海关将视过期时间的长短，按货物的价值征收一定比例的滞报金（0.5‰）；

出口货物应当在货物运抵海关监管区之后，货物装上运输工具的 24 小时以前向海关申报（除海关特准外），否则有可能影响货物的按时装运。

海关在接到申报以后，应认真审核有关的单证。海关审单的目的是为了确定所申报的进出口货物从单据上看是否符合有关规定，单证是否齐全、正确，能否接受申报。

（1）申报单证

报关单填写必须真实、准确、完整，报关单是由报关员按照海关规定的格式填制的申报单证；其他随附单证有：出口货物的商业发票、装箱单、装货单、进口提货单、进出口货物许可证、国家外经贸主管部门的批准文件、加工贸易登记手册、减免税证明、外汇核销单、原产地证明、贸易合同、进出口企业的有关证明文件等。贸易合同、进出口企业的有关证明文件为海关在审单、征税时可能需要调阅或备案用。

（2）申报前看货取样

进口货物的收货人或其代理人可以在申报前向海关要求查看货物或者提取货样，发现问题，及时处理。避免因收发货人交付的单证与实际货物不相符，造成申报不实，当事人须承担申报不实的法律后果。同时也对违反海关法的案件查缉中认定当事人（或犯罪嫌疑人）起到一定的作用。

海关在接到进口货物的收货人或其代理人的书面看货取样申请后，根据其"看货取样申请"，同意收货人提取货样，并由现场海关关员与收货人在取样记录和取样清单上签字确认（如货物涉及检验检疫证明的，根据国家有关法律应取得批准部门同意后提取）。

（3）申报方式

进出口货物的收发货人或其代理人一般先以电子数据报关单形式（终端录入方式、委托 EDI 方式、自行 EDI 方式或网上申报的方式）向海关申报，然后再提交纸质报关单。海关接受申报的时间以接受电子数据报关单申报为准。

电子终端申报方式：终端直接与海关主机连接，转送速度快，不受海关参数设置的限制，如在海关报关大厅、报关行使用电脑终端。由于终端申报方式是海关早期开发利用的，受到海关主机容量的限制，不利于远程报关项目的推广。

EDI 申报方式（电子数据交换）：EDI 申报方式是由各直属海关自行开发的，录入数据不受海关主机容量的影响，不受场地的限制，进出口货物的收发货人或其代理人可以在企业办公场所发送进出口货物的申报数据，有利于远程报关项目的推广。但容易受到海关参数调整的影响和网络稳定性的影响。

网上申报的方式：网上申报是海关总署统一开发的，利用互联网的优势，形成全国统一的电子报关优势，是我国未来电子报关项目发展的方向。

（4）修改申报内容和撤销申报

在征得海关的同意下，以下原因可以办理修改和撤销申报：

① 由于计算机技术等方面的原因导致电子数据的错误；

② 业务人员在操作或书写上无意识的失误造成的差错；

③ 由于装运、配载等原因原申报货物部分或全部退关。

海关将会对申报错误的报关员进行扣分处理直至暂停其报关资格，并要求其参加培训后方可重新上岗。

对违反海关法的、构成走私行为的进出口货物的收货人或其代理人进行行政处罚。

2. 查验

查验，就是海关以经审核的申报单证为依据，在海关监管场所，对货物进行实际的检查，以确定单、货是否相符。海关查验时，进出口货物的收发货人或其代理人必须在场，并按照海关的要求负责搬移货物、拆和重封货物的包装等。海关认为必要时，可以在仓库保管员的陪同下开验、复验或者提取货样。海关查验进出口货物的过程中对货物造成损失时，进出口货物收发货人或其代理人有权要求海关赔偿。

（1）海关查验：是指海关根据《海关法》为确定进出口货物的性质、价格、数量、原产地、货物状况等是否与报关单上已申报的内容相符，对货物进行实际检查的行政执法行为。

（2）查验地点和时间：一般在海关监管区内进行，查验时间一般约定在海关正常上班的时间内。

（3）查验通知：海关发出查验通知后，进出口货物的收发货人或其代理人应当向海关查验部门办理确定查验时间和地点的相关手续。

（4）查验方式：海关查验时，进出口货物的收发货人或其代理人必须在场。查验方式分：

外形查验：对货物的包装、唛头（商标）等进行核查、核验。

抽查：对货物按一定比例有选择地开箱、开包查验。

全部查验：对货物逐件开箱、开包查验。

径行开验：指因情况紧急，海关依法授权自行开拆货物进行查验的行政强制行为。海关在行使"径行开验"权利时，进出口货物的收发货人或其代理人不需在场，但应通知货物存放地点的管理人员或其他的见证人到场，并在海关的查验记录上签字。

（5）配合海关查验

海关查验时，进出口货物的收发货人或其代理人必须在场，并按照海关的要求负责搬移货物、开拆和重封货物的包装等，回答海关的询问，提供海关所需要的单证和相关资料。

（6）确认查验结果

查验完毕，海关实施查验的关员应当填写"海关进出境货物查验记录单"一式两份。配合海关查验在场的报关员应当认真阅读查验记录是否如实地反映了当时查验的情况，如开箱的情况，货物残存情况及造成货物残存的原因，货样提取的数量，查验结论。报关员在阅读查验记录准确清楚后，应签字确认，到此，海关查验结束。如果海关需要提取货样带回进一步检验、化验或鉴定的，应当向进出口货物的收发货人或其代理人出具"取样清单"，并履行相应的手续。

（7）货物损坏赔偿

由于海关查验人员的责任在查验过程中对货物造成的损坏，进出口货物的收发货人或其代理人可以要求海关就货物实际损坏的情况进行赔偿，根据海关规定，海关只对货物直接的经济损失进行赔偿，间接的经济损失不在海关的赔偿范围之内。在海关查验后发现货物有损坏的，海关不负责赔偿。

3. 放行

放行是指海关在审查了相关单证后，对决定查验的货物进行了查验，没有发现不正常情况，报关单位手续齐全，并已按章纳税，便在报关单及运输单据上签印"海关放行章"放行，以示海关同意货物进境或装运出境。在试行"无纸通关"申报的海关，海关做出决定时，将通过计算机把"海关放行"报文发给进出口货物的收发货人或其代理人和海关监管货物的保管人，进出口货物的收发货人或其代理人从计算机上自行打印海关通知放行的凭证，凭以提取进口货物或将出口货物装运到运输工具上离境出口。

货物结关是指进出口货物的收发货人或其代理人向海关办完进出口货物通关的全部手续，履行了法律规定的与货物进出口有关的义务。货物一旦办结海关手续，海关不在对其进行监管。

对尚未结关的货物，如保税货物、享受特定减免税待遇进口的货物、暂准进出境的货物，在放行以后，进出口收发货人或其代理人并未全部办完所有的海关手续，海关仍要进行后续监管，此类货物只能用于特定地区、特定企业或者特定用途，未经海关核准并补缴税款，不得移作他用。此类货物海关的监管年限根据具体货物种类的不同而有所不同。其中船舶、飞机及建筑材料为八年；机动车辆和家用电器为六年；机器设备和其他设备、材料等为五年。暂时进出口货物，应当在六个月内复运出境或复运进境，在这段时期内，货物受海关监管，特殊情况下，复运进境或出境的期限，经海关同意，可以延长。海关特准进口的保税货物，在加工装配成品复运出境之前，接受海关监管。

（二）非一般进出口货物的报关环节

海关对非一般进出口货物（保税加工货物、特定减免税货物、暂准进出口货物）的监管过程除申报、查验、征税、放行四个环节外，比一般进出口货物的监管多了备案（前期报关）和核销（后期报关）两个环节，分为备案、申报、查验、征税、放行和核销六个环节。

1. 备案（前期报关）

经国家批准的特殊监管区域，包括保税区、保税物流园区和出口加工区从境外运入区内储存、加工、装配后复运出境的货物，已经整体批准保税的，备案阶段与报关阶段合并，省略了按照每一个合同或每一批货物备案申请保税的环节。经海关批准的保税物流中心、保税仓库，在货物进境入库之前，海关根据核定的保税货物范围和商品种类对报关入库货物的品种、数量、金额进行核查，并对入库货物进行核注登记。

加工贸易进口料件包括来料加工、进料加工，外商投资企业履行产品出口合同、保税工厂、保税集团进口料件之前，必须进入备案申请、批准保税阶段：

（1）保税加工合同审核、合同备案、保证金台账开设（如必要时），中华人民共和国海关加工贸易手册、电子账册及其分册的申领；

（2）企业的减、免税备案登记、进口货物征免税证明的申领、特定减免税货物的减免税申请；

（3）暂准进出口货物的报批、备案（如展览品）、担保申请。

2. 核销（后期报关）

进出口货物收发货人或其代理人根据海关对保税加工货物、特定减免税货物、暂准进出口货物等的监管要求，在保税货物进出境储存、加工、装配、使用后，按海关规定的期限和要求，向海关报告使用情况、最终用途和去向，核销阶段的环节包括：企业申请核销、海关受理、实施销案和结关解除海关监管。

所有经海关批准的保税货物，包括保税仓储货物、保税加工货物都必须按规定由保税仓储经营人向主管海关报核。海关受理报核后进行核销，视不同情况，分别给予结关销案：

（1）保税仓储货物因为没有具体的保税期限，最终结案应当以进区货物全部出境或出区办结海关手续为结案。如本期核销该批货物没有全部出境或出区办理海关手续的，则不能结案，结转到下期继续监管，直到全部结案。

（2）保税仓储货物有具体规定的保税期限，最终结案应当以进区货物全部出境或出区办结海关手续为结案。如本期核销该批货物没有全部出境或出区办理海关手续的，则不能结案，结转到下期继续监管，直到能够结案或到期变卖处理。

（3）保税加工货物应当以该加工贸易项下产品在规定期限内全部出口或者部分出口，不出口部分全部得到合法处理为结案。保税加工合同使用海关核发的加工贸易手册，报核。

海关受理报核后，在规定的核销时间内实施核销，对不设立台账的予以结案；对设立台账的，应当到银行撤销台账，然后结案。

第四节　进出境货物征税制度

关税是由海关依据海关税则对进出境货物和物品所征收的一种税赋。我国在 1951 年 5 月便颁布实施了《中华人民共和国暂行海关法》、《海关进出口税则》和《海关进出口税则暂行条例》。其后，根据国家经济发展状况，对税则做过 20 多次修改。现行的《中华人民共和国进出口关税条例》是 2004 年 1 月 1 日起实施的。

目前我国与国际上大部分国家一样，对进口货物采取从价税，按到岸价格作为完税价格。出口货物的完税价格是经海关审查确定的离岸价格扣除出口关税后的价格。

一、进口货物关税的征收

（一）进口货物完税价格及税额的确定

进口货物以海关审定的正常到岸价格为完税价格（包括货价加上货物运抵我国境内输入地点起卸前的包装费、运费、保险费和其他劳务费等费用）。对于按 FOB 合同或 CFR 合同进口的货物，其完税价格应分别使用以下公式进行计算：

1. 按 FOB 合同进口货物的完税价格的计算公式

进口货物的完税价格＝（FOB＋运费)/(1－保险费率)

2. 按 CFR 合同进口货物的完税价格的计算公式

进口货物的完税价格＝CFR/(1－保险费率)

进口货物的关税税额等于该货物的完税价格乘以该货物相应的关税税率。进口关税一律按人民币计算，如果合同金额按外币计算的，进口关税税额应由海关按签发税款缴纳证之日人民币外汇汇率的中间价，折合人民币计算完税价格。

进口货物的到岸价格和离岸价格不能确定时，进口完税价格由海关估定；进境物品的完税价格不能确定时，由海关确定。

运往境外修理的机械器具、运输工具或者其他货物，出境时已向海关报明，并在海关规定期限内复运进境的，应当以海关审定的修理费和料件费作为完税价格。运往境外加工的货物，出境时已向海关报明，并在海关规定的期限内复运进境的，应当以加工后的货物进境时的到岸价与原出境货物或者相同、类似货物在进境时的到岸价之间的差额，作为完税价格。

（二）进口货物关税的缴纳

海关对报关人所申报的货物，确定关税税额后，向报关人签发税款缴纳证，由报关人凭以缴纳关税。

税款缴纳证是国库管理收纳预算收入的唯一合法的原始凭证，也是各级财政部门、海关、税务机关、国库、银行以及交款单位分析检查预算收入的完成情况，进行记账统计的重要基础资料。报关人作为关税缴纳人应当在海关填发税款缴纳证之日起 15 日内向海关缴纳税款，如最后交款日恰巧是法定节假日，则顺延至节后第一个工作日。关税缴纳人如不能按期缴纳税款，按有关规定，除依法追缴外，还应缴纳滞纳金。征收进口货物滞报金应当按日计征，以运输工具申报进境之日起第 15 日为起征日，以海关接受申报之日为截止日。除另有规定外，起征日和截止日均计入滞报期间，按日征收金额为进口货物完税价格的 0.5‰的滞纳金。滞纳金的起征点是人民币 50 元，不足 50 元的免予征收。

关税滞纳金金额＝滞纳关税税额×0.5‰×滞纳天数

代征税滞纳金金额＝滞纳代征税税额×0.5‰×滞纳天数

进口货物滞纳金金额＝进口货物成交价格×0.5‰×滞纳天数

二、进口关税的特定减免

我国关税的减免政策由法定减免、特定减免和临时减免三部分组成。法定减免是指根据《海关法》和《进出口关税条例》列明予以减免的，如国际组织、外国政府无偿赠送的物资、中华人民共和国缔结和参加的国际条约规定减征、免征的货物、物品。特定减免是按照《海关法》和《进出口关税条例》的规定，给予经济特区等特定地区和外商投资企业等特定企业进出口的货物，以及其他依法给予关税减免优惠的进出口货物以减免关税优惠。临时减免是国家根据国内生产和国际市场行情变化，确定对某一类和几种商品在一定时限内临时降低或取消关税。

三、出口货物关税的征收和减免

根据《海关进出口税则》的规定，海关对 47（类）商品征收出口关税，其他出口货物可享受免费待遇，并对大部分出口货物实行退税制度，以鼓励出口。

（一）出口货物关税税额的确定

出口货物的完税价格是经海关审查确定的正常离岸价格（FOB）扣除出口关税后为完税价格（税前离岸价）。因此，出口货物无论是按何种价格成交，海关计算完税价格都按 FOB 价格扣除出口关税后计算。

出口货物完税价格＝FOB 价格/（1＋出口关税税率）

纳税人应缴纳的关税额＝完税价格×出口关税税率

（二）出口货物的关税减免

按照有关规定，以下出口货物可以享受关税的减免待遇：

1. 经济特区和经济开发区企业自行生产出口的应征出口税的货物，免征出口关税。但特区企业购自内地或由内地特区和开发区生产出口的应征出口税商品，仍应照章征收出口关税。

2. 来料加工、进料加工生产的复出口的成品，如属于应税商品的，经海关审查核实后，免征出口关税。

3. 设在开放城市和沿海经济开发区的外商投资企业，自行生产出口应税货物，免征出口关税。

4. 对沿海城市内的经济技术开发区出口的自行生产的应税货物，免征出口关税。

5. 其他企业因特殊原因，在货物出口前向海关提出书面申请，并经批准的，也可给予减免出口关税。

四、进出口货物关税的退返、补税及纳税争议解决

(一) 进出口货物关税的退返

进出口货物在已纳完税款后，发现有下列情形之一的，海关应准予退税：

1. 因海关误征，多纳税款的。

2. 经海关核准免验进口的货物，在完税后，发现有短卸情况，经海关审查认可的。

3. 已征出口关税的货物，因故未装运出口，申报通关，经海关审查属实的。

4. 进口货物在完税以后放行以前，发现下列情况之一，经海关查明属实的，可酌情减免其进口关税：

(1) 在境外运输途中或者在起卸时，遭受损坏或者损失的；

(2) 起卸之后，海关放行之前，因不可抗力遭受损坏或者损失的；

(3) 海关查验时已经破漏、损坏或者腐烂，经证明不是保管不慎造成的。

5. 按规定可以享受减免税的进出口货物，由于各种原因在进口时已予征税，事后发现，并经海关审查属实的。

6. 进出口货物按章征税的，由于种种原因经海关总署审查特案批准予以减免税的。

一般进出口货物的退税申请，应在缴纳税款之日起一年内提出；特定减免税货物补交减免税证明的退税申请，应以缴纳税款之日起三个月为限。

进出口货物的收、发货代理人，如欲申请退税，应在上述规定的退税范围和期限内，如实填写退税申请书（申请退关税的一式一份；申请退代征税的一式两份），并连同原纳税收据，向原征收税款海关的征税部门申请退税。

海关将在受理退税申请之日起 30 日内做出书面答复并通知退税申请人。

(二) 进出口货物关税的补税

1. 补税的范围

(1) 进出口货物、进出境物品放行后，海关因归类、估价或其发现少征税款或者漏征税款的。

(2) 特定减免税和保税等货物免税放行后，内销或者转让出售的。

(3) 企业或个人违规、走私的进出口货物、进出境物品，经海关查获需予补征税款的。

2. 补税的期限

(1) 海关发现少征或者漏征税款的，补税应自缴纳税款或者货物放行之日起一年为限。

（2）因收发货人或者其代理人违反规定而造成少征或漏征的税款，海关在三年内可以追征。

3. 补税所适用的税率和汇率

（1）以下几种情况应按原进口货物进口之日施行的税则所规定的税率补税。

① 特定减免税和保税等货物，经海关批准，因故内销或者转让出售的；

② 分期支付租金的租赁贸易进口货物；

③ 由于商品归类的变更，完税价格的审定或其他工作差错而需补征税款的；

④ 溢卸、误卸货物事后确定需补税的。

（2）暂时进口货物转为正式进口需予补税时，应按其转为正式进口之日施行的税则所规定的税率征税。

（3）保税货物和特定减免税货物等，未经海关批准擅自内销以及查获的走私进口货物予补税时，应按查获之日施行的税则所规定的税率征税。

以上各项补税适用汇率一律按海关填发税款缴纳证之日中国人民银行公布的《人民币市场汇价表》的中间价结算。

（三）纳税争议的解决

纳税义务人同海关发生纳税争议时，应当先缴纳税款，然后自海关填发税款缴纳证之日起 30 日内向海关复议，海关应当自收到复议申请之日起 15 日内做出复议决定；纳税义务人对海关的复议决定不服，可以自收到复议决定书之日起 15 日内向海关总署申请复议；对海关总署做出的复议决定仍然不服，可以自收到复议决定书之日起 15 日内向人民法院起诉。

第五节　加工贸易合同备案与报核作业流程

随着国际分工不断深化，加工贸易已成为经济全球化下国际贸易的主流之一，它是我国利用两个市场、两种资源，提高国际竞争力的重要形式；是我国产业结构调整升级和经济增长的重要力量；是我国接受跨国公司产业转移的重要方式。多年来，加工贸易占我国进出口总值的 50% 左右，对我国经济增长起着重要的拉动作用。作为保税仓库经营人或国际货运代理人代理货主办理海关进出口手续，必须了解加工贸易合同备案与报核作业流程，才能为货主提供全方位的服务。

加工贸易是指保税进口全部或部分原辅材料、零部件、元器件、包装物料，经境内企业加工或装配后，将制成品复出口的经营活动。

国家规定加工贸易业务应当由经营企业到加工企业的所在地主管海关办理加工贸易合同备案。经营企业和加工企业有可能是同一个企业，也可能不是同一个企业。

经营企业是指负责对外签订加工贸易进出口合同的各类进出口企业和外商投资企业，以及经批准获得来料加工经营许可的对外加工装配服务公司。

加工企业是指接受经营企业委托，负责对进口料件进行加工或装配，具有法人资格的生产企业，以及由经营企业设立的虽不具有法人资格，但实行相对独立核算并办好工商营业证（执照）的工厂。

加工贸易从合同备案到报核作业流程由以下四个环节组成：

（1）向海关申请办理合同备案手续（领取加工贸易登记手册或建立电子账册）；

（2）向海关办理保税料件进口手续，提取料件进行加工或装配；

（3）用保税进口料件加工的成品出口，应向海关办理复出口原料核销手续；如成品内销，应向海关申请内销，办理原料的一般贸易进口手续；

（4）货主或其代理人用在海关领取的加工贸易登记手册或在海关建立的电子账册向海关报告、办理核销。

加工贸易进出口报关分为纸质手册管理和电子账册管理两种模式。

一、采用纸质手册管理的加工贸易进出口货物报关程序的几个主要环节

（一）合同备案

合同备案是指加工贸易企业持合法的加工贸易合同到主管海关备案，申请保税并领取加工贸易登记手册或其他准予合同备案凭证的行为。

1. 加工贸易合同备案环节

（1）前期工作，包括向主管部门办理报批手续，领取合同备案批件、许可证件；

（2）合同内容预录入海关计算机系统；

（3）向主管海关申请办理合同备案手续；

（4）需要开设保证金银行台账的，开设台账；

（5）领取加工贸易登记手册或者其他备案凭证。不需要开设台账的，在申请办理合同备案手续后，直接到海关领取加工贸易登记手册。

在加工贸易合同备案中，经营企业与加工企业不在同一直属海关管辖区域范围的，应按照海关对异地加工贸易的管理规定办理异地加工贸易合同备案手续。

经营单位开展异地加工贸易，应该由加工贸易经营企业向加工企业所在地主管海关办理合同备案手续。海关对开展异地加工贸易的经营单位和加工企业实行分类管理，如果两者的管理类别不相同，按其中较低类别采取监管措施。

2. 备案的内容

备案内容主要包括备案的单证、备案的商品、保税的额度、加工贸易银行保证金台账等几个方面。企业申请备案，应备齐以下单证：

（1）商务主管部门签发的经营企业加工贸易业务批准证和生产企业的加工贸易企业经营状况与生产能力证明；

（2）加工贸易合同或合同副本；

（3）加工贸易合同备案申请表和合同备案呈批表；

（4）属于加工贸易国家管制商品的需交验主管部门的许可证件；

（5）为确定单耗和损耗率的有关资料；

（6）其他需要的单证。

（二）备案的商品

1.不准备案的商品

加工贸易禁止类商品不得备案，有三类，包括：

（1）国家明令禁止进出口的商品。

（2）列入《加工贸易禁止类商品目录》中的商品：

加工贸易禁止类商品目录是禁止以加工贸易方式进出口的相关商品，包括以来料加工、进料加工的两种加工贸易方式。

随着国家宏观政策的调整，加工贸易禁止类商品目录一直处于动态变化过程中，并多次进行了调整。根据2009年海关商品编码，对调整后禁止类目录商品编码进行修订，修定后列出禁止类目录共计1 759项商品编码。下列禁止类目录商品不予备案：

① 为种植、养殖等出口产品而进口种子、种苗、种畜、化肥、饲料，添加剂，抗生素等；

② 生产出口仿真枪支；

③ 禁止开展进口料件属于国家禁止进口商品的加工贸易（如含淫秽内容的废旧书刊，含有害物、放射性物质的工业垃圾等）；

④ 其他国家已公布的禁止进出口目录的商品。

可以备案的企业应在备案资料库备案时就向海关提交有关资料，如列入加工贸易禁止类进口商品目录的：

① 凡用于深加工结转转入，或从具有保税加工功能的海关特殊监管区域内企业经实质性加工后进入区外的商品，不按加工贸易禁止类进口商品管理。

② 凡用于深加工结转转入，或进入具有保税加工功能的海关特殊监管区域内企业加工生产的商品，不按加工贸易禁止类出口商品管理。但前述商品未经实质性加工不得直接出境。

（3）列入加工贸易进出口而没有列入国家禁止进出口的商品，企业仍可以按一般贸易方式开展进出口业务。

2.备案时需要提供许可证的商品

（1）易制毒化学品；

（2）能够制造化学武器的化工品；

（3）消耗臭氧层的物质。

3.备案时需要提供其他许可证件的商品

（1）进出口音像制品、印刷品，需提供新闻出版总署印刷复制司的批准文件；

（2）进出口地图产品及附有地图的产品，应提供国家测绘局的批准文件和样品或样图；

（3）进口工业再生废料，提供环保总局的进口废物批准证书。

（三）保税的额度

海关根据国家有关规定和《海关法》受理加工贸易合同备案，对进口料件进行全部保税、部分保税和不予保税。加工贸易项下海关准予备案的料件，全额保税。在加工贸易合同项下按照国家规定海关可以接受备案但不予保税的料件，进口时征进口税，其制成品或进口料件在规定期限内出口的，可以退还进口税；虽在加工贸易合同下进口，但试车材料、非列名消耗性物料等不予备案，进口时按一般进口办理。

（四）建立加工贸易银行保证金台账

加工贸易银行保证金台账是加工贸易合同备案环节的一个核心内容。通过纸质手册办理报关手续的所有加工贸易合同都要按照加工贸易银行保证金台账的规定办理。

如不需要开设保证金台账，即"不转"；开设保证金台账，但不需要向开设台账的银行缴纳保证金，即"空转"；在开设保证金台账后，将一定额度的保证金交存于企业在银行设立的账户，即"实转"，分全额实转和半实转。

加工贸易银行保证金的核心内容是对企业和商品实行分类管理，对部分企业进口的开展加工贸易的部分料件，银行要按料件的进口税额收保证金。

海关根据企业管理标准对加工贸易企业设定 A、B、C、D 四类管理措施。

为了使企业不再往返于海关和银行之间传递单证，海关于 2010 年实施了银行保证金台账电子化。不改变银行保证金台账办理流程，由海关向银行开出"银行保证金台账开设/变更/核销联系单"，银行办理有关手续后，再向海关开出"银行保证金台账登记/变更/核销电子通知单"，海关凭此继续办理加工贸易合同备案、变更和核销手续。从而实现了加工贸易银行保证金台账联网管理，有关单证的电子数据实现了网上传输。

二、加工贸易合同变更程序

已经备案的合同，当其中品名、规格、金额、数量、加工期限、单损耗、商品编码等任一内容发生变化时，加工贸易企业必须向主管海关办理备案的变更手续。

1. 一般需向原商务主管部门提出重新审批的申请。但是对于贸易方式不变、商品品种不变、合同变更金额小于 1 万美元，合同延长期限不超过 3 个月的则不需要提出重新审批的申请，可以直接办理备案变更手续。

2. 需要开设保证金银行台账的，开设台账。

3. 需要领取加工贸易登记手册或其他备案凭证的，办理领取。

三、加工贸易成品复出口

加工贸易企业在领取了加工贸易登记手册或其他备案凭证之后，需要进口料件并对其进行加工或者装配。由于加工贸易保税货物是以加工后复出口为目的的海关监管货物，因此加工或者装配后的成品按照规定要复出口。在成品复出口环节，企业要办理出口报关手续。

保税加工货物进出口报关与一般进出口货物报关有一个非常重要的区别，即加工贸易企业在主管海关备案的情况在计算机系统已经生成电子底账，有关电子数据已通过网络传输到相应的口岸海关，因此，企业在口岸海关报关时提供的有关单证内容必须和电子底账数据相一致，一种商品报关的商品编码、品名、规格、计量单位、数量、币值等必须与备案数据无论在字面上或计算机格式上都要完全一致，只要某一方面不一致，报关就不能通过。保税加工货物报关时是在备案底账的基础上报关，必须做到报关数据输入十分准确，必须有加工贸易手册（电子的或纸质的）或其他准予合同备案的凭证和相关报关单证，包括报关单、发票、装箱单、提单或装货单。

四、深加工结转

在部分加工贸易中，加工贸易企业经过批准将生产的成品、半成品直接结转给另一加工贸易企业，由后者进行深加工后再出口，这就是加工贸易的深加工结转，俗称为转厂。

加工贸易保税货物跨关区深加工结转是指加工贸易企业将保税进口料件加工的产品转至另一直属海关关区内的加工贸易企业进一步加工后复出口的经营活动。加工贸易企业开展结转的，转入、转出企业应当向各自主管海关申报结转计划，经双方主管海关备案后，可以办理实际收发货及报关手续。

海关对深加工结转货物实施单项统计。深加工结转的报关程序包括计划备案、收发货登记、结转报关三个环节。

在加工贸易中，经营企业对于剩余料件、边角料、残次品、副产品和受灾保税货物要做妥善处理。处理的方式有内销、结转、退运、放弃、销毁等。

保税料件生产的成品内销，也包括剩余料件、边角料、残次品、副产品和受灾保税货物等的内销与剩余料件的结转。

（一）内销

以加工后复出口为目的的保税货物在实际的监管中往往也会出现因故内销的情况。对于内销的保税货物必须要备齐单证，向主管海关按一般进口货物的报关程序办理海关手续，包括内销申请和办理征税手续。

1. 加工贸易企业在申请办理加工贸易货物内销时需要提交以下单证：

（1）商务主管部门签发的加工贸易保税进口料件内销批准证；

（2）经营企业申请内销加工贸易货物的书面材料；

（3）申请内销的货物涉及对外贸易管制的，交验规定的许可证件；

（4）与归类和审价有关的材料。

2. 办理加工贸易货物内销的作业流程由以下几个步骤组成：

（1）向商务主管部门办理内销报批手续，领取批准内销文件；

（2）涉及对外贸易管制的许可证的货物内销，向商务主管部门申领许可证；

（3）备齐单证，向主管海关按一般货物的报关程序办理海关手续；

（4）持内销报关单向主管海关办理已内销货物的核销。

（二）剩余料件结转

剩余料件结转是加工贸易合同执行完毕之后对剩余料件的一种处理方式。加工贸易企业可以申请将企业在从事加工复出口业务过程中剩余的、可继续用于加工制成品的剩余料件结转至另一个加工贸易合同项下生产出口，但仅限同一经营单位、同一加工企业、同样进口料件和同一加工贸易方式。

加工贸易企业在申请办理剩余料件结转时需要提交以下单证：

（1）经营企业申请剩余料件结转的书面材料；

（2）经营企业拟结转的剩余料件清单；

（3）海关需要收取的其他单证和材料。

加工贸易经营企业申请办理剩余料件结转，应当如实填写加工贸易剩余料件结转联系单，海关审核批准后，方可办理进出口报关手续。

（三）报核

加工贸易企业在合同履行完毕或合同终止并对未出口部分货物进行妥善处理后，可以备齐材料在规定期限内向加工贸易主管海关申请核销，要求结案。

1. 加工贸易企业报核时应备齐的单证包括：

（1）经营企业申请核销加工贸易货物的书面材料；

（2）经营企业的加工贸易登记手册；

（3）加工贸易进出口报关单；

（4）核销核算表；

（5）海关按规定需要收取的其他材料。

2. 报核环节包括以下几个步骤：

（1）整理单据：经营企业应及时将加工贸易登记手册和进出口报关单进行收集整理核对。

（2）查清单耗：企业根据有关账册记录、仓库记录、生产工艺资料等，查清此合同的实际单耗，并据以填写核销核算表；如产品的实际单耗与合同备案单耗不一致，企业必须在最后一批成品出口前进行单耗的变更。

（3）经营企业将报核的内容预录入海关计算机系统，办理预录入手续。

（4）备齐核销所需单证，向主管海关申请核销。

（5）未开设台账的，经海关审核通过，领取加工贸易核销结案通知书。已设台账的，经海关审核通过后，需先核销台账，再领取加工贸易核销结案通知书。

在加工贸易合同备案环节和核销环节中，一个非常重要的内容就是单耗。单耗是单位耗料量的简称，是指加工贸易企业在正常生产加工条件下加工单位成品所耗用的料件量。

单耗包括净耗和工艺损耗。净耗是指在加工后，料件通过物理变化或化学反应存在或者转化到单位成品中的量；而工艺损耗是指因加工工艺原因，料件在正常加工过程中除净耗外所必需耗用，但不能存在或者转化到成品中的量，包括有形损耗和无形损耗。

在加工贸易合同备案的时候，企业应当向海关进行单耗备案，并在成品出口、深加工结转或者内销前根据有关账册、仓库的记录、生产工艺等资料查清实际单耗，如实向海关申报，同时向海关呈交为确定单耗和损耗率所需的有关资料。如果企业有正当理由无法按期申报单耗的，应当留存成品样品以及相关单证，并在成品出口、深加工结转或者内销前提出书面申请，经海关批准后，可以在报核前申报单耗。需要注意的是，如果实际单耗与备案单耗不一致，企业可以申请办理单耗变更或者撤销手续，但保税成品已经申报出口、已办理深加工结转或已申请内销，或海关已经对单耗进行核定或对企业立案调查的，不允许变更、撤销单耗。

五、采用电子账册模式管理的加工贸易联网监管备案、报核作业程序

电子账册模式是海关以企业为管理单元为联网企业建立电子底账，联网企业只设立一个电子账册的海关监管模式。海关根据联网企业的生产情况和海关的监管需要确定核销周期，并按照该核销周期对实行电子账册管理的联网企业进行核销。

加工贸易电子账册模式不同于传统的采用纸质手册管理的加工贸易模式。进入企业电子账册的料件全额保税，实行最大周转额限制，效率高。

采用电子账册模式管理的加工贸易企业必须具备联网监管的条件。申请成为联网监管的企业必须具备三个条件：第一，具有加工贸易经营资格；第二，在海关注册；第三，属于生产型企业。对其中企业类别为 AA 类或 A 类，且海关以企业为单元对其进行管理的，采用电子账册模式实施联网监管。

具备条件的企业首先须向主管海关申请实行联网监管，经审核同意后，与主管海关签订"联网监管责任担保书"。其次，在商务主管部门申请审批同意后，获取"联网监管企业加工贸易业务批准证"。最后，申请海关为其建立电子账册，包括经营范围电子账册和便捷通关电子账册。因便捷通关电子账册首位为标记代码"E"，故便捷通关电子账册也叫做"E 账册"。电子账册模式下，加工贸易从备案到报核作业流程主要有向海关申请办理经营范围电子账册备案和便捷通关电子账册备案；向海关办理保税料件进口手续；提取料件进行加工或装配；用保税进口料件加工的成品复出口或申请内销；向海关申请办理报核等几个环节组成。需要指出的是，电子账册模式下加工贸易的报核分为预报核和正式报核两个步骤。

第六节　其他海关制度

一、担保制度

为促进对外经济贸易和科技文化的交流，严格海关监管制度，保证国家税收，方便合法进出，我国《海关法》专门规定了海关事务担保的具体要求。担保是指以向海关缴纳保证金或提交保证函的方式，保证在一定期限内履行其承诺的义务的法律行为。根据我国《海关法》，在下列情况下，经海关同意，可接受担保申请：

1. 暂时进出口货物；
2. 国家限制进出口货物，已领取了进出口许可证，因故不能及时提供的；
3. 进出口货物不能在报关时交验有关单证（如发票、合同、装箱清单等），而货物已运抵口岸，亟待提取或发运，要求海关先放行货物，后补交有关单证的；
4. 正在向海关申请办理减免手续，而货物已运抵口岸，亟待提取或发运，要求海关缓办进出口纳税手续的；

5. 经海关同意，将海关未放行的货物暂时存放在海关监管区以外的场所的；

6. 因特殊情况经海关总署批准的。

担保方式分为缴纳保证金和提交保证函两种。凡采用保证函方式申请担保的，应由中国公民作为担保人（报关企业法人），按照海关规定的格式填写保证函一式两份，并加盖印章，一份留海关备案，另一份交由报关人备存，凭以办理销案手续。对要求减免税的进口货物在未办完有关海关手续前，报关人申请担保要求先期放行货物的，应支付保证金。保证金的金额应相当于有关货物的进口税费之和。担保期限通常为两个月，海关收取保证金后应向报关人员出具保证金收据，报关人员凭以在销案时向海关办理退还保证金手续。

二、保税制度

为了适应对外经济贸易的发展，便利进出境货物的通关和简化纳税手续，海关对于特定进境货物或进入特定区域的、将复运出境的进境货物，经批准允许缓办纳税手续。这类经批准允许缓办纳税手续的进境货物被称为保税货物（Bonded Goods）。进境的保税货物在我国境内存储一定期限，甚至在我国境内进行加工装配后再复运出境，因此，保税货物将接受我国海关的监管。关于保税货物的种类以及对保税货物的监管规定便构成了海关保税制度的主要内容，它是一种国际通行的海关制度。

保税仓库、出口监管仓库、保税区、出口加工区、保税物流园区、保税物流中心和保税港，这七个词语是解读中国保税物流发展和变革历程的关键。到目前为止，我国海关已经发展成了四个层次、七种模式的现代海关监管体系，即"以保税港和区港联动的保税物流园区为龙头、以保税区，保税物流中心和出口加工区为枢纽，以优化的保税仓库和出口监管仓库为网点"的结构化体系。

（一）保税仓库

从 20 世纪 80 年代，我国就存在保税仓库（Bonded Warehouse），它是指经海关批准设立的专门存放保税货物及其他未办结海关手续货物的仓库。它分为公用型保税仓库，即向社会提供保税仓储服务，以及仅存储本企业自用的保税货物的自用型保税仓库。

保税仓库是经主权国海关批准，在其海港、机场、车站或其他地点设立的允许外国货物不办理进口纳税手续就可连续长时间储存的仓库。在储存期间，进口货物暂不缴纳关税，如再出口，可免纳关税。设立保税仓库主要为了发展转口贸易，同时给予贸易商以经营上的便利，便于其货物待机出售。我国保税仓库适用于存放供来料加工、进料加工复出口的料、件；经经贸部门批准寄售维修零部件；外商寄存、暂存货物、转口货物、供应国际航行船舶的燃料、零部件、免税品，以及在指定地区储存国际天然橡胶组织的天然橡胶。进口保税仓库内作业使用的物品，如货架、办公用品、管理用具、运输车辆、搬动、起重和包装设备以及改装用的机器等都应照章缴纳关税和增值税。

（二）出口监管仓库

出口监管仓库（Export Supervised Warehouse），是指经海关批准设立，对已办结海关出口手续的货物进行存储、保税物流配送、提供流通性增值服务的海关专用监管仓库。

出口监管仓库随着社会分工的细化，出口暂存的需要而出现，按功能分为出口配送型和国内结转型。

（三）保税区

进入 20 世纪 90 年代，由于多种经济成分、多种贸易方式的出现，以及对自由贸易的需求，国家引进了自由港、自由贸易区的概念，因而出现了保税区（Bonded Area）。到目前为止，国务院已经审批了 15 个保税区。

根据《保税区海关监管办法》，"保税区"是经国务院批准设立的、海关实施特殊监管的经济区域。海关对进出保税区的货物、运输工具、个人携带物品实施监管。

保税区是我国对外开放程度最高、自由度最大、运作机制最便捷、政策最优惠的经济区域之一。其功能定位为"保税仓储、出口加工、转口贸易、商品展示"四大功能，并"免证、免税、保税"，实行"境内关外"运作方式。根据现行有关政策，海关对保税区实行封闭管理，境外货物进入保税区，实行保税管理；境内其他地区货物进入保税区，视同出境；同时，外经贸、外汇管理等部门对保税区也实行较区外相对优惠的政策。但它设置在港区之外，且没有出口退税功能，货物只有在实际离境之后才能进行出口退税。

随着我国加入世贸所做承诺的逐步兑现，外贸经营权的放开、关税的逐步下调，都使得保税区在政策和功能上的优势相对弱化。

（四）出口加工区

虽然保税区引入了国外自由贸易的理念，但是由于我国进出口的管制较国外复杂，保税区的优势并没有完全发挥出来，同时还出现了一些利用国家政策骗取退税等行为。因此，2000 年，国务院基于原来的保税区的政策，成立出口加工区。使加工贸易能够从保税区脱离出来，并且能够更好地利用保税区的出口加工政策，提高海关监管。

出口加工区和保税物流园区都享受出口退税政策，货物自境内区外进入区内即可办理退税。但出口加工区的主要功能仅限于保税加工，区内除了可以进行出口加工和专为出口加工企业生产提供服务的仓储和货物进、出的运输服务，不得经营商业零售、一般贸易、转口贸易及其他与加工区无关的业务。

出口加工区设置在港口之外，因此也没有口岸功能。

（五）保税工厂

保税工厂（Bonded Factory）是指由海关批准的专门从事保税加工的工厂或企业。这是在来料加工、进料加工和外商投资企业履行产品出口合同的基础上，发展形成的一种保税加工的监管形式。

（六）保税集团

保税集团（Bonded Group），是指经海关批准，由一个具有进出口经营权的企业牵头，在同一个关区内，同行业若干个加工企业对进口料件进行多层次、多工序的连续加工，直至最终产品出口的企业联合体。

（七）保税物流园区

由于保税区的地理限制，导致了进出口货物的二次报关问题，即货物由两个海关进行监管，需两次报关、两次查验、两次放行，和港口无联动，降低了通关的效率，增加了企业的物流成本。

2003 年"区港联动"的政策被提出，即利用保税区的政策优势和港口的区位优势，在两者之间建立起一个通道，保税物流园区就此出现。它依托邻近的保税区和港口，强化了保税区的功能，体现了保税区的政策优势和港区的区位优势。2003 年国家审批了第一家保税物流园区——上海外高桥保税物流园区。目前，除上海外，还有青岛、大连、张家港、宁波、厦门、深圳等 8 个保税物流园区。保税物流园区具有七大功能：储存进出口货物及其他未办结海关手续的货物；对所存货物开展流通性简单加工和增值服务；进出口贸易包括转口贸易；国际采购、分销和配送；国际中转；检测维修；商品展示。

开展"区港联动"的目的是将保税区的政策优势、功能优势与港口的区位优势进行整合，海关通过区域化、网络化、电子化通关管理，优化海关监管模式，打破保税区与港区长期以来的分离机制和瓶颈制约。一方面拓展港口的配套服务功能，形成保税区与港口的良性互动，着力吸引国际中转、国际配送和临港增值服务等高附加值业务向我国转移；另一方面赋予保税物流园区齐全的物流功能，满足跨国公司普遍采用零库存、JIT、VMI、无缝隙对接等现代新型生产方式、管理方式、营销方式的需求，使加工制造业与物流业同步协调发展，为促进加工贸易转型升级提供配套的保税物流服务。

现在，保税物流园区的发展已经取得了初步成效，第一，它延长了加工链，促进了我国加工贸易转型升级；第二，它改变了保税区进口大于出口的现状，园区出口采购功能明显；第三，它对内陆地区的辐射和带动作用明显，加快了区域经济一体化；第四，海关对园区监管模式创新进行了有益的尝试，国际中转业务形成了从境外进口→保税区保税物流中心或保税物流园区→境外一条能进、能出的双向保税物流产业链和保税物流循环圈，货物无须离境即可在保税状态下完成从初级产品到最终产品的转换，从而满足了跨国企业发展的需求。

（八）保税物流中心

保税物流园区的组成是依托邻近的保税区和港口，但这样的地理条件要求较高，为了满足其他没有这种特殊资源的地区的发展需要，2004 年保税物流中心孕育而生，它消除了两仓的功能单一、相互隔离等缺点，并对两仓进行了整合、优化和提升，其功能相对于保税物流园区而言，只缺少了检测维修及商品展示的功能。保税物流中心的经营范围包括保税存储进出口货物及其他未办结海关手续货物；可对所存货物开展流通性简单加工和增值服务；进行全球采购和国际分拨、配送；转口贸易和国际中转；物流信息处理服务；经海关批准的其他国际物流业务。保税物流中心分为 A 型和 B 型，两者的功能是相通的，只是监管模式不同。简单而言，A 型是对两仓的整合和优化，而 B 型则是多个 A 型的集中布局，海关实施集中监管，B 型的主体不能直接参加 A 型的经营和管理。保税物流中心的发展方向是国际采购中心、国际分拨中心和国际配送中心。

1. 保税物流中心（A 型）

是指经海关批准，由中国境内企业法人经营、专门从事保税仓储物流业务的海关监管场所。按照其服务范围分为公用型物流中心和自用型物流中心。

（1）公用型物流中心是指由专门从事仓储物流业务的中国境内企业法人经营，向社会提供保税仓储物流综合服务的海关监管场所。

（2）自用型物流中心是指中国境内企业法人经营，仅向本企业或者本企业集团内部成员提供保税仓储物流服务的海关监管场所。

2. 保税物流中心（B 型）

是指经海关批准，由中国境内一家企业法人经营，多家企业进入并从事保税仓储物流业务的海关集中监管场所。

（九）保税港区

2005 年 6 月，为了使港口的发展更加适应世界贸易的需要，自由贸易港的概念被引入，保税港区（Bonded Port）的政策出台。它是目前政策级别最高、开放形式最宽，并且形式上基本与自由贸易港接轨，但只有经过国家认定具备国际航运中心资质的沿海城市才可以申请。

保税港区是经国务院批准设立在国家对外开放口岸港区和与之相连的特定区域内的，具有口岸、物流、加工、贸易等功能，拥有保税区、出口加工区、保税物流园区"三区合一"的政策优势，发展为港区合一。

保税港区是按照我国国情实际需要，借鉴发达国家海关先进管理经验，与国际通行做法相衔接，适应跨国公司运作和现代物流发展需要的新兴监管区域，是我国目前港口与陆地区域相融合的保税物流层次最高、政策最优惠、功能最齐全、区位优势最明显的监管区域。是真正意义上的"境内关外"，在形式上是最接近自由贸易港的政策模式。

本章小结

通过本章的学习，掌握对外贸易制度管理和海关对一般进出口贸易货物的监管和保税货物的监管，以及关税的基本知识；进出口货物的报关和通关业务基础概念，同时，应认识到我国目前各类形式的保税区具有设在"境内关外"的特点，保税区内的许多业务活动仍要受到海关监管，仍属关境范围；从而为以下各章内容的展开提供一般的概念基础。

本章关键词

1. 货物、技术进出口许可管理
2. 许可证件管理
3. 关税配额管理

4. 出口配额限制

5. 出口配额许可证管理

6. 出口配额招标管理

7. 出口非配额限制

8. 限制出口技术管理

9. 自由进出口管理

10. 出入境检验检疫

11. 法定检验商品

12. 出境货物换证凭单

13. 出境货物通关单

14. 外汇管理

15. 出口收汇核销制度

16. 进口付汇核销制度

17. 关税

18. 增值税

19. 进口关税

20. 最惠国税率

21. 普通税率

22. 从量税

23. 从价税

24. 复合税

25. 选择税

26. 滑准税

27. 进口附加税

28. 反倾销税

29. 反补贴税

30. 紧急关税

31. 惩罚性关税

32. 报复性关税

33. 保障措施

34. 出口关税

35. 过境税

36. 加工贸易

37. 合同备案

38. 深加工结转

39. 剩余料件结转

40. 担保制度

41. 保税制度
42. 保税货物
43. 保税仓库
44. 出口监管仓库

本章习题

一、简答题

1. 进口许可证件管理主要包括哪些证件？
2. 何谓出口配额许可证管理？
3. 为什么说出口收汇核销单是重要凭证之一？
4. 国家对进口货物付汇如何实施管理？
5. 一般进出口货物的报关有哪几个环节？
6. 保税货物报关有哪几个环节？
7. 如何确定进口货物关税税额？
8. 如何确定出口货物完税价格？
9. 收货人得知货物在境外运输途中遭受飓风，收货人办理进口货物在完税以后，海关放行以前，申请海关查验，发现货物遭受损坏30%，经海关查明属实，可否申请海关减免其受损货物的进口关税？
10. 在何种情况下，需要补缴进出口货物关税？
11. 纳税义务人同海关发生纳税争议时，应如何解决？
12. 加工贸易从合同备案到报核作业流程由哪几个环节组成，请说明。
13. 如何办理加工贸易进出口报关合同备案？
14. 在办理加工贸易银行保证金台账中的"不转"、"空转"、"实转"分别是什么意思？
15. 加工贸易企业如何向主管海关办理备案的变更手续？
16. 什么叫加工贸易深加工结转？加工贸易深加工结转的报关程序包括哪些？
17. 何谓进口货物完税价格？
18. 如何缴纳关税滞纳金？

二、案例分析

1. 某公司按暂定价格申报进口完税价格为230 000元人民币的货物，滞报 2 天，支付滞报金后，完税价格调整为265 000元人民币，申请修改申报被海关接受，该公司应补交滞报金多少元？

计算：$(265\ 000-230\ 000)\times0.5‰\times2=35$ 元。因完税价格调整导致补征滞报金的，金额不足 50 元，免于征收。

2. 游客出国旅游，购买录像机、摄像机、放像机、数码照相机四类商品回国，走私者发现这四类商品的国际市场价格比国内市场销售价格便宜，便组织大批水客从香港携带通过深圳口岸入关在国内市场销售，由于逃避了合理的关税，对国内商品市场冲击很大。海关发现这一问题后，为征收合理的关税，保护国内消费市场，对私人携带从国际市场购买录像机、摄像机、放像机、数码照相机四类商品进口要求申报征税。

在海关税则中，一个税目中的商品同时使用从价税、从量税两种标准计税，按两种税率合并计征的关税为复合税。目前，我国对广播级的录像机以及摄像机、放像机、数码照相机四类进口商品根据货物的价值计征复合税。

摄像机、数码照相机：价值大于5 000美元，征复合税（从价税＋从量税）；价值小于或等于5 000美元，征收单一从价税。

录像机、放像机：价值大于2 000美元，征复合税（从价税＋从量税）；价值小于或等于2 000美元，征收单一从价税。

复合税应征税额 ＝ 货物的完税价格 × 从价税税率＋
　　　　　　　　货物计量单位总数 × 从量税税率

第二章 保税仓储

本章导读

　　本章阐释了保税货物的特性，保税仓库、出口监管仓库的作用、功能和类型；如何申请和设立保税仓库、出口监管仓库；保税仓库的管理储存计划与存货管理；普通保税仓库企业的业务部门架构、职责和工作程序；提升一般保税仓库的管理水平，向供应链管理库存发展；保税区与保税仓库的关系；保税货物进出保税区（库）业务，以及海关监管的途径。

学习目标

　　通过本章内容的学习，了解和掌握保税货物的特性，保税仓库、出口监管仓库的功能和类型，学习如何制订保税仓库的管理储存计划及加强存货管理，初步了解普通保税仓库企业的业务部门架构、职责和工作程序，掌握保税仓储业务的基础知识。

第一节 保税概念

　　在改革开放的形势下，为发展国民经济，吸引国际资本在我国投资建设，政府制定了一系列的优惠政策来推动国家的经济发展；国际上许多著名的跨国企业也看中了中国的劳务市场和原料资源，纷纷在中国进行加工贸易和投资办工厂。经过多年的实践，中国海关为促进区域经济发展，充分利用国内国际市场和资源，提高国家产业发展水平，支持和鼓励企业参与国际分工和国际竞争，积极推动加工贸易的转型升级；保税仓库和出口监管仓库的设立促使保税业务飞速发展，保税工厂、保税集团、保税物流中心、保税区、保税港区的设立使保税形式日趋多样化；保税加工业务加快了转型升级的速度，中西部地区对承接加工贸易梯度转移的需求越来越强烈，海关监管保税货物的品种也日趋多样化；同时，以服务外包为代表的新兴保税服务正在成为新的外贸增长点。

一、保税货物的特性

根据《中华人民共和国海关法》，保税是对货物而言，一般说保税货物，它是指经海关批准未办理纳税手续进境，在境内储存、加工、装配后复运出境的货物。其特性是经海关批准、属海关监管货物、应复运出境三个方面。

（一）经海关批准

《海关法》明确规定，保税货物必须"经海关批准"，未经海关批准的货物不能成为保税货物。海关接受加工贸易备案来行使批准保税的权利，包括：接受来料加工备案、进料加工备案和外商投资企业加工备案，核发加工贸易登记手册（包括纸质和电子的加工贸易登记手册）。

保税区和出口加工区是由国务院批准，但批准区域内进口货物的保税仍由海关办理，仍属于海关监管的权利。海关批准进口货物保税的原则有三条：合法经营、复运出境、可以监管。

（二）属海关监管货物

保税货物是指"未办理纳税手续进境"的货物，《海关法》把保税货物归在海关的监管货物项下。保税货物从进境之日起就置于海关的监管之下，保税货物在境内的运输、储存、加工、装配等都必须接受海关的监管，直到复运出境或改变保税性质办理正式进口手续为止。

保税货物在保税期间，货物产权未经海关批准并办理相应的海关手续，货物所有人不得擅自处理货物。因为保税货物是海关的监管货物，未经海关许可，不得开拆、提取、交付、发运、改装、转让、调换、质压、抵押、留置、更换标志、移作他用或进行其他处置。海关对保税货物施加的封志，任何人不得开启和损毁；当保税货物失去保税条件时，海关有权依法对该货物进行处置。

我国海关监管的保税货物主要有：进料加工进口的料件和加工的成品；来料加工进口的料件和加工的成品，以及进口用工缴费偿还作价设备；补偿贸易用产品偿还的进口设备；中外合资经营企业、中外合作经营企业、外商独资企业为履行产品出口合同而进口的料件和加工的成品；按出口合同客供条款规定而进口的客户免费提供的原材料；保税仓库存储的货物；保税工厂为生产出口产品而进口的料件、（作价）设备和加工的成品等。

我国海关监管保税货物制度主要由三个方面内容构成：

（1）海关对加工贸易货物的监管；

（2）海关对保税仓库及其所存货物的监管；

（3）海关对保税工厂的监管。

当保税货物经海关核准转为进入国内市场销售时，由货主或其代理人向海关递交进口货物许可证、进口货物报关单和海关需要的其他单证，并缴纳关税和增值税后，海关签印放行，将原进口货物报关单注销，由货主自行提取。

（三）应复运出境

根据《海关法》对保税货物的定义，保税货物的最终流向应是复运出境。因此，经海关批准保税进境后的货物一旦决定不复运出境，就改变了保税货物的特性，从决定不复运出境之日起，就不再是保税货物，应当按照留在境内的实际性质办理相应的进口手续。

保税货物改变货物的性质，不复运出境而办理进口手续的情况常有发生。如：保税仓库货物出库进入国内市场，需办理一般进口货物征税或减免税的海关手续；加工贸易进口料件经批准转为内销，需向海关交验相应的许可证件、征收货物进口税和征收利息；保税区、出口加工区用进口料件生产的产品运往非保税区和非出口加工区，视同进口，应办理进口纳税手续等，都是属于改变保税货物性质，最终不复运出境而办理相应进境手续的情况。

二、我国现行保税制度的主要形式

一是为国际商品贸易服务的保税仓库、保税区、寄售代销和免税品商店。

二是为加工制造服务的进料加工、来料加工、保税工厂、保税集团。

三是为保税仓库、保税区、寄售代销和免税品商店、保税工厂提供物流服务的保税物流中心。

三、保税额度

保税货物是指"未办理纳税手续进境"暂存在保税仓库的货物。

加工贸易合同项下的海关准予备案的材料，全额保税。

加工贸易合同项下的海关不予备案的料件，以及试车材料、未列名消耗性物料，不予保税，进口时按照一般进口照章征税。

四、保税库存产生的原因

（一）促进对外贸易的需要

在国际贸易中，从询价、签订合同，到货物运输需要一个较长的时间，为了缩短贸易周期，降低国际市场价格波动的影响，先将货物运抵本国口岸，预先存入保税仓库，可以使货物尽快投入使用。也可先将货物存入保税仓库，待价格时机成熟再进入市场。

（二）提高进口原材料使用效益的需求

利用保税仓库，可以使需要进口的原材料统一进口，通过经济批量采购和仓库周转存货与销售达到相互调剂，提高原材料利用率，降低进口价格，提高经济效益的目的。

（三）开展多种贸易方式的需求

发展外向型经济，利用保税仓库暂缓缴纳关税等优惠条件，发展多种贸易方式，如来料加工、进料加工；有利于扩大出口，增加外汇收入；还可利用国际贸易市场价格变化中的差价，开展转口贸易。

（四）加强海关监管的需求

随着贸易方式的灵活多样，海关关税征收工作的难度也在加大，保税仓库出现后，海关工作人员可以借助仓库管理人员的力量进行协同管理，海关主要是制定各种管理制度，对保税仓库出入货物实行核销监督管理，对加工业实行重点抽查与核销，以防内销行为的出现。这增强了海关监管力度，同时也简化了手续。

（五）促进本国经济发展的需求

从事外贸的企业利用保税仓库，可以充分发挥仓库效能，开展一系列相关业务，如报关、装卸、运输，允许的加工、整理、修补、中转、保险、商品养护等，使外贸仓储逐渐发展成为综合性、多功能的商品流通中心，同时促进国家对外贸易的发展，促使本国经济进入国际经济体系之中，有利于国家经济的发展。

第二节 保税仓库

一、保税仓库的概念

保税仓储业务中需要仓库等设施，也需要仓储组织和管理。经营保税仓库业务与普通仓储服务业务不同，必须按照海关监管保税仓库的规定严格管理。经营保税仓库企业与存放保税货物的货主之间存在的是保税仓储合同，而不是货运代理合同，因此，经营保税仓库企业是"独立经营人"，承担着保税仓储合同当事人的责任，同时，对海关起着保税货物监管员的责任和义务。

保税仓库（Bonded Warehouse）是保税制度中应用最广泛的一种形式，根据《海关总署令第105号（中华人民共和国海关对保税仓库及所存货物的管理规定）》对保税仓库的定义为：是指经主权国海关批准设立专门存放保税货物及其他未办结海关手续货物的仓库。

"仓储"一般指利用仓库存放、储存物品，并根据需要交付使用之行为，仓储是对有形物品提供存放场所、对存放物品进行相应保管，并实施物品存取过程管理的行为总称。"仓"即为仓库，是为存放物品而设置的建筑物或场地，具有存放和保护物品的功能。"储"则是指对保存物品进行收存、管理、交付使用等行为。

现代社会生产的一个重要特征就是专业化和规模化生产，劳动生产率较高，绝大多数产品都不能被即时消费，需要经过仓储，弥补生产与消费市场之间的差异，因此，仓储是物质产品生产过程的必要环节和支撑条件。有商品流通就会有商品储存，因此，仓储是社会流通系统运转的必要条件。对货物进行科学管理和养护，能保护好处于暂时停滞状态的物资的使用价值，而使货物流向合理、流转速度正常、分配合理，就能满足市场需求，因此，仓储也为消费市场保持物资原有使用价值和合理地使用物资提供保证。为了满足销售的需要，商品需要在仓储中进行整合、分类、拆除包装、配送等处理和存放，还需要在运输途中进行储存，因此，仓储也是运输过程中的必要环节。

随着国际贸易的不断发展及外贸方式多样化，世界各国进出口货运量增长很快，如进口原料、配件进行加工，装配后复出口、补偿贸易、转口贸易、期货贸易等灵活贸易方式的货物，进口时要征收关税，复出口时再申请退税，手续过于繁琐，也不利于发展对外贸易。如何实现既方便进出口，有利于把外贸搞活，又使未税货物仍在海关有效的监督管理之下——保税仓库制度就是解决这个问题的一把钥匙。

同时，第三方物流的发展要求对保税仓库拓展政策限制和开发相关功能，使其更好地参与国际货物从生产到销售全程的供应链分工和运作，发挥保税仓库更多的作用。为顺应现代物流发展和国际市场的需要，海关总署于2003年12月制定并颁布了《中华人民共和国海关对保税仓库及所存货物的管理规定》（以下简称《保税仓库管理规定》），并于2004年2月1日实施。

保税监管场所管理规则是根据我国海关加入的《关于简化和协调海关制度的国际公约》（以下简称《京都公约》）专项附约"海关仓库"条款制定的。《京都公约》囊括了各项海关业务制度，被公认为国际海关领域的基础公约，根据《京都公约》对海关仓库的定义，进出口货物在进口时尚不知最后做何处理，可选择在仓库暂时存放一段时间；如准备供境内使用，可推迟到货物正式进境内使用时才缴纳进口税费；进口商还可以选择将货物存放在仓库内，根据市场情况考虑是否办理进口或办理出口；如果货物准备重新出口，则可以按照免纳进口税费的海关制度继续存放。多数国家立法允许货物存放在仓库期间免纳进口税费，其目的是为了最大限度地方便贸易。

二、保税仓库的作用

现代物流是对从原材料采购、产品生产到产品销售全过程中货物流通的系统管理，是降低物流成本的管理。物流过程需要经过众多环节，其中仓储过程是最为重要的环节之一，也是必不可少的环节。保税仓储已从传统的物资存储发展到物流的节点和保税贸易，作为物流管理的重要环节发挥着协调物流服务过程和加速国际贸易的作用。

在海关的各类特殊监管区域和保税监管场所中，建设保税仓库的成本、货物仓储的费用和其劳动力的成本都比较低。保税仓库具有保税仓储、简单加工和增值服务、物流配送和国际转口贸易的功能，具有一定的优势，同时，可以充分发挥保税仓库本身独特的作用。

（一）发挥保税仓储功能，加速国际贸易的作用

保税仓储已从传统的物资存储发展到物流的节点和保税贸易；储存在保税仓库的保税货物销往国内外时，可以快速便捷地办理清关手续，大大缩短交货期。

（二）调节商品价格的作用

存货意味着资金停滞、成本增加、保管费用的增加，并会产生耗损、浪费等风险，控制存货以降低产品成本是物流服务的重要内容之一。仓储存货控制包括存量控制、仓储点的安排、补充控制、出货安排等工作。

保税商品的仓储可以克服生产旺季和生产淡季与消费之间的供求矛盾，以储存来调节供求关系，调整由供求矛盾而造成的价格差异。

（三）调节运输工具载运能力的作用

无论是货物保税出口、进口或转口，仓储皆可以减少压船、压港，弥补内陆运输工具运载量的不足。在船舶与内陆运输之间起着缓冲调节作用，保证国际贸易货物运输顺利

畅通。

1. 整合运输和配载：运输服务商通过在仓储中整合众多小批量的托运货物，通过比重整合、轻重搭配，实现运输工具空间的充分利用，进行合并运输配载，以便充分利用运输工具，降低物流成本。在运输整合中还可以对商品进行成组、托盘化等作业，使运输作业效率提高。

2. 分拣和组合产品：对于需要整合运达消费地的产品，在仓库里可以根据流出去向、流出时间的不同进行分区、分类，分别配载到不同的运输工具，配送到不同的目的地。

仓储的整合作用还适用于在不同产地生产的系列产品，在仓库整合成系列体系，向销售商供货。

（四）调节工厂生产不平衡的作用

随着保税贸易业务在我国的深入开展，保税仓储存放的保税原材料、零配件，可以根据工厂生产的需要，及时从保税仓库提取用于加工生产，调节工厂生产的不平衡局面。并可通过仓储的时间控制，使生产节奏与消费同步，实现物流管理的时间效用价值。

（五）物流成本的控制作用

仓储成本是物流成本的组成部分，整体上对物流成本的影响较大，仓储成本的控制和降低直接实现物流成本的降低。合理和准确的仓储会减少商品的换装、流通，减少作业次数，降低运输成本。采取机械化和自动化的仓储作业可降低作业成本。优良的仓储管理，对商品实施有效的保管和养护，准确的数量控制，可以减少风险成本。

（六）融资的作用

首先，进口货物存储在保税区内，可免征进口关税、进口增值税，免许可证，免保证金，货物存储期限不受时间限制，可节约流动资金占用；在未办理许可证或加工手册的情况下也能将货物先进口储存。

另外，贸易商和生产厂商因资金有限，无须使用大量资金事先进口大批商品、原材料或零部件，根据商品市场流通需要和生产的需要，可以及时从保税仓库进口商品、原材料或零部件。这样既免除了贸易商提前从银行贷款进口货物，在市场销售不理想时造成资金的积压，又免除了生产厂商从银行贷款进口货物的贷款压力，起到了融资的作用。

（七）物流供应链的作用

对于代加工的保税工厂来讲，特别是电子产品的工厂，电子产品规格多种多样，各类型号成千上万，电子产品的更新换代日新月异，配套生产的工厂把生产的零部件存放在保税仓库，成品组装生产工厂根据生产流水线的需要，定期从保税仓库调拨零部件。

仓储中的现存货物会使客户产生信任感，有利于交易的达成。近距离的仓储存货，对客户的服务会更快、更及时，客户能获得更多的利益。产品准时和合适的仓储，充分表现了企业的管理水平。保税仓库货物的储存和分拨配送运作已经在物流供应链上发挥了不可缺少的重要作用。如仓储管理水平达到 VMI 的要求，可以使生产厂商零配件达到零库存，切实起到物流供应链的作用。

（八）国际物流运输网络的节点作用

随着国际贸易的发展，加强保税仓储管理是缩短商品流通时间、节约流通费用的重要手段。随着综合物流管理的进展，经营保税仓储业可以通过开展物流管理拓展延伸服务业务，发挥国际物流运输网络的节点作用。

1. 出口货物集拼

由于贸易商采购的出口货物分散在国内不同地区，不同的国内供应商可以在不同时间分别将货物运送储存到保税仓库或出口监管仓库，即视为出口，待货物齐全后在保税仓库或出口监管仓库内再拼箱出口。

2. 进口货物分拨

进口货物暂时储存在保税仓库，根据进口商市场供应的需求，可以分期分批办理进口海关手续，分拨供应到国内市场销售。

（九）国际贸易转口的载体作用

充分利用保税仓库开展国际转口业务：货物从 A 国进口到保税区再出口到 B 国，货主把进口的货物暂时存入保税仓库，在储存期间，进口货物暂不缴纳关税，如再出口，可免纳关税。保税仓库将推动转口贸易的发展，同时给予贸易商以经营上的便利，根据国际贸易市场的变化，便于其货物待机出售。保税仓库又起到了做国际贸易转口的载体作用。

（十）看样交易平台展示作用

国内外企业（包括保税区企业）可以在保税区内举办国际商品展示活动。为方便客户看样订货，可以把产品货样进口到国内保税仓库内长期储存，（不用缴纳进口关税，也不需要办理进口的有关证件；如果进口产品货样在展示完毕重新退运回起运国，只要办理进口退运手续，不用缴纳出口关税），在保税区内设立商品交易市场，参加保税区内进出口商品展销会，从事商品展示、批发等业务，既方便客户看样订货，又起到交易平台展示功能。

（十一）发挥保税仓库的增值服务作用

保税仓库不仅是将货物存入仓库进行保税存储，还可以承担具有生产特性的在库内进行流通性的简单加工。流通加工是将产品的某些加工工序转移到物流过程中进行的活动，是产品生产过程的延续。仓储过程中产品处于停滞状态，适于进行流通加工；仓储过程中可实现众多的物流增值服务，且可以满足市场消费变化的需要和不同客户的需要。流通加工包括产品分拣、挑选、整理、包装、刷唛、加标签、备货等，使仓储过程与生产过程和市场销售有机结合起来，从而增加了商品的价值，充分发挥了保税仓库的增值服务功能。

（十二）对进口产品的维修保养作用

寄售维修保税仓库，主要为引进设备提供售后服务，是专门存储为维修外国产品所进口寄售零配件的保税仓库。我国企业引进一些高新生产技术设备，如在使用过程中发生损坏再返回国外修理的话，无论从影响生产的时间和经济角度考虑都不合算，所以，国外厂商把设备易损的零备件寄放在寄售维修保税仓库，可以在其中开展设备的免费维修和更换零件等售后服务。

三、保税仓库的主要业务

（一）保税物资的存储

保税物资的存储是指在特定场所，将未办理海关进出口关税手续的货物收存并进行妥善保管，确保被存储的物品不受损害。存储是仓储的最基本业务，是仓储需求产生的本源，是仓储活动的基本表征。

保税存储的对象必须是有价值的保税货物，保税存储要在符合海关监管条件的特定场地进行（即保税仓库）。物资的存储有可能是长期的存储，也有可能只是短时间的周转。

保税仓储业务一般需要保税存货人与保税仓库经营人签订保税仓储保管合同，即保税仓库经营人接受和保管存货人交付储存的保税货物，在保税储存期限届满时完好地归还该货物，存货人给付保管费的协议。存储的目的是确保存储物的价值少受损害，保管人有绝对的义务妥善保管好存储物。存储物所有权始终属于存货人所有，存货人有权控制存储物。

（二）流通调控

保税仓储既可以长时间进行，也可以短期开展，存期的控制形成了对流通的控制；反之，流通的需要，决定了商品是存储还是流通。这也就是保税仓储的"蓄水池"功能，当交易不利时，将商品储存，等待有利的交易机会；当保税货物处于物流供应链中，按生产计划的需求，进行准时制分拨调运。流通控制的任务就是对物资是仓储还是流通做出安排，确定储存时机，计划存放时间，当然还包括储存地点的选择。

仓储经营人应针对存货人的流通需求，结合仓储企业的设施，通过分析、规划，最大限度地满足客户的要求。创造良好、方便的储运条件，以吸引客户存货，为客户进行方便服务，提高仓储企业的竞争实力。

保税仓储计划视货主对保税货物的市场供求变化情况而订。存储计划内容包括存储货物的种类、性能、数量、包装、出入库时间、货物流向以及存储要求；月度、旬度出入库计划等。仓储经营人应向客户提供库场存储能力和服务条件，制订货物保管养护计划、设备利用计划、劳动力组织计划和储存费用计划。

（三）数量管理

保税仓储的数量管理包括两个方面：一方面为存货人交付保管的仓储物的数量和提取仓储物的数量必须一致；另一方面为保管人可以按照存货人的要求分批收货和分批出货，对储存的货物进行数量控制，配合物流管理的有效实施向存货人提供数量的信息服务，以便客户控制存货。同时，向海关定期提供库存货物的数量信息，以便海关实施对保税货物的监管。

货物从境外进口存入保税仓库，须填写进口保税货物报关单。进口保税货物报关、放行、入库是存货人向保管人交付货物，保管人履行仓储保管合同的开始。保税仓库经营者按海关规定建立货物入库验收制度，以及台账登记的办法进行货物交接、验收、登记、入库，签发货物入库单据。通过认真验收，分清仓库保管人与存货人或运输承运人的责任，并为货物的保管养护打下基础。因此，货物入库是仓储业务的关键环节。

货物出库要按海关规定的提货手续，制定货物出库放行办法。核对凭证，防止差错；

备妥货物，准备出库；核对实物，再行付货。货物出库后，到海关办理核销，更新台账，做好信息储存，为以后统计、查询、核算费用提供准确的依据。出库应做到及时、准确、方便、完好，使客户满意，全面履行仓储合同约定的义务。

（四）质量管理

根据收货时仓储物的质量交还仓储物是保管人的基本义务。为了保证仓储物的质量不发生变化，保管人需要采取先进的技术、合理的保管措施，妥善保管仓储物。仓储物发生危险时，需要及时采取有效措施减少损失，并及时通知存货人。

就存储方式而言，首先要根据各类货物的堆码要求，对堆码形式、堆码方法、堆码的技术要求进行标准化堆码管理；其次，划定库位、统一标识、绘制仓库堆放平面图，并对露天存放的货物进行必要遮盖；再次，根据货物不同的理化性质，确定正确的防湿、防霉、防火、防锈蚀等技术措施，以保证入库货物完好无损。

（五）增值服务

保税仓库经营人除了做好收货、保管、养护、发货等业务外，还应积极创造条件，拓展服务，如报关、包装、刷唛、挑选、分体、整理、装拆集装箱、装卸车、代办运输等业务。

保税仓库经营人利用保税仓储物开展服务业务不仅会增加经济收益，还能充分利用社会资源，加快社会资金周转。第三方物流服务业务功能的开发是保税仓储经营发展的重要方向，对于加速商品流通和提高仓库自身经济效益，都具有重要意义。

随着消费商品多样化、个性化、变化快的发展，为了严格控制物流成本，生产企业将产品的分拣、挑选、整理、包装、刷唛、加标签、备货等工序安排在最接近销售的仓储环节进行，从而为仓储经营提供了新的业务。保税仓储配送业务的发展，有利于生产企业降低存货，减少固定资金投入，实现准时制生产；商店减少存货，降低流动资金使用量，且能保证销售。

对于大多数运输转换仓储都具有配载的任务。货物在仓库集中整合，按照运输方向进行分类仓储，当运输工具到达后出库装运。而在配送中心就是不断地对来接受货物的运输车辆进行配载，确保配送的及时进行和运输工具的充分利用。

与普通仓储业务不同，保税仓库和保税货物均在海关监管之下，进出库的货物只能是保税货物，不得存放其他货物，故保税仓库不能开发仓储质押业务。

在我国经营保税业务的企业在海港、机场、车站或其他地点设立允许外国货物不办理进口纳税手续就可连续长时间储存的仓库，在储存期间，进口货物暂不缴纳关税，如再出口，可免纳关税。设立保税仓库主要为了发展转口贸易，同时给予贸易商以经营上的便利，便于其货物待机出售。我国保税仓库适用于存放供来料加工、进料加工复出口的料、件；经经贸部门批准寄售维修零部件；外商寄存、暂存货物、转口货物、供应国际航行船舶的燃料、零部件、免税品，以及在指定地区储存国际天然橡胶组织的天然橡胶。

进口保税仓库内作业使用的物品，如货架、办公用品、管理用具、运输车辆、搬动起重和包装设备以及改装用的机器等都应照章缴纳关税和增值税。

随着经济全球化的推进，传统物流越来越不能适应现代物流的发展，现代产业链的不断延伸和第三方物流的崛起，使保税仓库在国际物流供应链中的地位不断提高，起到的作用越来越明显。保税业务在我国国际贸易中占有的比重越来越大，对我国开展保税贸易起到推动作用。保税仓库不仅能为我国加工贸易的转型升级和可持续发展提供配套的保税物流服务，同样可以为保税贸易货物提供物流服务，服务贸易和国际转口贸易也能从中受益。保税仓库的管理制度是世界各国海关通用的一种监管制度，保税仓库的功能使其在国际贸易中发挥着不可替代的作用。

《保税仓库管理规定》对政策限制的突破促使保税仓库的功能从单一仓储功能转向物流供应链整合，并使其逐渐发展成为集商流、物流、信息流及其他延伸服务于一体的现代物流组织。

保税仓库可以依据现代物流企业制度追求的"零库存"物流运转目标，按照不同商品的特点要求以及不同国家或地区的市场划分，进行各种专业化仓储、分拣和再包装、拼装集运、分拆零售，发挥其一系列的综合服务功能。

在国际贸易实践中，进入保税仓库的货物一般不受仓库所在地国家的税费和进口许可证的限制，但所在地国家禁止进境的货物不得进入保税仓库存放。

四、保税仓库的主要功能

我国海关监管的保税仓库主要具备两方面的功能：一是在货物供境内使用通关出库前，无缴纳进口税费的义务，如重新出口，则免除进口税费；二是为存放货物者提供更多的时间，便于其在国内外市场洽谈销售，或以另一种海关制度加工、制造。

应用保税仓库的功能，货主可以把保税货物存放在保税仓库做国际贸易短线实物期货，发挥其做国际贸易短线实物期货市场的功能。

如：某国际贸易公司将一批动物饲料进口在我国的某口岸保税仓库暂存，然后在我国养殖业市场和周边国家寻找买家。如果买家购买的数量较小，就根据买家要求，在仓库内分装成小包装袋，批量出售。如市场行情看涨，货主有权将货物囤积在保税仓库暂时不卖，等待行情合适时再销售。这里，货主充分地利用了保税仓库的优势，使存放在保税仓库的货物做成了短线实物期货，货主可以随时与买方签订销售合同，缩短了交易和运输时间，及时抢占了市场，达到商品利润最大化。

保税货物如果转为内销，进入国内市场，则必须事先提供需要的进口许可证和有关证件，正式向海关办理进口手续并缴纳关税，货物才能出库。买卖双方签订合的国际贸易条款可以是 FOB 国外的启运港，也可以为 CIF 或 C&F 保税仓库所在的口岸，进口纳税手续及提供相关文件将根据买卖合同的规定办理。

保税货物在国内储存、加工、装配后在规定的期限内复运出境，经海关批准核销即可。

五、保税仓库的类型

(一) 公用型保税仓库、自用型保税仓库

保税仓库按照使用对象不同分为公用型保税仓库和自用型保税仓库。

1. 公用型保税仓库由主营仓储业务的中国境内独立企业法人经营，专门向社会提供保税仓储服务。申办经营公用型保税仓库的主体必须具备工商行政管理部门核准的仓储经营权；其经营主体可以是外贸企业、物流企业或生产型企业等。

由于公用型保税仓库的面积过小则不能满足向社会提供公用服务，所以海关要求经营公用型保税仓库的面积不得低于2 000平方米。公用型保税仓库的经营者可以根据所存货物拥有人的委托，对所存货物开展包装、印刷唛码、分拆、分级、分类、拼装等流通性的简单加工和增值服务。

2. 自用型保税仓库由特定的中国境内独立企业法人经营，仅存储为特定加工贸易企业供本企业生产自用的生产型物料和零备件等保税货物。自用型保税仓库经营者只能是该贸易加工企业本身，为企业提供生产配套服务，无需到工商行政管理部门办理仓储经营权，同时，海关只要求设立自用型保税仓库必须符合海关监管条件，对自用型保税仓库的面积没有设立最低门槛。

（二）专用型保税仓库

保税仓库中专门用来存储具有特定用途或特殊种类商品的称为专用型保税仓库，包括液体危险品保税仓库、备料保税仓库、寄售维修保税仓库和其他专用型保税仓库。

1. 液体危险品保税仓库，是指符合国家关于危险化学品仓储规定的，专门提供石油、成品油或者其他散装液体危险化学品保税仓储服务的保税仓库。液体危险品保税仓库容积最低为5 000立方米。

2. 备料保税仓库，是指加工贸易企业存储为加工复出口产品所进口的原材料、设备及其零部件的保税仓库，所存保税货物仅限于供应本企业。

3. 寄售维修保税仓库，主要为引进设备提供售后服务，是专门存储为维修外国产品所进口寄售零配件，国外厂商可以在寄售维修保税仓库开展设备的免费维修和更换零件等售后服务。寄售维修保税仓库面积最低为2 000平方米。

4. 其他专用型保税仓库，是指除液体危险品保税仓库、备料保税仓库、寄售维修保税仓库以外的专门用于存储具有特定用处或特定种类商品的保税仓库。专用型保税仓库是按所存货物的特殊性质来划分类别的，可以办成社会公用型的保税仓库，也可以办成企业自用型的保税仓库。

第三节　申请和设立保税仓库

一、保税仓库的申请和设立流程

（一）企业向所在地主管海关提交申请

企业向所在地主管海关提交申请单证→主管海关审查企业申请单证→主管海关实地核查仓库的各项设施是否符合海关对设立保税仓库的要求→主管海关将核查材料报送直属海关审批→直属海关审批签发证书。

申请经营保税仓库的企业应具备的资质和条件如下：

1. 企业需在所在地的工商行政管理部门注册登记，取得经营企业法人工商营业执照，必须具备符合营业范围的仓储经营资格，注册资本最低限额为 300 万元人民币；

2. 经营企业需在国税局和地税局分别取得"税务登记证"；

3. 具备向海关缴纳税款的能力；

4. 具备专门存储保税货物的营业场所；

5. 对经营特殊许可商品储存的单位，应当持有规定的特殊许可证；

6. 经营备料保税仓库的加工贸易企业，每年出口额最低限度为 1 000 万美元；

7. 法律、行政法规及海关规章规定的其他条件，申请企业应照章办理和提供相关资料。

（二）企业也可向所在地主管海关提交电子申请

欲申请成立保税仓库的企业先通过仓储物流监管平台浏览、了解申请保税仓库所需资料及流程，待根据要求备齐相关资料后在网上填报设立保税仓库申请表。随后，企业携带所需资料在规定时间内至海关办理仓储登记手续，资料审核通过后海关将派员对仓库进行实地勘察。审批通过后海关向企业发放仓储登记证、仓储企业身份登记卡与开通企业联系电子邮箱，并将企业数据录入仓储管理数据中心备案。

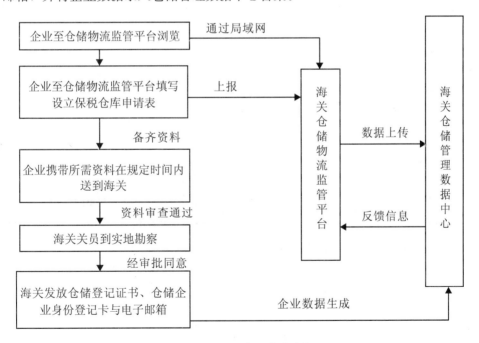

图 2—1　企业电子申请流程

二、设立保税仓库应具备的条件

1. 申请设立的保税仓库应符合海关对保税仓库布局的要求。

2. 具备符合海关监管要求的物理围网的安全隔离设施、监管设施和办理业务必须的其他设施。

（1）室内保税仓库：仓库应保持密闭隔离，仓库内有明显的区位划分，仓库进出口大门可施封加锁。

（2）露天保税堆场：堆场四周隔离围墙应建造为全封闭不间断的永久性隔离设施，可以用金属网、金属栏栅、实体墙等材料来建造，墙体高度不低于 2.5 米。海关为了确保对保税货物的监控，根据监管保税企业安全运营多年积累的经验，对建造隔离围墙有基本的要求。

（3）保税储罐：要求罐体密封，罐体、管道具有明显的区分标志，具备实施施封的条件，保税储罐须加装液位仪以及其他计量设施。罐体、管道、流量计等设备必须经过质检部门检验合格并出具检定证书，方可安装使用。

3. 采用纸质手册管理或计算机联网的非物理围网监管模式，保税仓库的计算机管理系统应符合海关的监管要求，并与海关的计算机管理系统联网作业。

（1）用户计算机硬件配置的条件

① 专机专用；

② CPU 采用 pentium Ⅱ 以上为宜；

③ 128M 内存或以上效果更佳；

④ 10G 硬盘或以上（至少 2G 空间）；

⑤ Windows 支持的鼠标、键盘、光驱、软驱、显卡；

⑥ Windows 支持的专用针式打印机；

⑦ 直线电话、ISDN 或可拨外线的分机；

⑧ 任何品牌的 56KMODEM 或 ISDN 适配器。

（2）软件条件

① 操作系统应为 Win98 中文第二版；

② 安装保税区海关仓储物流电子监管软件。

海关对保税仓库实施计算机联网管理，保税仓库计算机管理系统的设计应适合海关监管要求，应包括进出仓关键字段的数据：供货（提货）企业名称、货物自然序号、电子账册项号、商品编码、商品名称、规格、计量单位、数量、价值、报关单号、对应进出仓单号、仓位号、进出仓日期，在此基础上还应有出仓形式，包括贸易方式、运输工具名称、运输工具班号等字段。主管海关从监管需要的角度，认为在必要时，可要求企业提供相应模块如实记录商品归类归并情况。

供保税仓库使用的计算机管理系统应具备以下功能：

① 可实现以电子账册项号、商品名称、商品编码、日期时间段、报关单号等字段进行库存货物的自动累加和扣减等统计功能。

② 可实现以电子账册项号、商品名称、商品编码、日期时间段、报关单号、库位号等字段进行组合查询的功能。

③ 具备超期仓储提示功能，对储存时间已经超过一年的货物自动进行提示。

④ 可按货物进出仓时间段查询相关报关单号，并以列表形式输出。

⑤ 可实现保税仓库库存货物出大于存的自动提示功能。

4. 具备海关监管要求的保税仓库管理制度。

5. 具备符合会计法要求的会计制度。

6. 保税仓库的设立，要符合国家土地管理、规划、交通、消防、安全、质检、环保等方面的法律、行政法规及国家的有关规定。

7. 经营公用型保税仓库的面积不得低于2 000平方米。

8. 液体危险品保税仓库容积最低为5 000立方米。

9. 寄售维修保税仓库面积最低为2 000平方米。

10. 法律、行政法规及海关规章规定的其他条件，申请企业应照章办理和提供相关资料。

三、要求设立保税仓库的企业应向海关提交的申请材料

具备经营保税仓库的资质和设立保税仓库的条件，申请设立保税仓库的企业，应当向仓库所在地主管海关提交书面申请，并备齐下列相关证明材料：

1. 保税仓库申请表；

2. 保税仓库申请事项表；

3. 可行性报告；

4. 经营企业法人工商营业执照复印件；

5. 税务登记证复印件（国税和地税）；

6. 股权结构证明书复印件；

7. 开户银行证明复印件；

8. 会计师事务所出具的企业上一年度审计报告或验资报告；

9. 拟开展保税仓储的营业场所用地土地所有权或使用权证明复印件，以及拟开展保税仓储的营业场所产权证明，属于租借房屋的还应提交房屋租赁合同；

10. 申请设立的保税仓库位置图（注明仓库所在区域的具体位置）及平面图（应标明仓库的面积和仓储容积）；

11. 仓库管理制度；

12. 经营企业财务制度和会计制度；

13. 消防验收材料；

14. 对申请设立寄售维修型保税仓库的企业，还应提交经营企业与外商签订的维修协议；

15. 其他需要的相关材料。

企业申请设立保税仓库时，如仓库已经建成或租赁仓库经营，应一次性提交以上所有证明和文件。

如保税仓库还在建设中，会计师事务所出具的企业上一年度审计报告或验资报告和消防验收材料，可以等仓库建好再交。

上述资料凡需提供复印件的，应当同时提供原件供海关核对。

四、海关受理与批准

企业将齐全有效的申请材料上报当地主管海关，主管海关予以受理。

申请材料不齐全或者不符合法定形式的，主管海关会在 5 个工作日内一次告知申请人需要补正的全部内容。主管海关自受理申请之日起 20 个工作日内提出初审意见并将有关材料报送直属海关审批。

直属海关应当自接到材料之日起 20 个工作日内审查完毕，对符合条件的，出具批准文件，批准文件的有效期为 1 年；对不符合条件的，应当书面告知申请人理由。

申请设立保税仓库的企业应当自海关出具保税仓库批准文件 1 年内向海关申请保税仓库验收，由直属海关按照经营保税仓库的企业应当具备的条件和设立保税仓库应当具备的条件进行审核，逐项验收。

企业申请验收的内容和提交的文件包括：经营企业和保税仓库的基本情况，保税仓库的建设情况，保税仓库的计算机管理系统，仓库的隔离、安全设施和其他的管理配套设施等。房产证或房屋租赁合同（申请时已递交的除外）。另外，易燃易爆危险品仓库申请验收时还应交消防合格证书复印件（申请时已递交的除外）。

申请企业无正当理由逾期未申请验收或者保税仓库验收不合格的，该保税仓库的批准文件自动失效。

保税仓库验收合格后，经海关注册登记并由直属海关核发"中华人民共和国海关保税仓库注册登记证书"（以下简称"保税仓库注册登记证书"），企业建立 H2000 保税仓库电子账册后，即可投入运营。

中华人民共和国海关
保税仓库注册登记证书

海关编号：(沪)关保库字第 381 号

（公用型）

上海虹桥空港储运有限公司

　　你单位于 〇五 年 二 月 三 日，向我关申请设立 公 用 型保税仓库，根据《中华人民共和国海关法》和《中华人民共和国海关对保税仓库及所存货物的管理规定》的规定，经审查验收合格，准予设立。

　　此证

中华人民共和国　　　　海关

二〇〇五 年 四 月 一 日

图 2—2　保税仓库注册登记证书

五、建立 H2000 保税仓库电子账册

建立 H2000 保税仓库电子账册前，必须先到海关注册登记办理相关手续：

1. 领取保税仓库的海关编码；
2. 申办保税仓库的 I—KEY 卡；
3. 保税仓库的经营范围备案；
4. 保税仓库的通关账册备案。

（一）保税仓库的注册登记

保税仓库验收通过后，应按主管海关的规范要求确定保税仓库名称，包括经营企业名称和保税仓库性质，如：×××××有限公司公用保税仓库。

经营企业应向主管海关相关部门提交：（1）保税仓库情况登记表；（2）保税仓库登记证复印件；（3）经营企业营业执照复印件；（4）按海关规定需提交的其他单证和材料。海关检查合格后，领取保税仓库经营企业注册登记联系函，凭联系函到海关企业管理部门办保税仓库的注册登记手续。

保税仓库主管海关将在"保税仓库情况登记表"上批注仓库性质和第 7 位代码，随同"保税仓库登记证"复印件做关封，交企业向海关企业管理部门办理注册登记手续。

保税仓库的注册编码第 7 位为仓库类别代码："D"代表公用仓库，"E"代表液体危险品仓库，"F"代表寄售维修保税仓库，"G"代表外汇免税品，"H"代表其他特种商品专用型仓库，"I"代表备料保税仓库。第 8—10 位为顺序号。每一个仓库具有唯一的编码，如：440414D002。

（二）电子账册的建立

首先，保税仓库经营企业 I—KEY 卡应向电子口岸数据（分）中心或海关指定的技术管理部门办理。

其次，保税仓库办理注册登记后，应按照仓库主管海关的要求为保税仓库经营企业建立保税仓库经营范围电子账册和通关电子账册，并根据仓库的具体情况和主管海关的管理要求选择：

1. 备案式电子账册（K 账册）：是传统的电子账册，仓库经营单位要预先将准备进库的货物品种、数量等向海关备案，进仓货物必须在备案范围内。现行大多数海关采用备案式电子账册管理。

2. 记账式电子账册（J 账册）：如果所存货物有很大的不确定性，而且品种很多，备案将会很繁琐，则经营保税仓库单位可采用记账式电子账册，即先不对货物品种、数量等进行备案，等完成报关和货物实际出仓后，货物数据再自动进入电子账册表体中记载。（注意：记账式电子账册不应录入进口料件项下货物。）

企业向海关申报经营范围电子账册，海关在经过审核通过后生成保税仓库经营范围电子账册。经营范围电子账册号为 12 位，第 1—2 位为标记代码（"IK"），第 3—6 位为关区代码，第 7—12 位为顺序号。

企业向海关申报便捷通关电子账册时，保税仓库电子账册分为备案式电子账册（K 账册）和记账式电子账册（J 账册），由海关在复审环节确认核发账册类型。电子账册"K"、"J"账册号为 12 位，第 1 位为标记代码（"K"、"J"），第 2—5 位为关区代码，第 6 位为年份号，第 7 位为仓库类型号，第 8—12 位为顺序号。

企业可凭海关核发的电子账册在指定口岸办理进出口报关业务，若企业需要在异地口岸办理报关业务，可以向海关申请异地报关分册。

保税仓库货物入库时，企业通过与海关电子账册申报网络连接的电脑录入、申请电子报关单填报，货物正式入库，报关单货物项对应的内容自动在电子账册中进行增加的操作。

保税仓库货物出库时，企业通过与海关电子账册申报网络连接的电脑录入、申请电子报关单填报，货物正式出库，报关单货物项对应的内容自动在电子账册中进行扣减的操作。

保税仓库已经核发的经营范围电子账册、便捷通关电子账册和异地报关分册如有变更事项，需到海关办理账册和分册的变更手续。海关和企业均可以对已核发的经营范围电子账册、便捷通关电子账册和异地报关分册的备案情况与实际进出口情况进行查询和统计。如发现企业存在违规操作，海关可对已核发的经营范围电子账册、便捷通关电子账册和异地报关分册进行暂停、注销等控制风险管理操作。

根据企业的需求和海关便于监管的需要，一个保税仓库原则上只建立一份经营范围电子账册和一份通关电子账册；在保税仓库经营品种过多的情况下，为了通关便利，可以在一份经营范围电子账册项下建立多份通关电子账册；电子账册商品的计量单位应满足海关的监管要求，如对机电产品、电子产品等以数量为计算单位的，应以数量单位建账。

保税仓库经营单位通过网络向主管海关提出申请建立经营范围电子账册，待海关审查通过后，再录入电子账册备案内容。也可以通过网络向主管海关提出申请建立通关电子账册。

负责保税仓库的关务人员应对登记电子账册的备案商品根据海关 HS 编码进行准确归类，对电子账册的商品项有相同或类似的，可以进行适当归并；如商品的 10 位 HS 编码相同；商品名称相同；商品价格相差不大；商品的备案/计量单位相同等。

海关将会在适当的时候对备案商品名称、计量单位、归类情况进行审核。

（三）经营范围电子账册备案部分注意事项

1. 企业内部编号：必填项，填写企业自编号。一般为系统自动生成流水号，用户也可以自行输入，由企业自行编号，但必须保证在企业内部的唯一性。

2. 经营单位代码：必填项，填写经营单位海关注册号。

3. 批文账册号：填写经营范围账册编号，首次备案时不填，变更时填写海关审批后给出的经营范围账册编号。

4. 经营单位名称：必填项，填写保税仓库经营单位名称。企业输入经营单位代码自动调出。

5. 保税仓库批准证：必填项，填写海关给出的保税仓库申请设立的批准证编号。

6. 加工单位代码：必填项，填写保税仓库海关注册号。

7. 加工单位名称：必填项，填写保税仓库名称，企业输入加工单位代码自动调出。

8. 结束有效期：非必填项，填写企业正常经营期限，8 位数字，顺序为年 4 位、月 2

位、日 2 位。如：20180101。

9. 申报日期：必填项，填写企业向海关申报账册的日期，系统自动调出。

10. 申报地海关：必填项，填写申报地所属海关。

11. 货物序号：必填项，填写货物在账册内的项号，由系统自动生成。（为企业申报进口料件的序号）

12. 商品编码：必填项，填写经营范围账册料件的编码，即对应的税则前 4 位，系统控制为 4 位。

13. 商品名称：必填项，填写企业申报料件的规范中文商品名称。

14. 备注栏：非必填项，可空。填写未尽事宜。

（四）保税仓库电子账册分册备案部分注意事项

1. 分账册编号：备案申请在海关审核通过前，分账册编号为空；海关审核通过后，由系统自动生成分账册号，发送到异地口岸。分账册号为 12 位，第 1 位为标记代码（"F"），第 2—5 位为关区代码，第 6 位为仓库类型号，第 7—12 位为顺序号。

分册表头显示分册号、异地报关口岸、分册类型为"F—异地报关分册"，表体显示分册料件项数、分册申报数量。在申报时应注意，分册的备案"进口料件"必定是主册中存在的，数量由海关在审核中确认。例：保税仓库异地报关分册为为 12 位，第 1 位标记代码（"F"），第 2—5 位为关区代码，第 6 位为（H），第 7—12 位为顺序号。）

2. 进出口岸：必填项，填写分册进出口岸，一本分册只能有一个进出口岸，同时分册上的进出口岸不得超出主册进出口岸。

3. 该分册期限：主册有效期由海关确认，分册有效期不得超过主册有效期。

4. 备用数量和备用金均为非必填项。

（五）填制便捷通关电子账册备案部分注意事项

1. 账册编号：备案申请在海关审核通过前，账册编号为空；海关审核通过后，由系统返填"K"、"J"账册号，为 12 位，第 1 位为标记代码（"K"、"J"），第 2—5 位为关区代码，第 6 位为年份号，第 7 位为仓库类型号，第 8—12 位为顺序号。

2. 预录入号：共 12 位，第 1、2 位为标记代码"KB"，第 3—6 位为关区代码，第 7—12 位为顺序号。

3. 批文账册号：必填项，填写海关审批后给出的经营范围账册编号。

4. 保税仓批准证：必填项，填写经营范围账册中的"保税仓批准证"编号。

5. 账册编号：填写电子账册编号，首次备案时不填，变更时填写海关审批后给出的电子账册编号。

6. 监管方式：必填项，填写保税仓库监管方式，如"1233 保税仓库货物"。

7. 仓库体积：非必填项，填写仓库存货容积。

8. 仓库面积：必填项，填写保税仓库的实际面积，单位为平方米。仓库的体积、面积二者必填一项。

9. 最大周转金额：非必填项，填写当前时刻允许库存最大金额。计量单位为万美元。

10. 结束有效期：非必填项，填写企业正常经营期限，8位数字，顺序为年4位、月2位、日2位。如：20180101。（指企业工商营业执照上批准经营期限的终止日期。）

11. 保税方式：不填写，为空。

12. 货物序号：必填项，填写货物在账册内的项号，由系统自动生成。

13. 商品编码：必填项，填写经营范围账册料件的编码，系统控制为10位。（按《税则》号输入，有附加号的不得省略。）

14. 商品名称：必填项，填写企业申报料件的规范中文商品名称。

15. 货号：非必填项，填写保税仓库货物料号。

16. 商品规格型号：描述商品规格。

17. 产终地：非必填项，填写料件的原产国（地区）或成品最终消费国（地区）。

18. 批准最大余量：非必填项，填写保税仓库库存货物数量的最大值。

19. 法定单位比例：非必填项，填写货物法定计量单位和申报计量单位的比例。（应参照《计量单位代码表》输入，法定计量单位为《统计商品目录》中的第一计量单位。）

20. 第二单位比例：非必填项，填写货物第二计量单位和申报计量单位的比例。（按《统计商品目录》中的第二计量单位输入，如无第二计量单位的为空。）

21. 重量比例因子：非必填项，填写货物重量计量单位和申报计量单位的比例。

填写法定单位比例因子说明：

（1）检查是否为进口货物法定计量单位和申报计量单位的比值，当法定计量单位和申报计量单位一致时，比例因子为1。

（2）检查是否为进口货物第二法定计量单位和申报计量单位的比值，当法定计量单位和申报计量单位一致时，比例因子为1。

（3）检查是否为进口货物重量单位（千克）和申报计量单位的比值，当重量单位和申报计量单位一致时，比例因子为1。

第四节　保税仓库的管理

一、贸易管制政策

由境外存入保税仓库的货物，除消耗臭氧层物质、监控化学品和易制毒化学品等国家另有规定外，不实行配额和许可证管理。

二、保税仓库存储货物的类别范围

保税仓库应当按照海关批准的存放货物范围和商品种类开展保税仓储业务。

保税仓库不得存放国家禁止进境货物，不得存放未经批准的影响公共安全、公共卫生或健康、公共道德或秩序的国家限制进境货物以及其他不得存入保税仓库的货物。

储存类保税货物可以分为储存后复运出境的保税货物和储存后进入我国境内市场的保税货物两种。

三、海关对保税仓库存储货物入仓的管理

（一）可以办理货物入仓手续的货物

根据《中华人民共和国海关对保税仓库及所存货物的管理规定》，经海关批准，下列货物可以存入保税仓库：

1. 加工贸易进口货物

加工贸易俗称"两头在外"的贸易，即料件从境外进口在境内加工装配后成品运到国外的贸易。加工贸易保税货物是指专为加工、装配出口产品而从国外进口并得到海关准予保税的原材料、零部件、元器件、包装物料、辅助材料以及用这些料件生产的半成品、成品。

加工贸易按海关监管方式分为五种：

（1）来料加工

来料加工是指进口料件由境外企业提供，经营企业不需要付汇进口，按照境外企业的要求进行加工或装配，只收取加工费，制成品由境外企业销售的经营活动。

（2）进料加工

进料加工是指进口料件由经营企业付汇进口，制成品由经营企业经营外销出口的活动。

（3）外商投资企业履行产品出口合同

外商投资企业经营的来料加工和进料加工统称为外商投资企业履行产品出口合同。

（4）保税工厂

保税工厂是指由海关批准的专门从事保税加工的工厂或企业。这是在来料加工、进料加工和外商投资企业履行产品出口合同的基础上，发展形成的一种保税加工的监管形式。

（5）保税集团

保税集团是指经海关批准，由一个具有进出口经营权的企业牵头，在同一个关区内，同行业若干个加工企业对进口料件进行多层次、多工序的连续加工，直至最终产品出口的企业联合体。

2. 转口货物

境外厂商的货物实际进入我国关境，在我国境内暂时储存后，再运往消费国，这种货物就是进境后复出境的保税货物。

3. 供应国际航行船舶和航空器的油料、物料和维修用零部件

按国际惯例，供应给国际航行船舶和航空器的油料、物料和维修用零部件是可以免税的，从国外进口后，经海关批准存放在保税仓库内。在国际运输工具离境前，在海关的监管下装运上国际运输工具，并带入国际运输航线，可以视同复运出境，也是储存后复运出境的保税货物。

4. 供维修外国产品所进口寄售的零配件

外国产品所进口寄售的零配件在进口时，经海关批准进入保税仓库，缓办纳税手续，等维修使用时根据具体情况办理免税或征税手续。进口寄售用于维修外国商品在保修期间

的零配件，可以免税；如果用于保修期外维修则需征税。

　　5. 外商暂存货物

　　6. 未办结海关手续的一般贸易货物

　　7. 经海关批准的其他未办结海关手续的货物

　　经海关批准准予存入保税仓库的未办结海关手续的一般贸易货物和其他未办结海关手续的货物，主要指境内厂商购买进口，但还没有确定最终用途，只有在进口后的一定时期内确定实际用途，确定是否应当完税和如何完税，才能最终办结海关手续的进口货物。

（二）禁止存入保税仓库的货物

　　有下列情况的货物不得存入保税仓库：

　　1. 国家禁止进境的货物；

　　2. 按规定须提供许可证件而企业不能提供的货物，如易制毒化学品、军民用化学品、废物等；

　　3. 申报进仓货物超出保税仓库申报的经营范围的；

　　4. 申报进仓货物超过保税仓库实际仓储能力的；

　　5. 企业申报进入备料仓库的保税货物超过企业年加工生产能力的。

四、海关对保税仓库入仓货物的管理

　　保税仓库入仓货物在仓库主管海关报关进口时，企业需办结进口报关手续后再提取货物。

　　保税仓库入仓货物在口岸报关进口时，分别按以下方式监管：

　　1. 口岸海关不在同一直属海关关区内的，按"直接转关"的转关运输方式办理通关手续。

　　2. 口岸海关与仓库主管海关在同一直属海关关区，但不在同一隶属海关（办事处）内的，原则上按"直接转关"的转关运输方式办理通关手续；经主管海关批准，可不按转关运输方式办理，直接在口岸海关办理通关手续。

　　保税仓库入仓货物在仓库主管海关申报，在口岸海关验放的，经海关批准，可采取"属地申报，口岸验放"模式，企业需办结进口报关手续后再提取货物。

　　保税仓库凭进口报关单等海关放行货物的凭证办理货物入仓手续。

五、海关对保税仓库存储货物出仓的管理

（一）可以办理货物出仓手续的货物

　　保税仓库存储的下列货物出仓时，企业应到海关通关现场直接办理相关出仓报关手续：

　　1. 出仓后运往境外的；

　　2. 出仓后运往保税区、出口加工区或调拨到其他保税仓库继续实施保税监管的；

　　3. 出仓后转为加工贸易进口的；

4. 出仓后转入国内市场销售的;

5. 海关规定的其他情形。

(二) 保税货物出仓复出境的,分别按以下方式监管

1. 口岸海关不在同一直属海关关区内的,按"直接转关"的转关运输方式办理通关手续。

2. 口岸海关与仓库主管海关在同一直属海关关区,但不在同一隶属海关(办事处)内的,原则上按"直接转关"的转关运输方式办理通关手续;经主管海关批准,可不按转关运输方式办理,直接在口岸海关办理通关手续。

3. 口岸海关与仓库主管海关在同一隶属海关(办事处)内的,由企业自行提取货物出仓办理报关手续。

4. 经海关批准,企业可采取"属地申报,口岸验放"模式办理出仓报关手续。

5. 保税仓库货物出仓复出境的,向海关办理出仓复出口办结通关手续。

6. 保税仓库货物出仓转为正式进口的,应在主管海关办结通关手续。

7. 保税仓库货物出仓转为正式进口的,由货物收货人或其代理人按实际进口监管方式填制进口报关单;由保税仓库经营企业填制形式出口报关单,其中监管方式填写"1200","关联报关单"栏填写本次对应的18位进口报关单号码。出仓货物的形式出口报关单与进口报关单的货名、数量、商品编码、计量单位、规格型号、价格等必须一致。

8. 保税仓库货物出仓转为正式进口通关时,实际进口报关单与形式出口报关单必须同时申报。海关先放行进口报关单,再放行出口报关单。

9. 保税仓库内的寄售维修零配件如申请以保修期内免税方式出仓的,除提交正常单证外,还应提交以下单证:

(1) 保税仓库寄售维修件保修期内维修免税申请表;

(2) 原设备进口货物报关单;

(3) 原设备进口税款缴纳证明、减免税证明;

(4) 商品检验机关出具的原进口货物品质不良的检验证明书或买卖双方签订的索赔协议;

(5) 维修记录单;

(6) 其他有关证明。

海关保税监管部门留存一套上述单证的复印件后,正本退回企业报关。

保税仓库内的寄售维修零配件如申请以保修期内免税方式出仓的,企业应对以下内容进行自我检查,经检查符合相关条件,方可申请以保修期内免税方式出仓:

(1) 进口报关单的经营单位与保税仓库的电子账单是否一致;

(2) 免税出仓的维修件应在保修期内,但最长不应超过原设备进口之日起3年;

(3) 维修件应由外商免费提供;

(4) 进口报关单贸易方式应为"无代价抵偿货物"(代码3100);

(5) 被更换的零部件是否已退运或放弃;

(6) 对被更换的零部件超过3个月尚未退运的,海关将收取与维修件进口税等额的保证金;

（7）核对企业原设备进口货物报关单，属异地关区的，需经原设备进口海关确认。

六、办理入仓货物集中报关

保税仓库货物出仓原则上应按出仓票数逐票办理。对保税仓库货物出仓批量少、批次频繁的，经主管海关批准后可以按集中报关方式办理报关手续。出仓集中报关应采取事前申请、事后报关的方式办理。

保税仓库申请以集中报关方式办理货物出仓手续的，应在货物出仓前填制"保税仓储货物集中报关出仓申请表"，向仓库主管海关加工贸易部门提出申请。"保税仓储货物集中报关出仓申请表"应填明集中报关的商品名称、发货流向、发货频率、合理理由等。

企业按以下规定办理集中报关手续：

1. 集中报关的时间应根据出货的频率和数量、价值等合理设定。

2. 企业每月出库的货物最迟应在次月 5 个工作日前办理报关手续，并且不得跨年度申报。

七、货物的流转管理

1. 保税仓库与海关特殊监管区域或其他海关保税监管场所往来流转的货物，按转关运输有关规定办理相关手续。

2. 保税仓库与海关特殊监管区域或其他海关保税监管场所在同一直属关区的，经直属海关批准，可不按转关运输方式办理。

3. 保税仓库货物转往其他保税仓库的，应各自在其仓库主管海关报关，报关时应先办理进口报关，再办理出口报关。

八、海关对保税仓库的特殊管理

1. 保税仓库不得存放国家禁止进境货物，不得存放未经批准的影响公共安全、公共卫生或健康、公共道德或秩序的国家限制进境货物以及其他不得存入保税仓库的货物。

2. 经营保税仓库的企业可以对货物进行包装、分级分类、加刷唛码、分拆、拼装等简单加工，但不得进行实质性加工。

3. 保税仓储货物，未经海关批准，不得擅自出售、转让、抵押、质押、留置、移作他用或进行其他处置。

4. 保税仓储货物储存期为 1 年。确有正当理由的经海关同意可以予以延期；除特殊情况外，延期不得超过 1 年。

5. 保税仓库不得转租给他人经营，不得下设分仓库

九、货物在仓储期间的管理

（一）保税仓储货物的简单加工

保税仓库申请对保税仓储货物进行改变包装、分级分类、加刷唛码，须事先向主管海

关进行书面申请，待海关批准后方可进行。

（二）保税仓储货物的延期和放弃

1. 保税仓储货物存储期限为1年。确有正当理由，经海关同意可以延期，除特殊情况外，延期不得超过1年。

保税仓库申请保税仓储货物延期的，企业应当向海关提交下列单证：

（1）申请延期报告；

（2）申请延期货物清单，清单应包括原入库日期、品名、数量、金额、存放库位等；

（3）其他必要单证。

2. 保税仓库货物超出规定的存储期限未申请延期或海关不批准延期申请的，仓库主管海关应要求企业办理超期货物的退运、补税、放弃、销毁等手续。企业逾期3个月未办理上述手续的，海关根据《海关法》的有关规定予以处理。

3. 保税仓库货物申请放弃处理的，仓库主管海关按放弃货物的有关规定办理。

十、税收征管

（一）保税规定

保税仓库应当按照海关批准的存放货物范围和商品种类开展保税仓储业务。经海关批准的货物可进入保税仓库贮存全额保税。

1. 加工贸易进口货物；

2. 转口货物；

3. 供应国际航行船舶和航空器的油料、物料和维修零件；

4. 供维修外国产品所进口寄售的零配件；

5. 外商暂存货物；

6. 未办结海关手续的一般经贸货物。

（二）征税规定

保税仓储货物出库时，海关将对下列货物依法免征关税和进口环节代征税：

1. 用于在保修期间内免费维修有关外国产品并符合无代价抵偿货物有关规定的零部件；

2. 用于国际航行船舶和航空器的油料、物料；

3. 国家规定免税的其他货物。

（三）损毁、灭失责任

对保税仓储货物在仓储期间由于保管不善发生货物损毁或者灭失的，保税仓库经营人除了对货主进行赔偿之外，还应当依法向海关缴纳损毁或者灭失货物的税款（除不可抗拒力外），并承担相应的法律责任。

十一、法律责任与处罚

1. 保税仓储货物在存储期间发生损毁或灭失的，除不可抗力外，保税仓库应当依法向海关缴纳损毁或灭失货物的税款，并承担相应的法律责任。

2. 保税仓储货物在保税仓库内存储期满，未及时向海关申请延期或延长期满后即不复运出境也不转为进口的，海关应当按照《中华人民共和国海关关于超期未报进口货物、误卸或者溢卸的进境货物和放弃进口货物的处理办法》第五条的规定处理。

3. 海关在保税仓库设立、变更、注销后，发现原申请材料不完整或不准确的，将责令经营企业补正，发现企业有隐瞒真实情况、提供虚假资料等违法行为，依法予以处罚。

4. 保税仓库经营企业有下列行为之一的，海关责令其改正，可以给予警告，或者处1万元以下的罚款；有违法所得的，处违法所得3倍以下的罚款，但最高不超过3万元。

（1）未经海关批准，在保税仓库擅自存放非出口监管仓库货物；

（2）私自设立保税仓库分库的；

（3）保税货物管理混乱，账目不清的；

（4）经营事项发生变更，未按照《保税仓库管理规定》第十九条的规定办理海关手续的。

5. 有下列行为之一的，海关可按照《海关行政处罚实施条例》第十八条的有关规定，在补征应纳税款的基础上，可处货物价值5%以上30%以下的罚款，有违法所得的，没收违法所得，构成犯罪的，依法追究其刑事责任。

（1）经营海关监管货物的运输、储存、加工、装配、寄售、展示等业务，有关货物灭失、数量短少或者记录不真实，不能提供正当理由的；

（2）经营保税货物的运输、储存、加工、装配、寄售、展示等业务，不按照规定办理收存、交付、结转、核销等手续；

（3）有违反海关监管规定的其他行为，致使海关不能或中断对进出口货物环节实施监管的。

其中，"应纳税款"指进出口货物、物品应当缴纳的进出口关税、进口环节海关代征税之和。"货物价值"是指进出口货物的完税价格、关税、进口环节海关代征税之和。

十二、保税仓库的企业管理

保税仓库的企业管理就是企业对仓储业务及仓库内的物资所进行的管理，是保税仓库经营人根据海关的监管要求，为充分利用所具有的仓储资源提供高效的仓储服务所进行的计划、组织、控制和协调的过程。具体来说，保税仓库企业管理包括仓储资源的获得、经营决策、商务管理、作业管理、仓储保管、安全管理、人事劳动管理、经济管理等一系列管理工作。

（一）保税仓库的企业管理任务

1. 获得最佳仓储资源配置

市场配置资源以实现资源最大效益为原则，这是企业经营的目的。配置仓储资源就是依据所拥有的资源在时间和空间上进行优化配置，以获得最大经济效益。具体任务包括：根据海关对保税仓库建设的最低要求，从市场供求关系来确定仓储的建设规模；以保税的差别产品决定仓储专业化分工和确定仓储功能；以所确定的功能决定仓储布局；根据设备利用率决定设备配置等。

2. 建立高效率的管理组织机构

保税仓库管理组织机构是开展有效仓储管理的基本条件，是一切管理活动的保证和依托。生产要素，特别是人的要素只有在良好组织的基础上才能发挥其作用，实现整体的力量。保税仓库管理组织机构的确定应围绕着仓储经营目标，以实现仓储经营的最终目标为原则，依据管理制度、因事设岗、责权对等的原则，建立结构简单、分工明确、互相合作和促进的管理机构和管理队伍。

保税仓库管理组织机构因仓储业务的属性不同而不同，一般设有：内部行政管理机构、商务、库场管理、机械设备管理、安全保卫、财务以及其他必要的机构。随着计算机网络的应用普及，管理机构趋向于少层次的扁平化发展。

3. 开展相关商务活动，不断满足社会需要

保税仓库商务活动是仓储对外的经济联系，包括市场定位、市场营销、交易和合同关系、客户服务、争议处理等。保税仓库商务是经营仓储生存和发展的关键工作，是经营收入和仓储资源充分利用的保证。从功能来说，商务管理是为了实现收益最大化，最大限度地提供仓储产品，满足市场需要。满足市场需要包括数量上的满足和质量上的满足。保税仓库管理者应及时掌握市场的变化发展，不断开拓创新，提供适合保税仓库发展的仓储服务。

4. 组织高效率、低成本的仓储活动

保税仓库的仓储活动包括货物入库、堆存、出库作业，货物验收、理货交接，在仓储期间的保管照料、质量维护、安全防护等。保税仓库的仓储活动应按照海关对保税货物存储规定，遵循高效、低耗的原则，充分利用机械设备、先进的保管技术、有效的管理手段，提高仓储利用率，降低成本，不发生差、损、错事故，保持连续、稳定的经营活动。活动的管理核心在于充分使用先进的技术和手段，建立科学的作业制度和操作规程，实行严格的监督管理。应充分配合客户企业的生产和经营，为客户创造价值，实现增值服务。

5. 以优质服务和信用建立企业形象

保税仓库的企业形象是指企业展现在社会公众面前的各种感性印象和总体评价的整合，包括企业及产品的知名度、社会的认可度、美誉度、企业的忠诚度等。企业形象是企业的无形财富，良好的形象可促进产品的销售，也为企业的发展提供良好的社会环境。作为服务业者，仓储企业的形象主要通过服务质量、产品质量、诚信和友好合作获得，并通过一定的宣传手段在社会上扩大影响。在现代物流管理中，对服务质量的高度要求和对合作伙伴的充分信任促使保税仓库企业极有必要建立长期的良好形象。具有良好形象的保税仓库经营人才能在物流服务市场的竞争中占一席之地。

6. 建立完善的企业体制和制度

保税仓库的管理从简单管理到复杂管理，从直观管理到系统管理，需要体制和制度的支持，而且需要在管理实践中不断补充、修正、完善、提高。保税仓库管理的变革也需要有制度性的变革，应广泛吸取先进的管理经验，针对本企业的客观实际建立完善、不断创

新的企业体制和制度。

7. 建立高素质的员工队伍

企业的一切行为都是人的行为，是每一个员工履行职责的行为表现。员工的精神面貌体现了企业的形象和文化。仓储管理的一项重要工作就是不断提高员工素质，加强对员工的约束和激励。

员工素质包括员工个人的技术素质和精神素质。企业应通过对员工持续、系统的培训，以及严格的考核，保证每个员工熟练掌握其从事的劳动岗位应知、应会的操作、管理技术和理论知识，明确岗位的工作制度、操作规程及岗位职责。

在保税仓库的管理中应重视员工的地位，而不能将员工仅仅看做是生产工具、一种等价交换的生产要素。在信赖中约束、在激励中规范，使员工人尽其才，劳有所得，热爱企业，自觉奉献，形成积极向上的精神面貌。

（二）保税仓库的仓储业务管理基本原则

1. 海关监管的原则

凡是进出保税仓库的货物，必须是经海关批准的未完成纳税的保税货物；保税货物在海关的监管之下，除办理正常进出口货物结关缴纳关税手续外，任何人不得擅自处理货物。

2. 效率原则

较小的劳动要素投入和较高的产品产出才能实现高效率。高效率意味着劳动产出大，劳动要素利用率高，是现代生产的基本要求。仓储的效率表现为仓容利用率、货物周转率、进出库时间、装卸车时间等指标上。

仓储活动管理的核心就是效率管理，效率是仓储其他管理的基础，没有生产的效率，就不会有经营的效率，就无法开展优质服务，实现最少的劳动量投入，获得最大的产品产出。劳动量的投入包括生产工具、劳动力的数量以及其作业时间和使用时间。

高效率管理要通过准确的核算、科学的组织、妥善地安排场所和空间、机械设备与人员合理的配合，部门与部门、人员与人员、设备与设备、人员与设备之间默契配合来实现。同时要进行有效的过程管理，包括现场的组织、督促、标准化、制度化的操作管理。

3. 效益原则

任何厂商生产经营的目的都是为了追求最大化利润，这也是社会现实的反映。利润是经济效益的表现。实现利润最大化则需要做到经营收入最大化和经营成本最小化。作为参与市场经济活动主体之一的经营保税仓库的企业，应围绕着获得最大经济效益的目的进行组织和经营，最终实现生产经营的社会效益。

4. 服务原则

保税仓库活动的本身就是向社会提供服务产品。服务是仓储经营的基本理念，从保税仓库业务内容的确定、仓储业务的具体实施、对储存货物的管理都应本着服务的原则展开。管理应围绕着如何提供服务、改善服务、提高服务质量而开展。

服务水平与仓储经营成本有着密切的相关性，两者既相互对立，又相互一致。从对立关系上看，服务好，成本高，收费则高，仓储服务管理就是在降低成本和提高（保持）服务水平之间保持平衡。从一致关系上看，服务水平的提高可使业务量扩大，通过规模经营可以使单位经营成本下降。

根据企业展开仓储业务的时期和状态不同可采用不同的策略。在进入市场或者竞争时期，可采取高服务低价格，且应增加仓储投资。在稳定竞争时期，可通过提高服务水平维持成本不变。在已占有足够市场份额，处于垄断竞争（寡头）的状态下，可保持服务水平不变，尽量降低成本。

5. 安全原则

为保障货物在保税仓库存放期间的安全，除按照消防规定验收项目外，必须做好日常安全管理工作，不得麻痹大意，防止火灾、水湿、货架坍塌、偷盗、潮湿、霉变、腐蚀变质、台风暴雨等事故发生，避免造成货物损失和人员伤亡事故。有条件的应安装中央监控摄像设备进行 24 小时监控，同时要按照海关的监管要求进行监管工作。

（1）保税仓储企业的安全管理职责

① 保税仓储企业的管理人员应做好贮存货物的防火、防盗、防潮、防霉、防腐蚀、防变质、防台风暴雨的全面检查和监督的日常工作。

② 保安人员应负责防盗工作。

③ 仓库人员应负责防台风暴雨时的值班工作。

（2）保税仓储企业安全管理工作程序

A. 防火

① 现场操作人员必须认真贯彻执行消防安全管理条例，负责制作"严禁烟火"的标志，并在仓库周围明显处张贴。

② 现场操作人员应天天检查仓库防火隔离通道，间距不小于 50 厘米，仓库配备的消防设施、消防器材过期要及时更换，消防栓器材损坏时派人修理。

③ 凡进仓库人员必须交出火种，仓库的照明灯光必须装有防火的保护罩，下班离开前切断电源。

④ 在仓库内堆放货物时，要留有消防通道，货物与墙间距不小于 50 厘米，每桩脚之间货物堆放距离不小于 40 厘米。

⑤ 仓库管理员在货物贮存过程中，应经常检查货物的防火安全，杜绝隐患，如遇险情应及时处理。

B. 防盗

① 保安人员实行 24 小时防盗值班工作，巡查仓库四周情况，检查仓库及各科室门窗是否关闭。

② 公司员工下班后，保安人员对进出仓库的人员都要进行登记，无特殊情况不准入内。

③ 公司在仓库内安装的防盗探测器，要有专人负责，下班时做好防盗探测器加密工作，上班时做好防盗探测器解密工作，使探测器正常工作。

C. 防潮、防雷、防腐蚀、防变质

① 对客户提供的易受潮、易受雷击、易腐蚀、易变质的货物，在货物进库之前，首先提供清洁、通风和干燥的符合规定和要求的贮存场所，必要时对仓库进行清洁、充填、涂覆防护层等特殊处理，专人天天检查货物的储存情况。

② 在接受客户的货物时，仓库管理员要对货物进行验收：货物的包装是否符合防潮、防雷、防腐蚀、防变质的要求，有没有包装破损及影响其贮存质量的因素，一切均符合要求，安排入库，反之，及时与客户联系。

③ 铲车司机及搬运工在铲运过程中要遵守搬运作业程序，禁止野蛮装卸，注意轻铲、轻运、轻放。作业结束，认真检查货物装卸情况，防止应操作不当货物被损，出现货物潮湿、霉变、腐蚀和变质情况。

④ 仓库管理员在货物贮存过程中要经常检查货物防潮、防雷、防腐蚀、防变质的情况，对有保质时间限制的货物要特别注意，一般在货物保质期限的一个月前通知客户。

D. 防台风暴雨

① 在台风暴雨季节来临之际，现场操作人员预先对仓库周围的防台风防暴雨设施进行检查：

a. 地下排水管是否畅通无阻；

b. 仓库房有否漏雨，四周墙会不会渗水，四周外墙下水落管是否完好，并做好修复工作；

c. 检查门窗有无破损以及抗台风暴雨的能力，对电力设施更要严格检查。

② 准备充足抗台风暴雨物品，如麻袋、沙土、抽水泵等，防御因台风暴雨造成的大水进入仓库。

③ 成立一个临时抗台风暴雨小组，口夜安排值班，并做好记录，值班人员必须每30分钟来回检查。

第五节　储存计划与库存管理

一、保税仓库经营企业的储存计划与库存管理

保税仓库经营企业储存计划是在考虑仓储能力的前提下，根据物资出入库情况确定储存物资的品种、数量及储存时间，物资的储存场所、堆码方式的计划。物资出入库情况包括入库物资的种类、规格、数量、时间和进货方式；出库物资的种类、规格、数量、时间和出库运输方式等。

仓储能力包括仓储物资储存能力与吞吐能力。因此，仓储能力确定和仓储需求调查是制订仓储储存计划的重要因素。

（一）仓储储存能力

储存能力是指在一定的技术和管理条件下，储存场所能够储存物资的类别、数量和处理货物进出库的吞吐能力。它受许多因素制约，如储存物资的性质和特点，储存场所的面

积、技术设备条件和自然条件以及仓储管理水平。

1. 物资储存占用面积

库房、料棚和货场是储存物资的场所。库房的面积分为建筑面积、使用面积和有效面积。库房建筑面积是指整个库房所占平面的面积，即库房建筑的外墙线所围成的面积。库房的使用面积是指库房的建筑面积扣除外墙、隔墙、库内立柱所占面积，即库房内墙线所围成的面积再扣除立柱所占的面积。库房的有效面积是储存物资所占的面积。

仓库面积利用率＝库房有效面积/库房的使用面积

据有关资料统计，我国一般库房和物料棚的面积利用率以 70%～80%为宜。高于这个比率不利于进出作业，低于这个比率则浪费仓容。

仓库的容积是仓库面积乘仓库高度。由于堆码高度受地面承载能力、物资装卸搬运条件以及物资本身性质和特点等条件限制，如果仓库内采用多层高货架，仓库有效容积将会增大。仓库有效容积的测算公式为：

仓库有效容积＝仓库有效面积×堆码有效高度

2. 仓容物资储存定额

储存定额是指在一定技术条件下，单位面积允许合理储存物资的最高数量标准。储存定额是确定储存能力的依据，也是编制储存计划的基础。

物资储存定额的制定受许多经济技术因素的制约，主要有：物资本身的性能、特点、形状、体积、重量；地坪承载能力；堆码形式；库房的有效高度；储存作业的技术设备条件等。储存定额的测算必须在堆码合理、充分利用仓容和方便作业等前提下进行，并综合考虑历史上仓容利用的最好水平和今后的发展变化趋势等因素加以确定。

3. 实现效益最大化

实现仓储效益最大化，一直是仓储企业追求的经营目标。

假设：某经营保税仓储企业，在仓库储存面积 2 000 平方米（M）不变，货物只能堆放 3 层（N），可存放 6 000 立方米或 10 000 吨的货物，单位储存费 0.80 元/平方米/天（S）固定不变，储存 30 天（T），装卸费率 10 元/吨或立方米固定不变（U），代理报关费固定不变 300 元/每票，操作人员的人数和每月工资额不变的情况下，如货物长期储存，货物储存量能满足仓库储存量的最大化，每月产生的利润相对变化差异不大。

但要想追求利润最大化，可变量应从在同样的时期内设法寻找短期储存货物，以增加储存货物进库的次数（V），出库的次数（W），增加装卸费和其他附加增值费（Y）来实现。在增加装卸费和其他附加增值费时，将会产生诸如机械损耗等相关费用，但相比较收入的增加，支出相对少，利润增加。

附加增值费包括：商检/海关费用、报检费、单证/换单费、换单服务费、操作/代理服务、货物搬倒费、商检验货人员费、海关验货人员费、场站吊装监理费、打单费、集装箱堆存费、集装箱起吊费、集装箱搬移费、电子平台单证费、转栈费、倒运费、过磅费、卫检费、消毒费、熏蒸费、还箱费、制作箱单费、卫检开箱检查费、木包装开箱查验费、危险品库场站费、危险品库监理费、危险品申报费、特殊移箱费（海关或商检查验提箱的费用）信息服务费等（由于附加增值费包括种类繁杂，在下列表中无法列出具体数据，以

N 显示）。

表 2—1　加快货物储存周转量，按仓库最大面积计算收入比较，举例：

序号	储存面积 M	堆放层数 N	储存费率 S（元/天）	储存天数 T	装卸费率 U（元/次）	货物进库次数 V	货物出库次数 W	代理报关次数 X（元/次）	增值附加费 Y（元/次）	收入合计 Z
1	2000	3	0.80	30	10	1	1	1	0	264300
2	2000	3	0.80	30	10	3	3	6	N	505800＋N 元/次

计算公式：按体积计算收入＝仓储费＋入库卸货费＋出库装货费＋代理费＋增值附加费

(1) $Z = (M \times N \times S \times T) + (U \times M \times N \times V) + (U \times M \times N \times W) + X + Y$

$\quad = (2\,000 \times 3 \times 0.80 \times 30) + (10 \times 2\,000 \times 3 \times 1) + (10 \times 2\,000 \times 3 \times 1) + 300 + 0$

$\quad = 144\,000 + 60\,000 + 60\,000 + 300$

$\quad = 264\,300$ 元

(2) $Z = (M \times N \times S \times T) + (U \times M \times N \times V) + (U \times M \times N \times W) + X + Y$

$\quad = (2\,000 \times 3 \times 0.80 \times 30) + (10 \times 2\,000 \times 3 \times 3) + (10 \times 2\,000 \times 3 \times 3) + (300 \times 6) + N$

$\quad = 144\,000 + 180\,000 + 180\,000 + 1\,800 + N$

$\quad = 505\,800$ 元＋N 元/次

表 2—2　加快货物储存周转量，按仓库最大储存吨位计算收入比较，举例：

序号	储存吨位 M	储存费率 S（元/天）	储存天数 T	装卸费率 U（元/次）	货物进库次数 V	货物出库次数 W	代理报关次数 X（元/次）	增值附加费 Y（元/次）	收入合计 Z
1	10000	0.80	30	10	1	1	1	0	440300 元
2	10000	0.80	30	10	3	3	6	N	841800 元＋N 元/次

计算公式：

按重量计算收入＝仓储费＋入库卸货费＋出库装货费＋代理费＋增值附加费

(1) $Z = (M \times S \times T) + (U \times M \times V) + (U \times M \times W) + X + Y$

$\quad = (10\,000 \times 0.80 \times 30) + (10 \times 10\,000 \times 1) + (10 \times 10\,000 \times 1) + 300 + 0$

$\quad = 240\,000 + 100\,000 + 100\,000 + 300$

$\quad = 440\,300$ 元

(2) $Z = (M \times S \times T) + (U \times M \times V) + (U \times M \times W) + X + Y$

$\quad = (10\,000 \times 0.80 \times 30) + (10 \times 10\,000 \times 3) + (10 \times 10\,000 \times 3) + (300 \times 6) + N$ 元/次

$\quad = 240\,000 + 30\,000 + 30\,000 + 1\,800 + N$ 元/次

$\quad = 841\,800$ 元＋N 元/次

（二）物资吞吐能力

物资吞吐能力，是指在一定的组织技术条件和一定时期内，完成物资出入库数量的能力。它受许多技术因素制约，当组织和技术因素的组合形式一定时，决定仓储吞吐能力的主要因素是机械设备的作业能力和作业有效率。

1. 机械设备的作业能力

物资仓储企业的吞吐作业主要是靠机械设备来完成的，机械设备的作业能力是制约物资吞吐能力的决定因素。

2. 作业有效率

在一定时期内物资吞吐量与作业量的比值称为作业有效率。年吞吐量和年总作业量可通过历史统计资料采用加权平均法计算。在机械设备作业能力一定的条件下，作业有效率越高，物资吞吐能力则越大；反之则小。而影响作业有效率的因素主要有库区的合理规划和作业活动的合理组织，规划合理和组织有序可以减少出入库作业流程中的重复作业次数，从而提高作业有效率。已知机械设备总作业能力和作业有效率，就可以计算物资吞吐能力。

3. 物资吞吐量

物资吞吐量是指在一定的生产经济技术条件下，一定时间内实际完成的物资出入库数量。由于仓储生产作业具有不均衡和不连续的特点，虽然全年总的吞吐量任务与吞吐能力平衡，但可能在某段时间会出现吞吐量小于吞吐能力，从而不能充分利用其吞吐能力；有的时候可能出现吞吐量大于吞吐能力，造成大量待检和待发物资积压。因此，吞吐能力通常不一定与吞吐量匹配。一般吞吐量要小于或等于吞吐能力。只有正确认识仓储生产作业特点对吞吐能力的影响，才能正确确定一定的吞吐能力可以完成的吞吐量。

已知一定时期内仓储生产作业均衡率，就能据以计算出一定的吞吐能力可以完成的吞吐量。

（三）仓储需求调查

出入库计划的确定受仓储需求的影响，而仓储需求又受物资流通规模、结构和物资市场供求等制约和影响，因此要进行广泛的仓储需求调查。仓储需求调查是运用一定的调查方法，对物资流通的规模、结构、流量、流向等情况进行了解，为仓储决策和制订计划提供依据。

在微观方面主要包括：用户情况调查，如存货的计划、协议和合同以及对物资储存的养护要求和对仓储服务质量的意见；仓储企业自身的吞吐和储存能力与潜力、市场占有率；竞争对手的情况调查，如竞争对手的分布、吞吐和储存能力与潜力、市场占有率、服务方式和特点等；交通运输状况，如仓储企业采用的主要运输方式及运输组织状况、各种运输方式占吞吐量的比重、整车与零担流量的比例、主要铁路车站、港口和机场的运输能力。

二、经营企业的库存管理

凡是处在储存状态的物资都可以称做库存物资，简称库存。这里的储存状态有比较广泛的含义，它既包括仓库中的物资，也包括不处在仓库中的物资，例如在途物资，零售商店里货架上的存货，或者临时性堆放在生产车间里的在制品或原材料，都可以称做库存。库存按其所处的领域，可以分为生产库存和流通库存。生产库存是为生产的各个环节顺利进行提供物资准备的库存，主要包括原材料库存、零配件库存和在制品库存等。流通库存是指在流通过程中准备用于批发、零售等销售环节的库存，主要包括生产企业的成品库存、流通企业的批发库存、零售库存等，保税仓库货物的库存属于流通库存。

库存管理就是对库存物资的管理。库存管理的宗旨或目标主要是在保障供应的前提下尽可能降低成本。拥有足够的库存是为了满足用户对产品的需求，不至于因库存短缺而停产或丧失销售机会；同时可能在规模生产、运输和购买折扣中获得成本的节省。但持有存货需要付出成本，如资金占用、库存物资保管、库存损失和库存风险等。因此，库存管理就是要通过科学而巧妙的运作，做到既保障供应，又要降低成本。

保税仓库经营企业应编制仓库货物进库、出库、结存等情况报表及年度财务会计报告。保税仓库应每月定期月结，并于每月初5个工作日前，提交"保税仓库进出仓月报表"，将上月仓库货物进库、出库、结存等情况列表并随付有关单证或以电子数据或书面形式送仓库主管海关报核。

保税仓库经营企业应配合海关的核查工作，在海关核查时迅速提供保税仓库货物进库、出库、结存等情况的电子数据。

海关对保税仓库实施盘查时，保税仓库经营企业应提供以下资料：

（1）保税仓库经营情况报告；

（2）保税仓库财务会计报告；

（3）工商营业执照（复印件）；

（4）保税仓库注册登记证书（复印件）；

（5）海关认为需要的其他资料。

表2—3　保税仓储货物库存清单

日期范围_____　　　　　制单日期_____

序号	仓库编号	货主	HS编码	货物名称	单位	数量	本期库存					本期进库					本期出库					上期库存			
							金额（美元）	净重（公斤）	毛重（公斤）	数量		金额（美元）	净重（公斤）	毛重（公斤）	保税仓库货物库存清单		金额（美元）	净重（公斤）	毛重（公斤）	数量		金额（美元）	净重（公斤）	毛重（公斤）	数量
1																									
2																									
3																									
4																									
5																									
6																									
7																									
8																									
9																									
10																									

三、保税仓库经营企业的库存成本结构

在整个库存经营过程中，会发生各种各样的费用。主要有以下几种费用：

（一）订货成本

订货成本是订货过程中发生的与订货有关的全部费用，包括差旅费、订货手续费、通信费、招待费以及订货人员的有关费用。订货成本的特点是，在一次订货中，订货成本与订货量的多少无关，而若干次订货的总订货成本与订货次数有关，订货次数越多，总订货成本越多。在全年需求量一定的情况下，订货次数越多，则每次订货量越少，而全年订货成本越大，分摊每次订货成本也大。

（二）库存持有成本

库存持有成本是指为持有存储物资而发生的成本，包括存储设施的成本；入库、出库时的装卸搬运堆码检验费用；保管用具、用料成本；仓库房租、水电费；保管人员有关成本；保管过程中的货损货差；货物的贬损；持有物资的资金成本；保险成本等。库存持有成本与持有物资数量的多少和持有时间的长短有关：持有物资的数量越多，持有的时间越长，所承担的持有成本也就越高。

（三）缺货成本

缺货成本指由于缺货，不能为顾客服务所发生的费用，或由于失去了对客户的服务没有得到预期的利益以及由于一些难以把握的因素，而造成信誉丢失所产生的不良后果等。缺货对仓库来说，丧失了销售仓储机会，因而丧失了仓储盈利的机会，缺货将使存储持有成本大大增加。

四、货主对保税货物库存量的需求管理

货主在做保税货物贸易时，对保税货物的库存量需求管理应考虑以下几点：

（一）不确定性与安全存货

主要考虑：制造商、批发商、零售商和消费者需求量和购买时间的不确定性；制造商完成订单所需时间和运输交付的可靠性。处理不确定性的惯常做法是进行需求预测，但准确预测出需求大小很难，因此必须备有安全存货来缓冲和满足市场需求，以防备不确定性；要与经营保税仓库的企业签订适量的仓储库容，以保证安全存货量。

（二）在途和在制品存货

处于移动状态的产品和原材料也会产生与时间周期相联系的存货成本，时间越长成本越高。如空运在途时间最短，节约了相关的存货成本，但运费高。水运在途时间长，运费虽较低，但为保持连续供货，造成存货周期较长，存货成本较高，可能导致对顾客的服务成本增高。

（三）季节性存货

季节性存货可能涉及买方，或者买卖双方。通常卖方面临季节性供给应考虑留有足够的

市场供应量，买方也需要仔细分析自己的存货量，防止货源短缺，影响生产和市场流通。

（四）周转存货

货主在原材料统一进口时应考虑经济批量与购买、生产、运输、销售的联系，购买批量大可以获得较多的价格折扣，同样大量运输也可获得较多的运输折扣，但都可能带来存货持有成本。采购和销售同一产品的批量越大时，其单位生产成本就越低，但是也会带来存货的持有成本和产品陈旧过时问题。因此在购买、运输、生产、销售四个方面要权衡分析，确定合适的周转存货。

不适量、不适时的采购都会对企业造成损害。供应的数量不足和供应时间延迟会导致缺货，影响企业正常运转，甚至造成停产；订购数量过多或补货时间提前，都会导致库存增加，产生库存成本。由于企业采购进货都是分批次采购和进货，这种按批次的进货与企业持续变动的需求二者之间存在时间、空间、品种和数量等矛盾，因此，考虑保税周转库存应特别要加强库存管理。

（五）商品采购费与进货费

所谓商品采购费，即购买物资的原价。

进货费是进货途中为进货所花费的全部费用，即运杂费，包括运费、包装费、装卸费、租赁费、延时费、货损货差等。

货主采购商品可以从国外采购，也可以从国内采购。

1. 从国外采购进入境内某保税仓库待售，销售到境内

（1）卖方到保税仓库自己提货并缴纳进口关税，货主应将商品采购费、进货费和利润合并做成 FOB ×××保税仓库价格销售。

（2）货主自己进口货物暂时储存在保税仓库，等到境内市场有需求时，在办理进口海关手续，缴纳进口关税后，货主应将商品采购费、进货费、出库费、运杂费、进口关税和利润合并做成商品总价，从保税仓库提货直接在市场销售。

（3）销售到国际市场，货主只要将商品采购费、进货费、出库费、运杂费和利润合并做成 FOB ×××离岸口岸的价格或 CIF ×××到岸口岸的价格销售即可，无须再缴纳出口关税。

2. 从境内采购进入某保税仓库待售

在货物入库前已办理出口海关手续，销售到国际市场时，货主只要做成 FOB ×××离岸口岸的价格或 CIF ×××到岸口岸的价格销售即可，无须再缴纳出口关税。对主要销售市场在国外的货主来说，其优点在于：货主在等待市场最佳销售时机和选择买方时，先把商品进入出口保税仓库，可以提前享受国家退税优惠政策。

无论货主从国外或从国内采购商品，它们的特点是当订货的数量、订货的地点确定后，总的商品采购费和总的进货费就是确定不变的，不会随着进货批量的变化而变化。也就是说，商品采购费、进货费都与订货批量无关，批量大小都不会影响其商品采购费和进货费。通常将这种与订货批量无关的费用称为固定费用，而把那些与订货批量有关的费用称为可变费用。因此，商品采购费和进货费是固定费用，而订货费、仓储保管费、运输费是可变费用。

第六节　普通保税仓库企业的业务部门架构、职责和工作程序

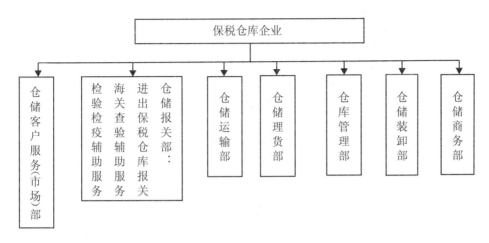

图2—3　普通保税仓库企业的业务部门架构

一、仓储客户服务（市场）部工作职责与程序

（一）职责

客户服务部（市场部）主要负责对外商务合同洽谈、接单和与客户联络工作，与客户做好沟通，正确、及时地受理客户的每一次委托，确保单证顺利操作，并不定期地向客户反馈保税区的新政策及海关报关操作的新规定。

（二）程序

1. 业务员与客户进行商务合同洽谈，接受客户询价，详细回答客户提出的关于操作要求、工作程序及各类费用等问题，如：港区运输、海关检验、商检、仓储等。

2. 业务员接到客户提交的单证后，将客户的操作要求记录在案，登记内容包括：接（派）单日期、业务编号、客户名称、具体业务操作要求（包括换单、报关、运输、进库、出库、装箱、拆箱、重箱堆放、散货上车及特殊要求）、操作员编号、备注。

3. 业务员根据客户提供的单证与要求进行操作：

（1）在海关"HS2000"通关管理系统中将该票单证做初步录入：本公司文件编号、业务类型、委托人、联系人、品名、体积、箱型箱量等。

（2）对客户提供的单证进行初审并制作报关单，在获得有海关编号的预录单后将海关编号输入，依次完成该票业务的信息。

（3）所有单证交报关员或其他相关部门进行操作，并做单证交接签收工作。

（4）留存好客户提供的各类单证以便检查。

（5）若单证不全或单证错误应及时与客户联系，要求客户提供完整齐全的报关单证：

① 办理进料/来料加工手册报关的需提交：手册、报关委托书、发票、装箱单、提货委托书、出库提货单。

如是期货（例如电解铜），还应提供期货 K 线图（合同签约日期当日）、点价单、情况说明（由仓库出具，标注仓储费）、备案建议书（要在备注栏内打上规范申报）。

② 办理一般进出口贸易报关需提交：报关委托书、报关作业单、合同、发票、装箱单、提货委托书、出库提货单；进境备案清单复印件（海关绿色通道审价需要）。

如海关需要，提供商品原产地证明（反倾销以及享受协议优惠税率的商品，需提供），原厂商发票（反倾销以及享受协议优惠税率的商品，需提供），海运运单（享受协议优惠税率的商品，需提供），非转船证明（如海运运单上船名、航次与报关单上不一致，享受协议优惠税率的商品，需提供）。

如是期货（例如电解铜），还应提供期货 K 线图（合同签约日期当日）、发票需列明"此价格包含仓储费×××"字样、公式定价合同备案表、公式定价需要提供的单证等。

③ 转关

办理转关报关，客户需提交发票/装箱单（保税区内企业出具正本）、报关委托书、提货委托书、出库提货单。

④ 出境

办理出境报关需提交发票/装箱单（保税区内企业出具正本）、报关委托书、提货委托书、出库提货单、进境备案清单复印件。

（6）根据业务操作情况做好跟踪登记，如：电子报关放行、出货派单时间、出税单日期，付税日期，海关放行时间（在上海，由于洋山港离市区海关报关大厅有80公里路程，海关为了对出口货物监管的需要，存在着一放时间即海关报关大厅单证报关放行时间，二放时间即货物进港海关现场实际放行进港时间，有时进出口货物发货人或其代理人没有将货物及时送港区，港区现场海关没有收到进港货物，无出口货物放行确认，出口货物无法装船），入库日期，出库日期等。

（7）依据海关放行单证开具"×××仓储内部作业联系单"交相关部门操作。

×××仓储内部作业联系单

致：_____ 日期：_____

主旨：
签字：_____

第一联：指令单（白色）　第二联：留存（红色）

图2—4　仓储内部作业联系单

（8）对要退还给客户的单证，如手册、确认单、进境备案清单、付汇联、手册核销联等单证都要登记和签收。

（9）在完成业务后，业务员根据经理批准的费率表及合格分供方报价的费率在"×××仓库管理系统"电脑中做好费用录入（包括应收与应付两部分），如该票业务不涉及运输代理部，在费用录入后使该票业务呈核销状态。

二、仓储报关部工作职责与程序

（一）货物进出保税仓库报关

1. 职责

报关员、报检员接受客户服务部的单证，对单证进行复审，及时向海关、检验检疫局进行申报，协调处理与海关、检验检疫机构的信息沟通，保障报关、报检和通关工作规范、有序、按时顺利完成。

2. 程序

A. 保税仓库货物进出库报关的相关准备工作

（1）进库报关阶段

① 境外货物进库报关，免领许可证（除能够制造化学武器的化工品和易制毒化学品以外），由保税仓库报关员或其代理人办理货物进境备案报关手续，货物放行后入库。

② 国内货物进库报关，按一般出口货物报关，根据海关规定提交相关单证，货主缴纳相应的出口税款。

（2）出库报关阶段

转为正式进口的必须经过主管海关保税监管部门审核同意，转为正式进口的同一批货物应当填写两份报关单，其中一张用于办结出仓报关手续，填制出口报关单；另一张办理进口申报手续，按实际监管手续填写进口报关单。

办理进口手续货物出库后的流向，分为货物复出口、转为加工贸易货物、转为特定减免税货物、进入国内市场销售或用于其他方面，应按类别办理相关的报关手续。

B. 出口监管仓库货物进出库报关的相关准备工作

（1）进库报关阶段

根据货物进库前的起运地，分类办理报关手续：

① 由境内进库暂时储存：办理出口报关手续，按国家规定应当交许可证的或缴纳出口关税的，发货人或其代理人应当交许可证或缴纳出口关税，货物放行后入库。

② 由境外进库暂时储存：办理进口报关手续（免许可证、暂缓缴纳进口关税），货物在海关放行后入库。

（2）出库报关阶段

根据货物出库后的流向，分类办理报关手续：

① 正式运往境外的：

由境内进库暂时储存出境的，办理出境报关手续，除按照海关规定提交有关单证外，还要提交仓库经营企业填制的"出口监管仓库货物出口清单"。不享受入仓即退税的出口监管仓库，在货物离境后到海关领取海关签发的出口退税报关单，退返客户。

由境外进库暂时储存复运出境的，办理复运出境报关手续，不需缴纳关税。

② 出口监管仓库货物转为境内销售的，分为转为加工贸易货物、转为特定减免税货物、用于国内市场的按一般进口货物，应按类别办理相关的报关手续。

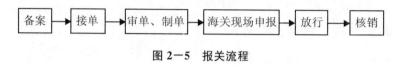

图 2—5　报关流程

按照报关流程做好相关工作准备：

（1）备案：查看进入保税仓库的货物是否是加工贸易保税货物，如是加工贸易货物，进出口货物收发货人需要办理与货物相关的备案清单和备案登记手续；如企业已经办理备案手册，按备案手册核定的内容报关；如没有办理备案，要求企业向海关申请办理备案登记手续。

（2）接单：报关员或报检员收到客户服务部提供的报关或报检所需纸质单证。

（3）审核：按照海关或检验检疫局申报要求进行审核。

认真复查单证，必须做到准确无误，单证相符。在报关单上盖上报关员 HS 章及企业报关章。申报单证不全或有问题的单证可通知客户服务部或直接退回给客户服务部，要求提供正确无误的单证或补全单证。对每票业务登记输入保税区海关的"仓储物流电子监管系统"。

（4）现场申报：对审核后的单证进行电脑登记后，去海关或检验检疫局进行申报。

进出境通关/报检时间在公司规定的时间内完成。如出入境检验检疫查验或海关查验，应派人陪同查验。

（5）放行：通关完毕，将所有应退回的单证从海关或检验检疫局取回，交客服部并做好交接签收工作，同时将完成情况录入保税区海关的"仓储物流电子监管系统"。

（6）核销：对保税货物备案出区（库）报关后，进行核销。对企业办理加工贸易合同备案的加工贸易登记手册、电子账册及其分册内已经加工的产品、半成品复运出口和余料结转等进行核销登记。

以上工作流程全部做完后，退还给客户已核销的加工贸易登记手册、防伪付汇联、备案清单等，在公司规定的工作日内完成，特殊情况另做处理。

（二）检验检疫辅助服务工作职责与程序

1. 职责

保税仓库经营企业必须配合所在地出入境检验检疫局对于进境货物木质外包装和产品的检验检疫工作，并可代理货主办理检验检疫业务。保税仓库查验协检员和相关操作人员应负责检验检疫辅助服务全过程，以加快保税区内客户检验检疫查验速度，及对于检验检疫辅助过程中影响服务质量的各个因素，如产品标识、产品可追溯性及客户产品防护的过程进行控制，确保其过程按规定的方法在受控状态中进行，使服务满足国家规定的质量要求，满足顾客的需求和期望。

2. 程序

协检员及相关人员应按所在地出入境检验检疫局对于进境货物木质外包装和产品的检验检疫工作的要求进行作业。

（1）接到所在地出入境检验检疫局查验科的查验通知后，到所在地出入境检验检疫局查验科抽取"检验检疫联系单"（报检单证）号码，并做好记录。同时通知客户相应的查验流水编号。

（2）将抽回每票单证进行电脑录入"×××仓库管理系统"，并做好单证排列整理，集中存放。

（3）查验流程：

① 客户持检验检疫联系凭条，协检员复印客户检验检疫联系凭条、保税区海关卡口确认单，交检验检疫官员进行查验。并将检验检疫联系凭条上号码记录在"×××仓库日常检验检疫登记单"上。

② 在客户的陪同下，协助检验检疫官员对进境货物的外包装进行现场检疫查验或消毒处理工作，同时当场核对货物与申报单证上提供是否一致。

A. 货证相符无疫情：在检验检疫联系凭条上盖放行章，签字交于货主，货物放行。同时将结果输入在电脑中的"×××仓库管理系统"。

B. 货证不符、外包装带疫情：按检验检疫官员指示由协检员通知现场操作部场地协查人员，进行拆换包装、扣箱、采样、送熏蒸场地进行处理等作业。待检验检疫局官员通知可放行时再办理该货物的放行出场手续。同时在检验检疫联系凭条上盖待处理章，并将结果输入电脑中的"×××仓库管理系统"，填写违规、疫情情况表。

C. 熏蒸处理货物：要求熏蒸处理货物，待检疫检验查验手续完成后，协检员按熏蒸公司的通知，进行货物熏蒸的辅助服务操作。开具熏蒸进箱联系单（包括散货），送现场操作货物落箱，并输入电脑，做好记录。熏蒸场地周围 30 米进行隔离，严禁外来人员入内，场地旁有明显严禁进入标识。熏蒸公司到场负责进行货物的熏蒸操作，熏蒸处理 48 小时后才可散气，凭熏蒸公司开具"熏蒸结果单"进行放货。

③ 客户持加盖放行章的检验检疫联系凭条或"熏蒸结果单"至现场操作部进行确认后缴纳查验服务场地费用，然后到现场操作部开具出门证离开查验场地。

④ 查验工作全部完成后，录入员按检验检疫局要求将每票货物的现场检疫结果输入检验检疫"CIQ2000 单证管理系统"归档。然后由协检员将"检验检疫联系单"等全套正本报检资料与检验检疫局官员签发的单证，送回检验检疫局综合科归档处理。

（4）业务统计

① 检验检疫协查单证录入员根据每天完成的检验检疫查验业务进行分类统计，并对各项统计数据进行严格保密。

② 检验检疫协查负责人月底编制当月查验点检验检疫查验辅助服务工作量报表。

③ 检验检疫协查组单证录入员月底编制当月空海运统计表。

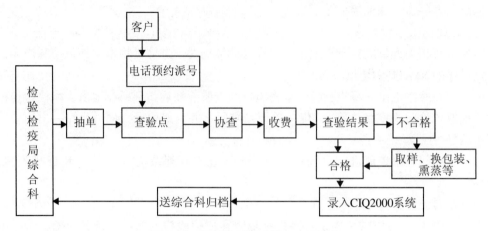

图 2—6　检验检疫辅助服务工作流程

（三）海关查验辅助服务工作职责与程序

1. 职责

保税仓库经营企业应配合所在地保税区海关对于保税区进出货物监管，加快海关查验速度，可以代理货主办理海关查验业务，保税仓库协查员应按照海关查验要求协助查验作业，加强辅助过程中对影响服务质量的各个因素，如产品标识、产品可追溯性及客户产品防护的过程进行控制，确保其过程按规定的方法在受控状态中进行，使服务满足国家规定的质量要求，满足顾客的需求和期望。

2. 作业流程

（1）抽单：指定协查员在接到保税区海关查验科查验通知后，到保税区海关查验科抽取"海关货物查验记录单"（报关单证），并做好记录。

（2）交接：将抽回每票单证进行电脑录入保税区海关的"仓储物流电子监管系统"，并做好单证排列整理，集中存放。

（3）辅助查验流程：

① 代理客户凭查验编号进行查验。

② 协查员按"海关货物查验记录单"，交保税区海关现场查验官员，并将海关查验操作要求输入保税区海关的"仓储物流电子监管系统"。

③ 陪同客户，协助保税区海关现场查验官员对需查货物进行现场查验工作，同时当场核对货物与申报单证上提供是否一致。

④ 货证相符：凭保税区海关现场查验官员在"海关货物查验记录单"上填写的处理结果，交货主签字确认后，按海关要求对货物做放行或暂存处理。同时将操作结果输入保税区海关的"仓储物流电子监管系统"。

⑤ 货证不符：现场查验发现货证不符，按保税区海关现场查验官员在"海关货物查验记录单"上填写的处理结果，交货主签字确认后，按海关要求对货物做扣货暂存处理，同时将扣货暂存指令输入电脑通知现场操作部，开具"暂存货物登记单"。待海关处理后，同意将货物放行时，办理该货物的放行出场手续。

（4）每票查验工作完成后，协查员将查验结果输入电脑，开具"×××仓库内部工作联系单"，然后由协查员将"保税区海关联系单"等全套正本报关资料，送回保税区海关归档处理。

（5）客户持"×××仓储内部作业联系单"至现场操作部进行确认后缴纳查验服务场地费用，然后到现场操作部开具出门证离开查验场地。

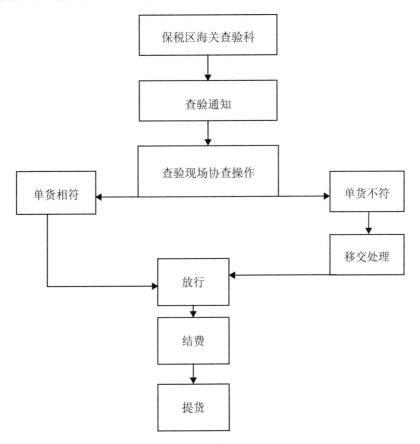

图2—7 海关查验辅助服务工作流程

3.业务统计

（1）海关协查员根据每天完成的保税区海关查验业务进行分类统计，并对各项统计数据进行严格保密。

（2）海关协查负责人员月底编制当月查验工作月报表。

三、仓储运输部工作职责与程序

（一）职责

全面负责仓储的运输工作，将运输情况及时向客户反馈；规范运输代理工作，寻求合格运输分供方，保证满足客户的运输要求，保证服务质量，并对合格分供方进行定期评价。

（二）程序

1. 运输部接到客户服务部或客户的运输委托任务后，正确理解客户的各项委托要求，如有不明之处，及时与相关部门及客户联系。

2. 根据客户的要求，认真评审本企业是否有能力满足客户的要求，并将不同客户的委托要求录入"×××仓库管理系统"中。

3. 从电脑系统中将填写后的运输委托单（送货单）打印并传真至分供方处，并将其他单证送分供方尽快安排车辆港区作业计划。

4. 分供方完成每一项运输业务后，由分供方提供计费项目内的各项费用，由运输部业务员进行确认。

5. 业务员确认完毕，在"×××仓库管理系统"相关费用项中录入。

6. 业务员根据每项业务的进展情况及时填写"运输代理业务登记簿"及录入"×××仓库管理系统"。

四、仓储理货部工作职责与程序

（一）职责

加强保税仓库货物理货作业的有序性、规范性，利于进出库货物的理货工作及海关查验和检验检疫查验工作。理货员负责进出库货物的库位整理工作，以及在海关查验和检验检疫查验后录入保税区海关的"仓储物流电子监管系统"的工作。

（二）程序

1. 进库理货程序

现场操作部电脑管理员接到本公司相关部门流转而来的工作任务和相关单证后，对所要进库的货物和单证进行评审，然后输入电脑，从电脑中打印出"入库单"，填写"货物质量跟踪库位卡"中的相关栏目。理货员根据"入库单"、"货物质量跟踪库位卡"进行卸货入库理货。

① 当送货人员把货物送到仓库时，仓库人员到客户服务部开联系单，然后到现场操作部开"入库单"，安排运输车辆在方便作业的月台停靠，送货人员出示"送货单"，理货员进行收货。

② 通知铲车司机进行卸货，理货员将铲车司机卸下的货物逐一进行清点与检查，检查内容包括：

a. 货物外包装有否损坏；

b. 货物有否变质、散漏；

c. 货物数量、品名、唛头、规格等是否与单证一致。

拆箱时对货物进行检查：如发现有破损及短缺或其他质量事故，马上通知货主要求到场，并通知外轮理货公司理货员，要求开具理货证明，便于客户以后处理问题。

如有破损货物，在"入库单"或"货物质量跟踪库位卡"上写明，在出库交接时，将理货证明出示给客户或集卡司机看。

③ 通知铲车司机将清点检查后不同型号的货物按仓库管理员安排的场地顺序一一放入堆存地点，以确保同一类型货物必须堆放在一起。

④ 在货物理货记录本上详细记录货物堆存仓库楼面与位置及货物数量、重量等情况，便于出库时理货发货。

⑤ 理货员在一式三联的入库单验收联上签字，表明已收到货物，并将"货物质量跟踪库位卡"和"入库单"验收联装订在一起交仓库管理员，将另一联入库单记账联交仓库管理员，结算联交商务部门。

⑥ 理货员在"货物质量跟踪库位卡"上签字，并交仓库管理员挂在库位区堆存的货物上。

2. 出库理货发货程序

（1）仓库管理员接到业务员递交的"×××仓储内部作业联系单"，根据业务编号、货名、数量等，核对"理货记录本"查找该批货物存放库位区的位置。

（2）通知铲车司机根据"×××保税区仓储货物出区（库）提货单"发货。

（3）现场让提货人进行清点验收，如无误，便请提货人在"×××保税区仓储货物出区（库）提货单"仓库留存联上签收，自己在发货后的"×××保税区仓储货物出区（库）提货单"仓库留存联上签字并归档，并在"货物质量跟踪库位卡"上写明出库情况。（如该批货物未出完，可在"货物质量跟踪库位卡"备注栏内写明某月某日出货多少，留存多少。）

（4）货物出库后将货物型号、数量登记在"理货记录本"上，并写清结余数量。

3. 货物入/出库后，理货员应将货物入/出库数据录入"×××仓库管理系统"存档。

五、仓库管理部工作职责程序

（一）职责

为客户提供清洁、通风和干燥等符合规定要求的贮存货物场所，保证货物仓储质量，对客户提供的货物进行规范的仓储管理。

现场操作人员应负责对客户提供的货物进行搬运、安排贮存库位、防护和交付的指挥及操作。

仓库管理员负责对客户提供的货物在贮存过程进行产品的验收、产品防护、进出货物的台账登记、电脑登账和输出。

对于客户的知识产权，如专利技术、产品规范、设计图样、管理或商业机密等信息，应进行保密控制。

（二）程序

1. 仓库管理员接到相关部门的工作联系单，根据"入库单"中的货物品名、数量、种类、货主名称，事先准备好库位堆存空间场地。

2. 仓库管理员必须详细了解货物的种类、规格及分类，按客户的要求堆放，做到堆放整齐、合理、清洁而又不影响货物质量。假如货物是食品，应在货物进库前清扫仓库。

3. 货物贮存在指定的库位，仓库管理员必须对货物进行严格的入库检查，验证货物在进库之前的质量情况，货物是否完好无损。在"货物质量跟踪库位卡"上签收，如发现不合格情况，及时与现场操作部经理联系给予纠正并做记录。

4. 在货物的明显部位挂上"货物质量跟踪库位卡"对货物进行标识，并对进库的货物逐一登记台账。

5. 仓库电脑管理员按照所在地主管保税区海关的要求对进库的保税货物与报关单核对，然后将数据输入电脑，每月底前去海关核销。保证账、卡、物一致，做到天天清点，月月盘点，经常检查。

6. 对会变质和腐蚀的物品，应按一定的防腐蚀和防变质的方法与其他货物隔离，并预先对仓库进行必要的清洁卫生工作。

7. 客户提货时，仓库管理员首先核对货物数量、货名，保税货物凭有"核对已通过"标记的"×××保税区仓储货物出区（库）提货单"及客户服务部开具的"×××仓储内部工作联系函"方能放货，并详细记录提货单位、提货车辆、车号，通知理货员及铲车司机发货。

8. 货物交付给客户时应要求客户对货物进行逐一清点验收，并要求客户在"×××保税区仓储货物出区（库）提货单"发货联上签收，然后开具出门证放货。

9. 如客户委托代理提货，交付前必须请提货人签收。

10. 发货完毕，仓库管理员自己在"×××保税区仓储货物出区（库）提货单"仓库留存联上签字，并将留存联自留。

11. 在"货物质量跟踪库位卡"上做好相应记录，交客户服务部归档。

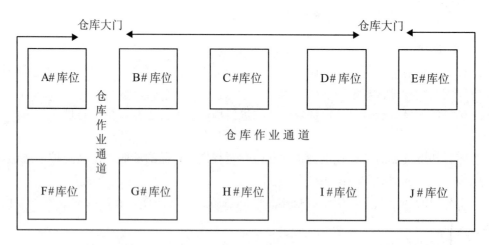

图2—8 库位划分图

说明：（1）保税仓库建成经海关批准，必须将库位划定好，并和保税仓储企业的所有信息一并向海关主管部门备案。备案后的库位号不得随意更改。

（2）保税货物进出仓库的批次号不代表库位号，贮存在库位的保税货物在办理进出库手续时要注明该批货物的贮存库位号，以利海关盘查和核销。

六、仓储装卸部工作职责与程序

(一) 职责

仓储机械装卸是保税仓库重要的工作方法之一，铲车司机应做好日常的机械维护，保证机械的正常运行，为确保货物在搬运过程中不受破坏，必须使用适当的搬运方法，防止货物损坏、变质。

铲车司机必须对客户提供的货物实行安全搬运，要按照理货员的要求，将入库货物移至指定的库位，将出库货物按要求装车或装箱，完成货物进出库任务。现场操作部经理监督铲车司机执行岗位责任制的情况，仓库管理员负责对货物堆存的安全性进行检查。

(二) 工作程序

1. 铲车司机必须在每天工作前，做好铲车检查保养工作，发现问题及时修理，并按照《铲车操作手册》确保铲车正常操作。

2. 检查项目：

(1) 整车外观：有无损坏、有无漏油、漏水等不正常情况。

(2) 检查轮子、龙门架及主要部件的紧固状况。

(3) 检查液压油、燃油、电及灯光是否正常。

(4) 检查发动机运转是否正常，有无异常声响及不正常现象。

(5) 对铲车升降进行检查，上下左右移动，观察有无不正常动作。

3. 按照理货员的要求，卸货时将托盘整齐地铲到货车旁，待搬运人员将托盘上的货放满后，移至指定的库位。途中注意行驶安全，防止货物掉落，并严格按消防安全管理制度进行堆存。

4. 在操作前检查货物的质量情况，如发现货物有破损、变形等异常情况，及时通知理货员，待理货员处理好问题，再进行操作。

5. 在铲运货物前对货物标识必须进行严格的检查，对有防震、防压、易碎等特殊商品，须按客户的要求和标识要求合理堆放，在铲运途中，要轻铲轻放，严禁以重压轻、野蛮操作。做到货物堆存整齐、合理、清洁而又不影响质量。

6. 在每一批 (票) 货物操作完毕，认真检查货物的堆存情况，预防应操作不当而造成不必要的质量事故，在"货物质量跟踪卡"上签名，注明操作日期。

7. 在货物贮存过程中经常检查自己所操作的货物的贮存质量，发现问题及时纠正。

8. 客户提货时，根据理货员的通知将货物交付给客户，并在"货物质量跟踪卡"上签名，注明操作日期。

9. 如仓库货物需临时搬移，铲车司机先检查"货物质量跟踪卡"，看清货名、件数，然后取下"货物质量跟踪卡"，进行搬运，搬移结束后仍将"货物质量跟踪卡"挂在货物堆存库位的明显部位。

七、仓储货物出口内装箱工作程序

存入保税仓库的保税货物，有部分需要做出口或转口贸易，经营保税仓库的企业必须为货主或货代提供满意的仓库收货、货装集装箱、进港等一系列的服务，仓储企业要做好出口内装箱的各个服务环节：

(1) 现场操作人员负责现场指挥操作。

(2) 理货员负责收货、理货、装箱。

(3) 铲车司机和装卸工人负责卸货、搬运及进库装箱。

出口内装箱注意事项：

1. 出口内装箱业务员接受客户的委托出口集装箱货物托运单指令

(1) 严格审核托单上的船名、航次、关单号、货名、件数、吨/立方米、目的港、唛头标记、箱型、箱量、进港日期。

(2) 接单员审核托单后，填写本公司内装箱指令单，显示发货单位、货代船名、航次、提单号、用箱要求、进港日期，将内装箱指令单交理货员。

2. 理货员在接收送货单位客户的货物时，应对货物进行严格的验收后才能签字入库或直接装箱

(1) 验收内容包括

a. 送货单上的船名、航次日期与船公司的船期表是否一致；

b. 货物与接单员所签发的内装箱指令、唛头、货名、数量、吨/立方米是否符合；

c. 雨天收货特别注意货物是否潮湿、变质，如货物潮湿或变质应拒收；除非送货单位出具保函：写明货已潮湿、变质的原因，要求仓库收货装箱，并注明货到收货人处不管发生什么事故均由送货单位承担责任，才可以收货。

(2) 在收货时搬运人员将货物整齐地放在托盘上，每一托盘上的货物数量必须一致，以便理货。对暂时不装箱需要进仓库储存的货物在货物的明显部位挂上提示板，写上提单号和件数，对货物进行标识，如货物直接装箱则安排搬运人员装箱，收货进库后在送货单上签字，并保存单证。

(3) 理货员根据公司内装箱指令单装箱，装箱前严格把好用箱关，凡有破箱、漏洞箱、污损箱均不能使用。凡装食品、茶叶、医药、保健品等货物，箱内必须清洁、干燥、无味。凡船公司或货主申请商检，应先办理商检后装箱，或商检与装箱同步进行，绝不允许提前装箱后商检。

(4) 装箱过程中做好监装记录，核对船名、航次、提单号、唛头、目的港。装箱应按内装箱指令单的程序装箱或按客户提供的货物装箱配载图装箱。

(5) 装箱应做到合理使用集装箱箱内容积及集箱所能受载的负荷（20英尺其他航线19吨，美国航线17吨；40英尺其他航线30吨，美国航线19吨）使用集装箱时应注意箱内的合理配载及堆放均衡，严禁以重压轻，必要时应对箱内货物进行绑托。

(6) 装箱完毕后，理货员认真填写装箱单内容：箱号、箱型、件数、重量、体积、封箱号，然后交接单员安排进港计划。

3. 接单员接到装箱单与本公司运输部联系，通知车队并将装箱单交铲车司机发箱。

4. 理货员或铲车司机在发箱时应严格检查集装箱上的箱号与装箱单上的箱号是否一致，然后发箱进港，并将装箱单给集卡司机签收，自己留一联交接单员。

八、仓储商务部工作职责与程序

（一）职责

商务员应对财务管理系统中呈核销状态的业务进行费用核对与结算，使企业的商务工作规范化、程序化。

（二）工作程序

1. 商务员依据领导批准的费率表及分供方报价的费率对外收费。

2. 对于月结账客户，在每月底，商务员将当月该客户发生的业务根据本企业财务管理系统中的单证信息、"货物质量跟踪库位卡"以及各类收费、代收代付凭证等，核对业务员所录入的所有费用（包括应收与应付），核对无误后拉出费用清单让客户确认。

3. 对非月结客账户，在每票货物出库前，商务员应按 2 条款所述拉出费用清单让客户确认。

4. 将费用清单交客户确认后开具发票，登记在发票登记签收本上交给客户并要求客户签收。如外地客户可通过传真确认、邮寄发票等方式并保存邮寄凭证。

5. 依据发票做好回收费用工作，并对费用回收情况进行跟踪记录，做好催付清账工作。

6. 收到客户各项费用后，商务员通知相关部门给予提货。

7. 对于长期协议信誉较好的客户，可通知相关部门先放货，每月进行结账，但在最后一批货物出库前须将应收账款结清方能放货。

8. 客户结清费用后，商务员在"货物质量跟踪库位卡"上注明，并签名、注明日期，归档保存。按企业的要求向客户发放售后服务调查表，并登记在册。

9. 商务员在每个工作日结束前，将当天收到的现金及发票记账联交财务签收。

10. 每月月底，商务员根据本月营业收入情况填制本月收入统计表交财务部。

第七节 保税仓库经营企业变更、年审和注销

一、保税仓库经营企业变更

保税仓库经营企业需变更企业名称、注册资本、组织形式、法定代表人等事项的，应当在变更前向直属海关提交书面报告，说明变更事项、事由和变更时间；变更后，海关按照规定对其进行重新审核。

保税仓库需变更名称、地址、仓储面积（容积）、所存货物范围和商品种类等事项的，应当经直属海关批准。直属海关应当将保税仓库经营企业及保税仓库的变更情况报海关总署备案。

二、保税仓库经营企业资料电子变更流程

保税仓库经营企业首先通过电子邮件向仓储物流监管平台发送需要的申请，并在规定时间内携带所需资料到海关办理变更审核手续，资料审核通过后，海关将派员对保税仓库经营企业变更情况进行实地勘察。勘察通过后海关通过电子邮件向企业告知同意变更申请的信息，并将变更的数据资料录入仓储管理数据中心。

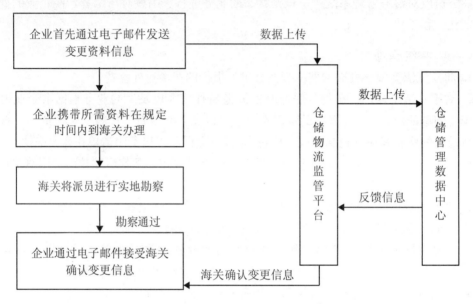

图 2—9   保税仓库经营企业资料电子变更流程

三、保税仓库企业年审流程

海关通过电子邮件发送企业年审通知，企业在收到年审通知后，根据要求备齐相关资料在规定时间内向海关办理仓储企业年审手续，经年审通过后，录入数据上报仓储数据管理中心备案。

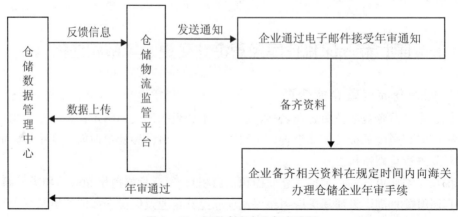

图 2—10   保税仓库企业年审流程

四、保税仓库企业的撤销与注销

1. 保税仓库经营企业以隐瞒申请情况或提供虚假申请资料等不正当手段取得设立保税仓库行政许可的，经海关核实后将撤销企业的经营资格。保税仓库须在撤销前办结库存货物的征税、退运、放弃或销毁手续。

2. 仓库有下列情形之一的，海关注销保税仓库业务：

（1）经营期满、合约中止或终止的；

（2）丧失设立保税仓库条件的；

（3）无正当理由连续 6 个月未经营保税仓储业务的；

（4）保税仓库注册登记证书有效期满；

（5）保税仓库经营企业不申请延期或海关不准予延期的。

3. 企业申请注销保税仓库的，保税仓库经营企业需提交以下单证：

（1）经营企业出具的保税仓库注销申请；

（2）保税仓库注册登记证书；

（3）保税仓库库存货物处理报告；

（4）需提交说明的其他单证。

4. 企业申请注销保税仓库的，海关将核实保税仓库是否有库存货物，是否有其他遗留问题；如保税仓库有库存货物，需办结库存货物的补税、退运手续。

5. 经海关审批予以撤销或注销"保税仓库注册登记证书"，保税仓储经营企业应向主管海关交回"保税仓库注册登记证书"。

五、"保税仓库注册登记证书"遗失的补发

保税仓库经营企业遗失"保税仓库注册登记证书"，应在地级市以上媒体公开刊登"遗失声明"。向仓库主管海关提交补发"保税仓库注册登记证书"的书面申请，经海关核实后予以补发。

第八节 保税仓库的供应链管理库存

一、供应链管理库存的概念

关于供应链管理库存（Vendor Managed Inventory，VMI）的定义，国外有学者认为："VMI 是一种在用户和供应商之间的合作性策略，以对双方来说都是最低的成本优化产品的可获性，在一个相互同意的目标框架下由供应商管理库存，这样的目标框架被经常性监督和修正，以产生一种连续改进的环境"。

VMI 是一种以用户和供应商双方都获得最低成本为目的，在一个共同的协议下由供应商管理库存，并不断监督协议执行情况和修正协议内容，使库存管理得到持续改进的合作性策略。

二、企业对供应链管理库存的需求

（一）降低存货和存货过期风险的需求

VMI 的理念与 RMI（Retailer Managed Inventory，可理解为零售商自己管理库存）的传统库存管理模式完全相反。在传统上，由于供应链各个环节都是各自管理自己的库存，都有自己的库存控制目标和相应的策略，而且相互之间缺乏信息沟通，彼此独占库存信息，因此不可避免地产生了需求信息的扭曲和时滞，使供应商无法快速准确地满足用户的需求。而企业为了确保生产和市场的供应，不得不多采购原材料及零配件产品存放在自己的仓库内，有时因市场的变化，产生库内产品滞销积压，对有保值期的产品会发生货物过期不能使用的风险。

（二）降低成本的需求

传统的库存管理模式各自为政，企业对库存的管理侧重于优化单一的库存成本，从存储成本和可能的销售损失出发确定库存规模，需求的逐级放大将导致供应链中各个环节库存的异常波动，这对供应链效率和响应速度的影响是不言而喻的。

在供应链管理环境下，供应链各个环节的活动都应该是同步进行的，而传统的库存和分销管理思想显然无法满足这一要求。VMI 它打破了传统的各自为政的库存管理模式，体现了供应链的集成化管理思想，适应了市场变化的要求，在分销链中的作用尤为重要。

VMI 还可以满足下游企业降低成本和提高服务质量的需要。与下游企业自己管理库存相比，供应商在对自己的产品管理方面更有经验，更专业化。用户自己管理供应商存货很可能导致错误的产品储存和补充决策。而供应商可以提供包括软件、专业知识、后勤设备和人员培训等一系列的服务，供应链中企业的服务水平会因为 VMI 而提高，而库存管理成本会降低，下游企业的存货投资也会大幅度减少。

与此同时，由供应链管理思想衍生出来的 VMI 追求的本身就是双赢的结局，它也将同时给处于供应链上游企业的供应商带来许多利益。VMI 允许供应商获得下游企业的必要经营数据，直接接触真正的需求信息（通过电子数据交换（EDI）来传送）。供应商利用该信息调节库存水平，从而最终消除预期之外的短期产品需求而导致的额外成本。同时，企业对安全库存的需求也大大降低。另一方面，VMI 可以大大缩短供需双方的交易时间，进而使上游企业更好地控制其生产经营活动，以更好地满足用户需求，从而提高整个供应链的柔性。

通过供应链管理降低采购单价，降低了从采购订单、发票、付款、运输、收货到库存等交易成本，通过改进供应商之间、供应商与用户之间的流程节约采购时间，减少了总采购量，企业需要多少就采购多少，减少了企业大量流动资金、组建仓库的成本及人员的用工成本，极大地释放了生产力。

（三）加快实施核心业务开发的需求

在全球性市场竞争日趋激烈的时代，企业为了提高竞争力，不断寻求各种措施提高企业对市场需求的响应速度。供应链管理强调企业的核心竞争力，强调企业间建立长期合作伙伴关系，在信息和知识共享、合作关系充分发展的基础上，供应链伙伴将寻求更深层次的整合。他们开始交换某些决策权、工作职责和资源，以加强协作，共同努力开拓市场。供应链上的某一个伙伴可能处于更适合的位置来执行某个通常由另一个伙伴拥有的决策权。如果把决策权从这个合作伙伴转给另一个更适合的合作伙伴，那么整个供应链的效率将得到改善。

相对于 RMI 而言，VMI 克服了下游企业自身技术和信息系统的局限。随着供应链各个环节的企业核心业务的迅猛发展，供应链上游对下游的后勤管理（包括库存管理）也提出了更高的要求。但由于下游企业原来的自营库存管理系统往往因为技术和信息系统的局限而严重滞后，制约了其业务的发展。实施 VMI 之后，库存由供应链上游企业管理，下游企业可以放开手脚进行核心业务的开发。

三、保税仓库具备供应链管理库存的优势

（一）地理位置优势

改革开放后，我国设立了许多保税区域，吸引了大批国际企业来中国投资办厂，他们从国内外采购原材料，利用我国的人力资源生产加工成半成品、成品，再销往国内外，保税仓库也随着市场的需求应运而生。除企业自用的保税仓库之外，大多数的保税仓库均建立在保税区内，保税仓库和生产工厂相隔为邻，为生产企业存储保税货物，极大地方便企业的生产需要。

（二）海关监管条件和良好的信息交流平台

建立保税仓库必须具备和满足海关的监管条件，保税区内的生产工厂需从国内外采购原材料进行生产加工，经营保税仓库的企业拥有自己的报关报检、熟悉海关 H2000 系统、EDI 通讯网络工作的专业人才，能为上、下游企业提供保税货物的进关入库、出库结关、信息交换等一系列服务。仓库内配有出入库货物先进的 RF 无线射频扫描系统，对货物的进出及库存进行有效管理，中央视频监控能对出入库货物每一个环节进行适时监控，提供适时信息。

保税仓库起到促进上、下游企业信息共享，共同参与对方的业务发展计划制订的桥梁作用（它们发展的更高层次是 CPFR，即协同计划预测与补货）。下游企业也不再是互相割据的客户网络中的一个成员，上游企业也可以相对直接地控制下游企业，从下游企业的数据库中获取有价值的生产信息，以帮助下游企业发展业务。

（三）仓储管理优势

保税仓库在仓储管理方面更有经验，更专业化。可以满足上、下游企业降低成本和提高服务质量的需要。保税仓库可以提供包括存储专业知识、报关、运输配送、后勤设备、信息系统和人员培训等一系列服务，供应链中企业的服务水平会因为 VMI 而提高，而库存管理成本会降低，下游企业的存货投资也会大幅度减少。与下游企业自己管理库存相比，用户自己管理供应商存货很可能导致错误的产品储存和补充决策。保税仓库通过对库存商品安全水平的动态控制，将库存情况和下游企业的需求及时反馈给供应商，供应商可

以根据保税仓库提供的库存信息，有效地掌握下游生产厂家的生产需求，根据订单生产补充保税仓库的库存量。保税仓库根据下游企业生产需要及时配送，使下游企业生产实现零库存。

（四）为企业节约大量流动资金

由于保税货物储存在保税仓库不需要缴纳进口关税。设在保税区内的工厂生产的零配件或产品供应如果本区或其他保税区内的下游企业订单需求时同样不需要缴纳关税，只要办理保税货物出区转运手续，其他保税区内的下游企业办理保税货物入区手续即可，节省了大量的时间和流动资金。

（五）充分发挥了第三方物流系统的作用

保税仓库作为物流服务提供商，对供需双方企业提供物流服务，做好库存管理代理，能使企业更加集中于自己的核心业务，增加了供应链的敏捷性和协调性，提高了服务水平和运作效率，更加专业化、信息化，起到了供应商和用户之间的桥梁作用，可以为企业提供很多好处。

1. 为供应商和核心企业提供无库存模式：供应商和核心企业都不设立库存，核心企业实行无库存的生产方式。供应商直接将原材料、零配件或产品存入保税仓库，由保税仓库运用自身的专业能力向核心企业的生产线上连续地、小批量地、多批次地补充货物，并与之实行同步生产和同步供货，从而实现在需要的时候把所需要的品种和数量的原材料送到需要的地点的操作模式。这种准时化供货模式，由于完全取消了库存，所以效率最高、成本最低。同时，这种模式对供应商和核心企业的运作标准化、配合程度、协作精神要求也高，对操作过程要求也高。

2. 由于上、下游企业不再掌握仓库，可以省去以前投入库存中的精力和风险，便于更有效地承担市场开发和营销的功能，使供应链更加完整和顺畅。

3. 加强供应链企业之间的互利合作关系。保税仓库供应链管理库存能解决供应链系统中由于各节点企业的相互独立库存运作模式导致的需求放大现象，利用互联网进行及时的信息交流，库存连接的供需双方以供应链整体的观念出发，同时参与，共同制订库存计划，实现供应链的同步化运作，从而部分消除了由于供应链环节之间的不确定因素，建立合理的库存管理风险的预防和分担机制，合理的库存成本与运输成本分担机制和与风险成本相对应的利益分配机制，在进行有效激励的同时，避免供需双方的短视行为及供应链局部最差现象的出现。加强了供应链中各个节点共同参与和制订库存计划的互利合作关系，使供应链过程中的上、下游企业都从相互之间的协调性考虑，保持供应链各个节点之间的上、下游企业对需求的预期保持一致，把上游企业生产计划变为按订单生产，从而消除了需求变异放大现象。任何相邻节点需求的确定都是供需双方协调的结果，保税仓库做供应链管理库存不再是各自为政的独立运作过程，而是供需连接的纽带和协调中心，通过协调管理中心，使供需双方共享需求信息，因而起到了提高供应链的运作稳定性作用。

四、保税仓库开展"供应链管理库存"的成功案例

上海大众国际仓储物流有限公司设立在上海松江出口加工区内的大型公用型物流仓库，以丰达电脑（上海）有限公司以及跨国供应商为主要服务对象，率先实现以 VMI 为主导的管理模式，兼具一般公共仓储管理和服务功能，为区内加工型企业提供报关、仓储、理货、简单加工、配送、信息处理等一体化的综合物流服务。

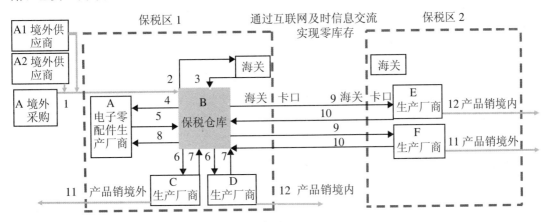

注：1. A/A1/A2 原材料从国外进口入保税仓库　2. B 代理 A/A1/A2 办理保税货物入库手续
3. 海关审批同意入库　4. B 根据 A 指令配送原材料给 A 生产　5. A 产品入 B 库　6. B 配送 A 产品给
C、D、E、F 生产厂商　7/10. C、D、E、F 厂商信息反馈给 B 信息平台　8. 通过 B 信息平台将 C、
D、E、F 生产订单计划信息反馈 A 生产厂商　9. B 代理 A 办理保税货物深加工结转从保税区 1 转区
海关手续，E、F 生产厂商办理保税货物进保税区 2 海关手续　11. 产品销往境外，报关核销出口境外
12. 产品销境内，办理进口海关手续，缴纳关税

图 2—11　保税仓库供应链管理库存货物监管示意

VMI 是国际上较领先的物流管理模式，由供应商等上游企业通过信息手段掌握其下游客户的生产和库存信息，并对下游客户的库存调节做出快速反应，其最大优势是同时降低供需双方的库存成本。大众仓储就是通过这种管理的理念，建立起一套完备的 IT 信息系统，境外厂商可以通过 Internet 进入大众的 EC 信息平台，了解客户生产料件的需求和库存，自主调整供货计划。除了其先进的管理模式和齐全的服务功能外，大众仓储的软件建设也可谓在当今国内物流行业处于领先地位。境外厂商可以在 EC 上载入其发货的生产料件、数量及金额。系统即会自动导入，归并成报关建议书。通过其与海关联网报关系统，实现全天候的无纸通关，大大提高了通关的速度，节约了厂商的物流成本。

在硬件建设方面，大众仓储采用先进的 RF 无线射频扫描系统，对货物的进出及库存进行有效的管理，在库区内还建有适合储存精密电子料件的 400 平方米恒温恒湿仓库，极大程度地满足了不同储存条件货物的需求。

目前，上海大众国际仓储物流有限公司已与国内外 20 多家供应商建立了供应链管理库存的业务。

第九节　出口监管仓库

出口监管仓库（Export Supervised Warehouse），是指经海关批准设立，对已办结海关出口手续的货物进行存储、保税物流配送、提供流通性增值服务的海关专用监管仓库。

出口监管仓库通常结合着保税仓库来用，一般把保税仓库和出口监管仓库合二为一，统称叫做"两仓"，即一出一进。出口监管仓库和保税仓库属于同一范畴，加工贸易企业应用保税这一概念的形式是非常丰富的，主要有五种加工保税模式：一是通常所说的"两头在外模式"，即原料和成品都在国外，加工在国内；二是"两头在内模式"，即原料和成品都在国内，当然加工也在国内，只是来源都是加工贸易公司；三是保税内销；四是非保税外销；五是委托加工。

一、出口监管仓库的功能和作用

（一）出口监管仓库的功能

出口监管仓库具有转口配送、简单加工和增值服务的功能。

境外采购商在买断我国出口货物后可暂存在出口监管仓库，出口监管仓库通过提供货物仓储、包装、分拨、配送、拼箱、物流信息处理等服务来降低物流成本，通过对仓库货物进行分级、挑选、刷贴标志、改换包装等简单加工，使货物进一步增值。2005 年 11 月，海关总署制定并颁布了《出口监管仓库管理办法》，突破了传统出口监管仓库单一功能的定位，赋予了出口监管仓库简单加工和品质检测等增值服务功能，充分发挥了出口监管仓库作为国际预配送中心的作用；同时统一规范了出口监管仓库的管理模式，实现了出口监管仓库物流信息处理智能化，与海关的信息化管理和风险管理更加协调。

（二）出口监管仓库的作用

1. 有利于发挥加工贸易出口成品的集散地作用

加工贸易生产企业把产品存入出口监管仓库，再根据国际客户的需求拼装、配送到世界各地，能让企业更好地把握市场需求的变化，提高货物配送速度，降低企业成本，提高产品竞争力。

2. 有利于优化生产链条，降低生产成本

出口货物进入出口监管仓库进行分拨、配送、拼箱等物流处理，可以减少货物流通环节，降低相关生产、管理、运输成本，优化企业产销供应链的管理。拼箱有利于提高我国的集装箱利用率。

3. 有利于提高货物的配送速度

国外客户通过货运代理人对出口监管仓库货物进行分类堆放。根据客户的指令，仓库将货物分拣拼箱出口，即可直接进入商场或超市，减少流通环节，降低成本。

4. 有利于出口货物进一步增值

出口监管仓库可提供包装、分级、分拨、刷贴唛头等流通性简单加工服务，使货物进一步增值。

5. 有利于促进现代仓储物流业的发展

部分出口配送型仓库配套国内货物入仓退税政策大大加快了出口退税进度，有利于盘活企业资金，提升我国出口产品增值能力，同时，解决了转关入仓企业长期反映的"结关核销慢（难）"的问题。对仓储企业而言，该政策有利于吸引更多的出口货物在监管仓库进行拼箱出口，适应国际采购商对商品进行全球配送的发展需求，也促进了现代仓储物流业的发展。

二、出口监管仓库的分类

出口监管仓库分为出口配送型仓库和国内结转型仓库。

1. 出口配送型仓库

是指存储以实际离境为目的的出口货物的仓库。该类仓库的入仓货物以进行国际配送为目的，货物主要流向境外，原则上不予回流。出口配送型仓库除了存放国内出口货物外，还可以存放为拼装出口而进口的货物，以及改换出口监管仓库货物包装而进口的包装物料。该类仓库面积不低于5 000平方米。

2. 国内结转型仓库

是指存储用于国内结转的出口货物的仓库。该类仓库存储货物以转为国内销售为目的，或供加工贸易企业使用，也可以面向国外直接出口。货物入仓时不予签发报关退税单，必须在货物实际离境后方能办理相关手续。该类仓库面积一般不低于1 000平方米。

三、设立出口监管仓库的企业应具备的条件

1. 已经在工商行政管理部门注册登记，具有企业法人资格；

2. 具有进出口经营权和仓储经营权；

3. 注册资本在300万元人民币以上；

4. 具备向海关缴纳税款的能力；

5. 具有专门存储货物的场所，其中出口配送型仓库的面积不得低于5 000平方米，国内结转型仓库的面积不得低于1 000平方米；

6. 法律、行政法规、海关规章规定的其他条件。

四、出口监管仓库申请和设立

（一）设立出口监管仓库应具备的条件

1. 符合海关对出口监管仓库布局的要求；

2. 具备符合海关监管要求的安全隔离设施、监管设施和办理业务必须的其他设施；

3. 具备符合海关监管要求的出口监管仓库计算机管理系统；

4. 具备符合海关监管要求的出口监管仓库制度及符合会计法要求的会计制度；

5. 符合国家土地管理、规划、交通、消防、安全、质检、环保等方面的法律、行政

法规及有关规定；

6. 法律、行政法规、海关规章规定的其他条件。

（二）申请设立出口监管仓库应提交的材料

1. 设立出口监管仓库的申请报告和可行性报告（应包括仓库经营范围、地方经济发展状况、仓库发展预测等内容）；

2. 出口监管仓库的申请书和出口监管仓库的申请事项表；

3. 经营企业成立批文或商务主管部门签发的对外贸易经营者备案登记表（复印件）；

4. 经营企业工商营业执照（复印件）；

5. 经营企业税务登记证（复印件，国税和地税）；

6. 经营企业开户银行证明；

7. 经营企业印鉴表；

8. 经营企业的进出口货物收发货人注册登记证书或报关企业注册登记证书；

9. 经营企业章程（复印件）；

10. 出口监管仓库库址土地使用权证明文件或租赁仓库的租赁协议，租赁仓库应具有租赁期限 5 年以上的租赁合同（复印件）；

11. 仓库地理位置图及平面图（正本，位置图须标明仓库所在区域的具体位置，平面图须标明仓库的面积或仓储容积）；

12. 证明具备向海关缴纳税款能力的相关材料，包括会计事务所出具的验资报告或上年度审计报告；

13. 经营企业财务制度及会计制度；

14. 海关监管需要收集的其他单证。

上述资料凡提供复印件的，应当同时提供原件以供海关核对。

注：（1）仓库经营企业可以同时经营出口配送型和国内结转型两类型出口监管仓库；在同一地址不同库区的，同时经营两类型出口监管仓库的仓库经营企业，应对两类型出口监管仓库做物理断隔，并设立明显标志。

（2）出口配送型仓库企业申请办理入仓退税政策的条件：

① 经营出口监管仓库的企业经营情况正常，无走私和重大违规行为，具备向海关缴纳税费的能力；

② 上一年度入仓货物的实际离境率不低于 99%；

③ 对入仓货物实行全程计算机管理，具有符合海关监管要求的计算机管理系统；

④ 不得存放用于加工贸易深加工结转货物；

⑤ 具备符合海关监管要求的隔离设施、监管设施及其他必要的设施。

出口配送型仓库企业在具备以上条件后，向主管海关申请办理入仓退税政策，经海关审核批准，该出口配送型仓库企业具有办理入仓退税的能力，其优势在于货物办理出口报关入库手续后，海关即刻同意此票货物出口退税，不需要等待货物实际离境。有利于盘活企业资金，提升出口产品增值能力，同时，解决了转关入仓企业长期反映的"结关核销慢（难）"的问题。

（三）领取出口监管仓库注册登记证书

出口监管仓库验收合格后，由直属海关颁发“中华人民共和国出口监管仓库注册登记证书”，企业方可投入运营。对验收不合格的，海关出具“出口监管仓库验收通知书”，并说明验收不合格的原因。出口监管仓库开业前，仓库管理人员应接受海关的业务培训，内容包括《海关法》、海关对出口监管仓库及所存货物的管理规定。

（四）出口监管仓库的注册登记

出口监管仓库验收通过后，企业需到主管海关的相关部门领取出口监管仓库经营企业注册登记联系函，并凭联系函到海关企业管理部门办理出口监管仓库的注册登记手续。

企业在领取注册登记函时，应提交：

1. 出口监管仓库情况登记表；
2. 出口监管仓库登记证书复印件；
3. 经营企业营业执照（复印件）；
4. 海关按规定需收取的其他单证和材料。

出口监管仓库应按仓库主管海关要求确定仓库的规范名称，规范名称中应包括经营企业名称和出口仓库性质，并以“出口监管仓库”作为后缀。

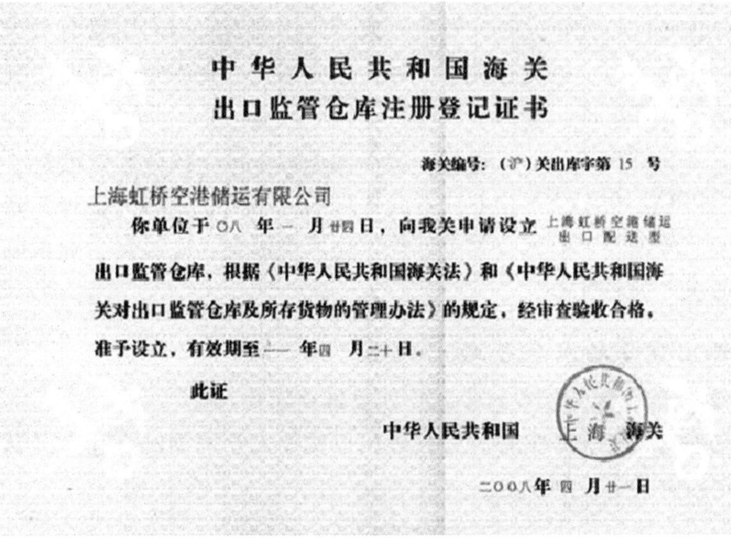

中华人民共和国海关
出口监管仓库注册登记证书

海关编号：（沪）关出库字第 15 号

上海虹桥空港储运有限公司

你单位于〇八 年 一 月廿四日，向我关申请设立 上海虹桥空港储运出口配送型

出口监管仓库，根据《中华人民共和国海关法》和《中华人民共和国海关对出口监管仓库及所存货物的管理办法》的规定，经审查验收合格，准予设立，有效期至一一 年四 月二十日。

此证

中华人民共和国 上海 海关

二〇〇八年 四 月廿一日

图 2—12 出口监管仓库注册登记证书

五、出口监管仓库的货物管理

（一）出口监管仓库的货物贸易管制

存入出口监管仓库的出口货物，按照国家规定，发货人及其代理人应当提交许可证件；出口监管仓库货物转进口的，按照国家规定，发货人及其代理人应当提交许可证件。

（二）海关对出口监管仓库入仓货物的管理

1. 经海关批准，出口监管仓库可以存入的货物

（1）一般贸易出口货物；

（2）加工贸易出口货物；

（3）从其他海关特殊监管区域、场所转入的出口货物；

（4）出口配送型仓库可以存放为拼装出口货物而进口的货物，以及为改换出口监管仓库货物包装而进口的包装物料；

（5）其他已办结海关出口手续的货物。

2. 出口监管仓库不得存放的货物

（1）国家禁止进出境货物；

（2）未经批准的国家限制进出境货物；

（3）海关规定不得存放的其他货物。

六、出口监管仓库货物入仓/出仓报关

存入出口监管仓库的出口货物，按照国家规定应当提交许可证件或者缴纳出口关税的，发货人或者其代理人应当提交许可证件或者缴纳税款。

出口货物存入出口监管仓库时，发货人或者其代理人应当向主管海关申报。发货人或者其代理人除按照海关规定提交有关单证外，还应当提交仓库经营企业填制的"出口监管仓库货物入仓清单"等单证。

海关对报关入仓货物的品种、数量、金额等进行审核、核注和登记。

出仓货物出口时，仓库经营企业或者其代理人应当向主管海关申报。仓库经营企业或者其代理人除按照海关规定提交有关单证外，还应当提交仓库经营企业填制的"出口监管仓库货物出仓清单"等单证。

（一）办理出口货物入仓手续

1. 出口监管仓库货物在仓库主管海关办理出口货物入仓

出口监管仓库货物在仓库主管海关办理出口货物入仓手续的，仓库经营企业应先向主管海关提出申请，并提交下列单证：

（1）出口监管仓库货物进（出）仓申请表（一式两份）；

（2）加盖出口监管仓库经营企业报关专用章的出口监管仓库货物入仓清单（一式三份）；

（3）货物所有人与仓库经营企业签订的仓储合同（协议）（复印件一式两份）；

（4）注明拟存出口监管仓库的名称的出口货物报关单；

（5）对外签订的货物出口合同或海关加工贸易手册（纸质或电子数据）；

（6）属于许可证件管理的货物，需提交相关证件；

（7）非自理报关的，应提供代理报关委托书；

（8）海关监管需要的其他单证。

2. 以转关运输方式存入出口监管仓库

在启运地海关办结出口报关手续的出口货物，以转关运输方式存入出口监管仓库的，仓库经营企业应向主管海关提交以下单证：

（1）出口监管仓库货物进（出）仓申请表（一式两份）；

（2）加盖出口监管仓库经营企业报关专用章的出口监管仓库货物入仓清单（一式三份）；

（3）进/出口转关货物申报单或进/出境载货清单；

（4）货物所有人与仓库经营企业签订的仓储合同（协议）（复印件一式两份）；

（5）对外签订的货物出口合同；

（6）海关监管需要的其他单证。

经海关审核同意货物进仓的，主管海关在"出口监管仓库货物进（出）仓申请表"（第二联）加盖"验讫章"，并附"出口监管仓库货物入仓清单"（一式三份）、仓储合同（协议）、"出口货物报关单"制作关封交企业签收，企业凭关封到通关现场办理出口报关手续。

3. 办结出口报关手续后存入仓库的

出口监管仓库货物办结出口报关手续后存入仓库的，仓库企业应在"出口监管仓库货物入仓清单"上签名确认，并于办结出口报关手续后 5 个工作日内交送仓库主管海关登记确认。仓库经营企业未在规定限期内办理报关手续的，应将有关单证退还仓库主管海关。

（二）办理入仓货物集中报关

出口监管仓库货物原则上应按入仓票数逐票办理出口货物报关入仓手续。对批量少、批次频繁的入仓货物，经主管海关批准后，可以按集中报关方式办理货物入仓手续。入仓集中报关应采取事前申请、事后报关的方式办理。

出口监管仓库申请以集中报关方式办理货物入仓手续的，应在货物入仓前填制"出口监管仓库货物集中报关申请表"向仓库主管海关提出申请。对准予集中报关的，海关予以签发"出口监管仓库货物集中报关审核表"，并批注相关要求。

对办理集中报关出口监管仓库企业的要求：

1. 申请集中报关的出口监管仓库应具备与海关联网监管条件，每一批入库货物的信息应通过网络向海关报送；

2. 根据企业资信状况和风险度，仓库主管海关可收取保证金；

3. 入库货物集中报关的期限不得超过 1 个月，并且不得跨年度办理；

4. 对集中报关入仓的货物，在办结进仓报关手续前，不得提前办理出仓报关手续。

申请办理集中报关方式的出口监管仓库企业，经海关审核后以集中报关方式办理货物入仓手续的，经营企业应汇总规定时间段内的"出口监管仓库货物入仓清单"数据，并备齐以下单证，在规定时间内向主管海关通关部门申请办理集中报关手续：

1. 加盖出口监管仓库经营企业报关专用章的出口监管仓库货物入仓清单；

2. 对外签订的货物出口合同或海关加工贸易手册（纸质或电子数据的）；

3. 属于许可证件管理的，需提交相关许可证件；

4. 海关认为需要提供的其他资料。

（三）海关签发出口货物报关单证明联（包括出口退税和结汇核销联）

分两种情形：

1. 存入享受入仓退税政策出口监管仓库的货物，仓库主管海关在货物办结出口报关和入仓手续后，即予签发出口货物报关证明联；对转关存入享受入仓退税政策出口监管仓库的货物，仓库主管海关在货物入仓后核销转关申报单，向启运地海关发送结关核销电子回执，由启运地海关签发出口货物报关证明联。

2. 存入不享受入仓退税政策出口监管仓库的货物，仓库主管海关在核实货物已经全部实际离境后，予以签发出口货物报关证明联；对转关存入不享受入仓退税政策出口监管仓库的货物，仓库主管海关在货物实际离境后，再向启运地海关发送结关核销电子回执，由启运地海关签发出口货物报关证明联。

七、海关对出口监管仓库出仓货物的管理

（一）口岸海关与仓库主管海关在同一隶属海关（办事处）

出口监管仓库在仓库主管海关申报出仓，并从本仓库主管海关口岸出境的，即口岸海关与仓库主管海关在同一隶属海关（办事处）的，企业直接在主管海关通关现场办理报关手续，并提交以下单证：

1. 出口监管仓库货物进（出）仓申请表（一式两份）；

2. 加盖出口监管仓库经营企业报关专用章的出口监管仓库货物出仓清单（一式三份）；

3. 出口货物报关单；

4. 非自理报关的，应提供代理报关委托书；

5. 运输工具装运单证；

6. 海关监管需要的其他单证。

（二）在同一直属关区，但不在同一隶属海关（办事处）

出口监管仓库在仓库主管海关申报出仓，如口岸海关与仓库主管海关均属在同一直属关区，但不在同一隶属海关（办事处）的，原则上按"转关运输"方式办理通关手续，经企业申请、主管海关审核同意的，企业可凭主管海关出具通的关封，在口岸海关办理通关手续；如口岸海关与仓库主管海关不在同一直属关区内的，按转关运输方式办理相关通关手续。企业应提交以下单证：

1. 出口监管仓库货物进（出）仓申请表（一式两份）；

2. 加盖出口监管仓库经营企业报关专用章的出口监管仓库货物出仓清单（一式三份）；

3. 出口货物报关单；

4. 非自理报关的，应提供代理报关委托书；

5. 进/出口转关货物申报单或进/出境载货清单；

6. 海关监管需要的其他单证。

（三）不在仓库主管海关申报出仓，从口岸海关直接申报出境

出口监管仓库不在仓库主管海关申报出仓，从口岸海关直接申报出境的，企业在口岸海关办理报关手续时除提交以上所需单证外，还要向仓库主管海关提交"出口监管仓库货物进（出）仓申请表"和"出口监管仓库货物出仓清单"，由仓库主管海关进行审核并开具的"海关出口监管仓库货物口岸申报业务联系单"。

（四）货物拼箱出口

货物拼箱出口时，"出口货物报关单"和"出口监管仓库货物出仓清单"（即"集拼货预配清单"）可按原入仓货物实际状态分别申报，但须在"出口货物报关单"和"出口监管仓库货物出仓清单"备注栏注明"拼箱货物"。

（五）出口监管仓库货物出仓转国内进口

出口监管仓库货物出仓转国内进口的，出口监管仓库经营企业应向主管海关提交书面申请报告及"出口监管仓库货物进（出）仓申请表"（一式两份）。海关审批同意后，根据贸易管制有关规定，按照实际贸易方式和货物实际状态在仓库主管海关办理进口手续。

（六）货物因故退运进境

已经出仓离境的出口监管仓库货物因故退运进境的，按海关退运货物的有关规定在口岸海关办理通关手续，退运进境的货物不得再转入出口监管仓库。海关已签发报关单退税证明联的货物退运时，出口企业应向海关提供税务机关证明相关货物未办理出口退税或所退税款已退还税务机关的证明文件。

（七）办结出仓报关手续

出口监管仓库货物申报出仓后，应在 3 天内及时办结出仓报关手续，出口监管仓库经营企业应在经口岸海关签印的报关单以及"出口监管仓库货物出仓清单"上签名确认，并予办结出仓报关手续后 5 个工作日内送主管海关登记确认。经营企业未在规定期限内办理报关手续的，应将有关单证退回仓库主管海关。

八、货物仓储期间的管理

（一）出口监管仓库经营企业可对入仓货物进行流通性增值服务

存入出口监管仓库的货物不得进行实质性加工，但出口监管仓库可以申请对仓储货物进行品质测检、分级分类、分拣分装、加刷唛码、刷贴标志、打膜、改换包装等流通性增值服务，以及将开展流通性增值服务所需的国内设备、材料运入仓库——须提交书面报告及填制"出口监管仓库流通性增值服务申请表"，事先向仓库主管海关提出申请。

主管海关审核后，在"出口监管仓库流通性增值服务申请表"批注是否准予开展流通性增值服务的意见，签发给企业。

出口监管仓库在对仓储货物进行流通性增值服务后 3 个工作日内，在"出口监管仓库

流通性增值服务申请表"备注栏内加注加工情况后，交回主管海关。

（二）出口监管仓库的货物更换

对已存入出口监管仓库因质量等原因要求更换的货物，仓库经营企业应填制"出口监管仓库货物更换申请表"，并提供由商检机构、行业中介检验机构或收/发货人出具的质量检验报告，以及收/发货人的申请报告，向主管海关提出申请。

经主管海关批准，对可以更换的货物，签发"出口监管仓库货物更换审核表"，并批注监管要求。

被更换货物出仓前，更换货物应当先行实际入仓，并应当与原货物的商品编码、品名、规格型号、数量和价值相同。

出口监管仓库货物，因特殊原因确需退运、退仓，应当经海关批准，并按照有关规定办理相关手续。

九、海关对出口监管仓库货物的存储期限管理

根据《中华人民共和国海关对出口监管仓库及所存货物的管理办法》，出口监管仓库所存货物存储期限为 6 个月，货物存储期满前，仓库经营企业应当通知发货人或者其代理人办理货物的出境或者进口手续。

如需要申请延期存储的，发货人或其代理人应在货物储存期满 10 天前，向仓库主管海关提出书面申请，经主管海关同意可以延期，但延期不得超过 6 个月。企业办理延期存储手续时应提供以下单证：

1. 仓库经营企业与发货人或其代理人签订的延期仓储协议；
2. 出口监管仓库货物延期仓储申请表；
3. 其他必要的单证。

主管海关审核同意后，制发"出口监管仓库货物延期仓储审核表"反馈给企业。

十、仓储货物逾期、放弃处理

出口监管仓库货物超过规定的存储期限，未申请延期或海关不批准延期的，企业须办理超期货物的退运、补税、放弃、销毁等手续。

企业 3 个月未办理上述手续的，海关根据《海关法》等有关规定予以处理。

十一、货物的流转管理

经转入、转出方所在地主管海关批准，并按照规定办理相关手续后，出口监管仓库之间、出口监管仓库与保税港区、保税区、出口加工区、保税物流园区、保税物流中心、保税仓库等特殊监管区域、场所之间可以进行货物流转。

出口监管仓库与海关特殊监管区域或其他海关保税监管场所之间货物进行流转的，企业应当提交"海关出口监管仓库货物流转申请表"，经海关审核同意后，办理相关通关手续。通关时应先办理转入报关手续，再办理转出报关手续。进口报关单与出口报关单的货

名、数量、商品编码、计量单位、价格等必须一致。

出口监管仓库之间与海关特殊监管区域或其他海关保税监管场所之间进行流转的货物涉及出口退税的，按照国家有关规定办理。

（一）跨关区流转

出口监管仓库与其他直属海关管辖的海关特殊监管区域或其他直属海关保税监管场所之间货物进行跨关区流转的，按转关运输有关规定办理。

（二）在同一直属海关关区，但在不同隶属海关（办事处）

出口监管仓库与海关特殊监管区域或其他海关保税监管场所在同一直属海关关区，但在不同隶属海关（办事处）的，原则上按转关运输有关规定方式办理通关手续；经企业申请、转出方海关审核同意，可不按转关运输方式办理，直接在转入方主管海关办理通关手续。

（三）在同一隶属海关（办事处）

在同一隶属海关（办事处）的出口监管仓库与海关特殊监管区域或其他海关保税监管场所之间货物流转，转入、转出企业分别向仓库主管海关办理通关手续。

十二、海关对出口监管仓库的管理

（一）仓库经营企业申请延期

"出口监管仓库注册登记证书"有效期为3年，仓库经营企业申请延期审查的，须在"出口监管仓库注册登记证书"有效期届满30日前，向仓库主管海关提出申请，并提交下列单证：

1. 出口监管仓库延期申请表；
2. 工商营业执照和税务登记证（复印件）；
3. 出口监管仓库注册登记证书（复印件）；
4. 进出口货物收发货人注册登记证书（复印件）；
5. 消防安全合格证明材料（复印件）；
6. 仓库及其他用地产权证书或租赁合同；
7. 仓储经营企业的进出口货物收发货人注册登记证书；
8. 海关监管需要的其他单证。

主管海关根据审核情况，填写"出口监管仓库延期审核表"反馈给企业是否准予延期的确定，对准予延期的，在"出口监管仓库注册登记证书"批注新的有效期。

（二）出口监管仓库的变更

出口监管仓库经营企业变更企业名称、注册资本、组织形式、法定代表人等事项，应于相关部门批准文件下发之日起10日内向仓库主管海关提出变更申请；变更出口监管仓库名称、地址、类型、仓库面积、仓库货物范围等事项，应当在变更前向主管海关提出申请，并提交以下单证：

1. 书面申请（说明变更原因、事项等）及可行性报告；

2. 出口监管仓库变更申请表；

3. 出口监管仓库注册登记证书；

4. 进出口货物收发货人注册登记证书；

5. 工商营业执照和税务登记证书；

6. 出口监管仓库设立的批准文件；

7. 其他有关文件。

（三）出口监管仓库的撤销与注销

1. 出口监管仓库经营企业以隐瞒申请情况或提供虚假申请资料等不正当手段取得设立出口监管仓库行政许可的，经海关核实后将撤销企业的经营资格。出口监管仓库须在撤销前办结库存货物的征税、退运、放弃或销毁手续。

2. 出口监管仓库有下列情形之一的，海关注销其出口监管仓库业务：

（1）经营期满、合约中止或终止的；

（2）丧失设立出口监管仓库条件的；

（3）无正当理由连续 6 个月未经营保税仓储业务的；

（4）出口监管仓库的出口监管仓库注册登记证书有效期满；

（5）出口监管仓库经营企业不申请延期或海关不准予延期的。

企业申请注销出口监管仓库的，需提交以下单证：

（1）经营企业出具的出口监管仓库注销申请；

（2）出口监管仓库注册登记证书；

（3）出口监管仓库库存货物处理报告；

（4）需提交说明的其他单证。

企业申请注销出口监管仓库的，海关将核实出口监管仓库是否有库存货物，是否有其他遗留问题。如出口监管仓库有库存货物，需办结库存货物的补税、退运手续。

（四）出口监管仓库注册登记证书遗失的补发

出口监管仓库经营企业遗失"出口监管仓库注册登记证书"的，出口监管仓库经营企业应在地级市以上媒体公开刊登"遗失声明"。向仓库主管海关提交补发"出口监管仓库注册登记证书"的书面申请，经海关核实后予以补发。

（五）出口监管仓库货物的数据管理

出口监管仓库经营企业应编制仓库收、付、存等情况报表及年度财务会计报告。

出口监管仓库应每月初 5 个工作日前，提交"出口监管仓库进出月报表"，将上月仓库货物进、出、存等情况以计算机电子数据或书面形式报送仓库主管海关。出口监管仓库经营企业应于每年 3 月 1 日前将年度财务会计报告报送主管海关。

出口监管仓库经营企业应配合海关的核查工作，在海关核查时迅速地提供保税仓库货物的进、出、存等情况的数据。并提供以下资料：

1. 出口监管仓库经营情况报告；

2. 出口监管仓库财务会计报告；

3. 工商营业执照；

4. 出口监管仓库注册登记证书；

5. 进出口货物收发货人注册登记证书；

6. 海关认为需要的其他文件。

注：（1）海关对出口监管仓库实施计算机联网监管，并可以随时派员进入出口监管仓库检查货物进、出、存等情况及有关账册。海关认为有必要时，可以会同出口监管仓库经营企业双方共同对出口监管仓库加锁或直接派员驻仓库监管。出口监管仓库经营企业应为海关提供办公场所和必要的办公条件。

（2）出口监管仓库经营企业应编制仓库收、付、存等情况报表及年度财务会计报告，应定期以计算机电子数据或书面形式报送仓库主管海关。

十三、法律责任与处罚

（一）出口监管仓库所存货物在存储期间发生损毁或灭失的，除不可抗力外，仓库应当依法向海关缴纳损毁或灭失货物的税款，并承担相应的法律责任。

（二）企业以隐瞒真实情况、提供虚假申请资料等不正当手段取得设立出口监管仓库行政许可的，由海关依法予以撤销。

（三）存储货物在出口监管仓库内存储期满，未及时向海关申请延期或延长期满后即不复运出境也不转为进口的，海关应当按照《中华人民共和国海关关于超期未报进口货物、误卸或者溢卸的进境货物和放弃进口货物的处理办法》第五条的规定处理。

（四）海关在出口监管仓库设立、变更、注销后，发现原申请材料不完整或不准确的，将责令经营企业补正，发现企业有隐瞒真实情况、提供虚假资料等违法行为，依法予以处罚。

（五）出口监管仓库经营企业有下列行为之一的，海关责令其改正，可以给予警告，或者处罚1万元以下的罚款；有违法所得的，处违法所得3倍以下的罚款，但最高不超过3万元。

1. 未经海关批准，在出口监管仓库擅自存放非出口监管仓库货物；

2. 出口监管仓库货物管理混乱，账目不清的；

3. 违反《中华人民共和国海关对出口监管仓库及所存货物的管理办法》第十四条规定的；

4. 经营事项发生变更，未按照《中华人民共和国海关对出口监管仓库及所存货物的管理办法》第二十条的规定办理海关手续的。

（六）有下列行为之一的，海关可按照《海关行政处罚实施条例》第十八条的有关规定，在补征应纳税款的基础上，可处货物价值5%以上30%以下的罚款，有违法所得的，没收违法所得，构成犯罪的，依法追究其刑事责任。

1. 经营海关监管货物的运输、储存、加工、装配、寄售、展示等业务，有关货物灭失、数量短少或者记录不真实，不能提供正当理由的；

2. 经营保税货物的运输、储存、加工、装配、寄售、展示等业务，不按照规定办理收存、交付、结转、核销等手续；

3. 有违反海关监管规定的其他行为，致使海关不能或中断对进出口货物环节实施监管的。

其中，"应纳税款"指进出口货物、物品应当缴纳的进出口关税、进口环节海关代征税之和。"货物价值"是指进出口货物的完税价格、关税、进口环节海关代征税之和。

第十节　保税区与保税仓库的关系

一、保税区

根据《保税区海关监管办法》，"保税区"是指海关监管的特定区域。海关对进出保税区的货物、运输工具、个人携带物品实施监管。

保税区是中国继经济特区、经济技术开发区、国家高新技术产业开发区之后，经国务院批准设立的新的经济性区域。保税区亦称保税仓库区，是经国务院批准设立的、海关实施特殊监管的可以较长时间存储商品的区域，是我国目前开放度和自由度最大的经济区域。其功能定位为"保税仓储、出口加工、转口贸易"三大功能。根据现行有关政策，海关对保税区实行封闭管理，境外货物进入保税区，实行保税管理；境内其他地区货物进入保税区，视同出境；同时，对外经贸、外汇管理等部门对保税区也实行较区外相对优惠的政策。

保税区具有进出口加工、国际贸易、保税仓储商品展示等功能，享有"免证、免税、保税"政策，实行"境内关外"运作方式，是中国对外开放程度最高、运作机制最便捷、政策最优惠的经济区域之一。

保税区能便利转口贸易，增加有关费用的收入。运入保税区的货物可以进行储存、改装、分类、混合、展览，以及加工制造，但必须处于海关监管范围内。外国商品存入保税区，不必缴纳进口关税，尚可自由出口，只需缴纳存储费和少量费用，但如果要进入关境则需缴纳关税。各国的保税区都有不同的时间规定，逾期货物未办理有关手续，海关有权对其拍卖，拍卖后扣除有关费用后，余款退回货主。

由于保税区按照国际惯例运作，实行比其他开放地区更为灵活优惠的政策，它已成为中国与国际市场接轨的"桥头堡"。因此，保税区在发展建设伊始就成为国内外客商密切关注的焦点。

1990 年 6 月，经中央批准，在上海创办了中国第一保税区——上海外高桥保税区。1992 年以来，国务院又陆续批准设立了 14 个保税区和一个享有保税区优惠政策的经济开发区，即天津港、大连、张家港、深圳沙头角、深圳福田、福州、海口、厦门象屿、广州、青岛、宁波、汕头、深圳盐田港、珠海保税区以及海南洋浦经济开发区。目前全国设立的保税区隔离设施都已全部经海关总署验收合格，正式投入运营。

经过多年的探索和实践，全国各个地区的保税区已经根据保税区的特殊功能和依据地方实际情况，逐步发展成为当地经济的重要组成部分，目前集中开发形成的功能有保税物流和出口加工。

随着中国加入 WTO，全国保税区逐步形成区域性格局，南有以广州、深圳为主的珠江三角洲区域，中有以上海、宁波为主的长江三角洲区域。北有以天津、大连、青岛为主的渤海湾区域。三个区域的保税区成为中国与世界进行交流的重要口岸，并形成独特的物流运作模式。

二、综合保税区

综合保税区是设立在内陆地区具有保税港区功能的海关特殊监管区域，实行封闭管理，是目前我国开放层次最高、政策最优惠、功能最齐全的海关特殊监管区域，是国家开放金融、贸易、投资、服务、运输等领域的试验区和先行区。其功能和税收、外汇政策按照《国务院关于设立洋山保税港区的批复》的有关规定执行，即国外货物入区保税，货物出区进入国内销售按货物进口的有关规定办理报关手续，并按货物实际状态征税；国内货物入区视同出口，实行退税；保税区内企业之间的货物交易不征增值税和消费税。该区以国际中转、国际采购、国际配送、国际转口贸易和保税加工等功能为主，以商品服务交易、投资融资保险等功能为辅，以法律政务、进出口展示等服务功能为配套，具备生产要素聚散、重要物资中转等功能。

三、保税仓库与保税区的关系

由于保税货物进境后必须在海关的监管之下，公用型保税仓库基本注册设立在保税区内。为了保证保税货物进境后必须在海关的监管之下，保税区四周采用物理隔离设施，设立的保税区隔离设施必须经海关总署验收合格后，海关在每一个保税区内均设立海关办事机构和海关卡口，以便进出口货物的监管。

保税仓库货物经转入、转出方所在地主管海关批准，并按照海关规定办理相关手续后，保税货物在保税仓库之间与出口监管仓库之间，保税仓库和出口监管仓库与保税港区、保税区、出口加工区、保税物流园区、保税物流中心等特殊监管区域、场所之间可以进行货物流转，享受保税区的各项优惠政策。

本章小结

通过学习，对保税货物的特性，保税仓库、出口监管仓库的功能和类型，保税仓库的管理储存计划和库存管理，以及对普通保税仓库企业的业务部门架构、职责和工作程序有了初步了解，有利于从事保税业务的相关操作。

本章关键词

1. 保税货物
2. 应复运出境

3. 保税仓库

4. 仓储

5. 公用型保税仓库

6. 自用型保税仓库

7. 液体危险品保税仓库

8. 备料保税仓库

9. 寄售维修保税仓库

10. 其他专用型保税仓库

11. 来料加工

12. 进料加工

13. 外商投资企业履行产品出口合同

14. 转口货物

15. 保税仓库的储存计划

16. 仓储储存能力

17. 仓库面积利用率

18. 仓库有效容积

19. 仓容物资储存定额

20. 物资吞吐能力

21. 物资吞吐量

22. 生产库存

23. 流通库存

24. 库存管理

25. 库位

26. 供应链管理库存（VMI）

本章习题

简答题

1. 我国海关监管保税货物制度主要由哪几个方面构成？

2. 我国现行保税制度的主要形式有几种？

3. 保税库存产生的原因是什么？

4. 简述保税仓库可以发挥哪些有利的作用？

5. 保税仓库的主要业务表现在哪几个方面？

6. 保税仓库主要具备的功能是什么？

7. 保税仓库按照使用对象不同分为几类？

8. 申请经营保税仓库的企业应具备的资质和条件有哪些？

9．写出保税仓库的申请和设立流程。

10．企业如何向所在地主管海关提交电子申请？

11．简述设立保税仓库应具备的基本条件有哪些？

12．要求设立保税仓库的企业，应向海关提交哪些申请材料？

13．如何建立 H2000 保税仓库电子账册？

14．为什么保税仓库验收通过后，还要到海关办理注册登记？

15．电子账册分几种？

16．保税仓库货物出、入库时如何使用电子账册？

17．在使用电子账册申报时，海关同意哪些商品归类可以进行适当的归并？

18．海关规定哪些货物不得存放在保税仓库？

19．经海关批准，哪些货物可以存入保税仓库？

20．保税仓库入仓货物在口岸报关进口时，分别有几种监管运输方式办理通关手续？

21．保税仓库办理进境货物入仓手续凭哪几种单证方可办理？

22．保税仓库存储的货物出仓时，哪几种情况可以到海关通关现场直接办理相关出仓报关手续？

23．保税仓库货物出仓复出境的，如何办理海关手续？

24．保税仓库货物出仓转为正式进口的，如何办理海关手续？

25．保税仓库货物出仓转为正式进口通关时，如何办理海关手续？

26．保税仓库内的寄售维修零配件如申请以保修期内免税方式出仓的，除提交正常单证外，还应提交哪些单证？

27．货物的流转监管分几种形式？

28．海关对保税仓库的有哪些特殊管理规定？

29．保税仓储货物出库时，海关可以对哪些货物依法免征关税？

30．保税仓库经营人对保税仓储货物在仓储期间由于保管不善发生货物损毁或者灭失的，应付什么责任？

31．简述保税仓库的企业管理任务。

32．简述保税仓库的仓储业务管理基本原则。

33．仓库面积利用率如何计算？

34．仓库有效容积如何计算？

35．简述保税仓库的库存成本结构。

36．货主应如何考虑自己的保税货物库存量来满足市场的需求管理？

37．保税仓库经营人代理使用进料/来料加工手册的保税货物从保税仓库提货报关，货主需提交哪些基本单证？

38．保税仓库经营人代理一般贸易货物进出保税仓库报关，货主需要提供哪些单证？

39．保税仓库经营人代理转关货物进出保税仓库报关，货主需要提供哪些单证？

40．保税仓库经营人代理出境货物报关，货主需要提供哪些单证？

41．简述保税仓库货物的进出库报关程序。

42. 简述出口监管仓库的报关程序。

43. 简述保税货物进库理货程序。

44. 简述保税货物出库理货发货程序。

45. 保税仓库货物的数据管理指什么？

46. 保税仓库能迅速地从传统仓储转型为供应链管理库存的内在条件是什么？

47. 如何办理保税仓库经营企业变更手续？

48. 保税仓库经营企业变更可以通过电子流程办理吗？

49. 保税仓库企业如何办理企业年审？

50. 海关注销保税仓库企业的原因？

51. 出口监管仓库的分几类？

52. 出口监管仓库可以存放哪些货物？

53. 何种出口监管仓库具备办理入仓退税政策？

54. 如何办理出口货物入仓手续？

55. 如何办理出口监管仓库的入仓货物集中报关？

56. 海关对出口监管仓库的出仓货物如何管理？

57. 如何办理出口监管仓库的出口货物税费？

58. 如何办理已存入出口监管仓库因质量等原因要求更换的货物？

59. 海关对出口监管仓库货物的管理有哪些规定？

60. 出口监管仓库货物的存储期限一般为几个月？

61. 出口监管仓库与海关特殊监管区域或其他海关保税监管场所之间货物是如何进行流转的？

62. 简述保税仓库与保税区的关系。

第三章 进出口货物的报检和报关

本章导读

本章从一般进出口货物报检、报关的实际工作需要出发，让学生系统学习出入境报检的法律法规，以及出入境货物的报检程序，引导学生规范填制"出境货物报检单"、"入境货物报检单"；了解报关职业的基本技能要求以及报关单的性质、报关单的分类；逐条对报关单栏目的填写进行剖析，要求报关员严格按《中华人民共和国进出口货物报关单填制规范》填写；在正确理解和掌握一般进出口货物报检、报关业务的基础上，进一步理解、掌握保税货物进出保税仓库的出入库手续，以及货物进出保税仓库报关单的填制；熟悉海关对保税货物的监管程序。

学习目标

通过本章学习，使学生了解从一般进出口货物到保税货物进出仓的实际报检、报关工作，达到初步掌握从事办理一般进出口货物和保税货物进出仓的报检、报关业务能力。

第一节 报 检 业 务

报检是指进出口商品的外贸关系人，包括生产单位、经营单位、进出口商品的收发货人和接运单位，按国家有关法规对法定检验检疫的进出境货物，向检验检疫机构申请办理检验、检疫、鉴定的手续。

一、报检的法律依据

1. 《中华人民共和国进出口商品检验法》及其实施条例；
2. 《中华人民共和国进出境动植物检疫法》及其实施条例；
3. 《中华人民共和国国境卫生检疫法》及其实施细则；
4. 《中华人民共和国食品安全法》；
5. 《出入境检验检疫报验规定》；

6.《出入境检验检疫报检员管理规定》。

二、报检范围

1. 国家法律法规规定必须由检验检疫机构实施检验检疫的；

2. 输入国或地区法律规定必须凭检验检疫机构出具的证书方准入境的；

3. 有关国际条约规定需经检验检疫的；

4. 申请签发普惠制产地证或一般原产地证的；

5. 对外贸易关系人申请的鉴定业务和委托检验；

6. 对外贸易合同、信用证约定由检验检疫机构或官方机构出具证书的；

7.《检验检疫目录》以外的入境货物经收/用货单位验收发现质量不合格或残损、短缺，需检验检疫机构出证索赔的；

8. 涉及出入境检验检疫工作的司法和行政机关委托的鉴定业务；

9. 报检单位对检验检疫机构出具的检验检疫结果有异议的复验申请。

三、主要报检单位

1. 进出口经营权的国内企业；

2. 进境货物收货人或其代理人；

3. 出境货物生产企业或代理人；

4. 中外合资、中外合作和外商独资企业；

5. 中外企业、商社常驻中国代表机构等；

6. 其他对外贸易关系人。

四、报检企业注册

（一）注册登记依据

1.《中华人民共和国进出口商品检验法》第 21 条规定："为进出口货物的收发货人办理报检手续的代理人应当在商检机构进行注册登记"。

2.《出入境检验检疫代理报检管理规定》（国家质检总局 2002 年第 34 号令）。

3. 国家质检总局 2004 年第 80 号公告。

（二）报检单位资格的认定

1. 报检单位首次报检时，需持本单位营业执照和外经贸部门批文向检验检疫机构申请办理登记备案手续，取得报检单位代码后方可报检；报检单位若有变更情况（如单位名称、营业范围、法定代表人、地址等）或撤并等情况需迅速申办登记备案的变更手续。

2. 收/用货单位、代理接收单位可作为入境货物的报检单位。

3. 对外贸易关系人可申请办理相关的鉴定业务。

4. 申领原产地证书的单位，必须预先向检验检疫机构申请办理注册登记，经检验检疫机构考核合格并取得资格后方可办理相关业务。

5. 报检人员需经检验检疫机构培训考核合格并取得报检员证书后，方可办理具体报检工作。

6. 报检一律采用电子报检形式。

（三）代理报检单位的注册

1. 代理报检的概念

代理报检是指经国家质检总局注册登记的境内企业法人（称代理报检单位）依法接受进出口货物收发货人的委托，为进出口货物收发货人办理报检手续的行为。

代理报检单位应当经国家质检总局注册，未经注册登记的单位不得从事代理报检业务。

2. 代理报检单位的注册登记应当具备的条件

（1）取得工商行政管理部门颁发的企业法人营业执照。

（2）注册资金人民币150万元以上。

（3）有固定营业场所及符合办理检验检疫报检业务所需的设施。

（4）有健全的有关代理报检的管理制度。

（5）有不少于10名取得报检员资格证的人员。

（6）出入境检验检疫代理报检单位注册登记申请书（含基本情况登记表，必须通过报检单位网上申请系统打印）。

（7）企业声明（加盖公章）。

（8）组织机构代码证复印件（同时交验正本）。

（9）拟任报检员的报检员资格证复印件（同时交验正本）。

（10）申请单位的印章印模。

（11）加盖有申请单位公章的公司章程复印件和最近一次验资报告复印件（同时交验原件）。

（12）申请单位与其拟任报检员签订的劳动合同复印件（同时交验原件，且复印件需加盖公章）。

（13）社会保险登记证复印件（同时交验原件）以及由劳动和社会保障部门出具或确认的申请单位为每个报检人员缴纳社会保险的证明文件。

（14）非独立法人分公司除应提供营业执照外，还应提供其总公司的授权书以及其总公司的法人营业执照复印件（以上材料除报检员资格证复印件一式两份外，均为三份）。

（四）实施机关

受理机构：所在地的直属检验检疫局或分支局。

审核机构：国家质量监督检验检疫总局。

（五）审批程序

1. 申请单位向所在地的直属检验检疫局或分支局提出申请并提交有关材料。

2. 所在地的检验检疫局审查申请单位提交的材料是否齐全、是否符合法定形式，于5天内做出受理或不予受理的决定，并按规定出具书面凭证。

3. 受理申请后，所在地的检验检疫局按规定对申请材料内容进行具体审查，对申请单位的营业场所和办公条件进行现场核查，对其有关代理报检的管理制度进行评审。

4. 初步审查合格的，所在地的检验检疫局将初审意见连同全部申请材料报送国家质检总局；初审不合格的，出具不予许可通知书。

5. 国家质检总局根据规定，对申请材料和初审意见进行审查，并提出具体审批意见。直属检验检疫局根据国家质检总局的审批意见做出准予许可或不予许可的决定。准予许可的，于10个工作日内颁发出入境检验检疫代理报检注册登记证书；不予许可的，书面说明理由。

（六）受理期限

自受理之日起20个工作日内做出准予许可或不予许可的决定（现场核查和评审的时间不包括在内）。

（七）收费

根据《出入境检验检疫收费办法》（发改价格〔2003〕2357号），出入境检验检疫代理报检单位注册登记的申请考核及证书费为500元。

（八）注册登记有关事项说明

1. 注册登记实行网上申请、书面确认的方式。申请起始时间以收到书面材料之日起算。

2. 网上申请方式为：登录中国电子检验检疫业务网（www.eciq.cn），进入审批类"代理报检单位注册登记申请"，在"报检单位基本信息"界面点击选择"新注册单位"进入代理报检单位"注册登记申请"。完成基本信息登记后打印3张表。

3. 取得登记证书的代理报检单位，应当在国家质检总局批准的区域内从事代理报检业务。代理报检单位名称、地址、法定代表人、经营范围等重大事项发生变更的，应当在变更之日起15天内以书面形式报所在地直属检验检疫局。

图3—1 自理报检单位备案登记证明书

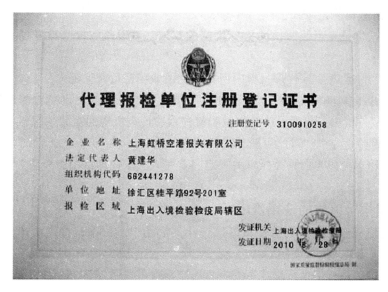

图3—2　代理报检单位注册登记证书

五、代理报检行为

进口货物的收货人可以在报关地和收货地委托代理报检单位报检，出口货物发货人可以在产地和报关地委托代理报检单位报检。代理报检单位在接受委托办理报检等相关事宜时，应当遵守有关出入境检验检疫法律、法规规定，并对代理报检各项内容的真实性、合法性负责，承担相应的法律责任。

1. 接受委托的代理报检单位应当完成下列代理报检行为：

（1）办理报检手续；

（2）缴纳检验检疫费；

（3）联系配合检验检疫机构实施检验检疫；

（4）领取检验检疫证单和通关证明；

（5）其他与检验检疫工作有关的事宜。

2. 代理报检单位接受收发货人的委托，应当遵守法律、法规对收发货人的各项规定。

3. 代理报检单位在报检时，应当向检验检疫机构提交报检委托书。

4. 代理报检单位应当按照相关规定规范报检员的报检行为，并对报检员的报检行为承担法律责任。

六、代理报检单位的报检行为规则

1. 代理报检单位应当配合检验检疫机构对其所代理报检的事项进行调查和处理。

2. 代理报检单位不得以任何形式出让其名义供他人办理代理报检业务。

3. 代理报检单位应当建立、健全代理报检业务档案，真实完整地记录其承办的代理报检业务，并自觉接受检验检疫机构的日常监督和年度审核。

4. 代理报检单位可以以电子方式向检验检疫机构进行申报，但不得利用电子报检企业端软件进行远程电子预录入。

5. 代理报检单位应当按照检验检疫机构的要求，负责落实检验检疫场地、时间等有关事宜。

6. 代理报检单位对实施代理报检中所知悉的商业秘密负有保密义务。

7. 代理报检单位应当按照规定代委托人缴纳检验检疫费，不得借检验检疫机构名义向委托人收取额外费用。代理报检单位应当将向检验检疫机构的缴费情况以书面形式如实通知委托人，检验检疫机构对此可随时进行抽查、核实。

8. 代理报检单位应当严格按照有关规定向委托人收取代理报检中介服务费。

七、代理报检单位的法律责任

1. 代理报检机构及其报检员在从事报检业务活动中违反检验检疫法律、法规的，按照法律、法规规定处理。

2. 代理报检单位有下列情况之一的，直属质检局可以暂停其 3 个月或者 6 个月的代理报检资格：

（1）有违反检验检疫报检规定行为的；

（2）提供不真实情况，导致代理报检的货物不能落实检验检疫的；

（3）对报检员管理不严，多人次被取消报检资格的；

（4）未经检验检疫机构同意延迟参加年审的；

（5）泄露实施代理报检中所知悉的商业秘密的；

（6）未按照规定代委托人缴纳检验检疫费或者未将向检验检疫机构的缴费情况以书面形式通知委托人的，或者借检验检疫机构名义向委托人收取额外费用的；

（7）未按照规定向委托人收取代理报检中介服务费的；

（8）对检验检疫机构对其所代理报检事项进行的调查和处理不予配合的；

（9）出让其名义供他人代理报检业务的；

（10）未建立、健全代理报检业务档案，不能真实、完整地记录其承办的代理报检业务的；

（11）利用电子报检企业端软件开展远程电子预录入的；

（12）因其他原因需暂停报检的。

八、取消代理报检资格的因素

代理报检机构有下列情况之一的，国家质检总局可以取消其代理报检资格：

1. 代理报检企业发生变化；

2. 未参加年审或者年审不合格的；

3.《中华人民共和国进出口商品检验法实施条例》第 48 条所列行为之一，情节严重的；

4. 不按代理权限履行义务，影响检验检疫工作秩序的；

5. 不如实报检，骗取检验检疫单证的；

6. 伪造、变造、买卖或者盗窃检验检疫单证、印章、标志、封识和质量认证标志的；

7. 因其他原因需取消代理报检资格的。

九、年度审核制度

质检局对代理报检单位实行年度审核制度。代理报检单位应当在每年 3 月 31 日前向所在地直属质检局申请年度审核，并提交上一年度的年审报告书。

年审报告书的主要内容包括：年度代理报检业务情况及分析，财务报告，报检差错及原因，遵守检验检疫相关规定情况及自我评估等。

获得国家质检总局注册登记不满 1 年的，本年度可不参加年审。

直属质检局应当将代理报检单位年审情况报国家质检总局备案。

第二节　报检一般程序

一、出入境货物的报检程序

（一）出境报检

实行先检验检疫，后放行通关，即法定检验检疫的进出境货物的收发货人或其代理人向检验检疫机构报检，检验检疫机构受理并计收费后，转检验检疫部门实施必要的检验、检疫、消毒、熏蒸、卫生除害等。对产地和报关地一致的出境货物，检验合格后取得"出境货物通关单"；对产地和报关地不一致的出境货物，检验合格后取得"出境货物换证凭单"，凭"出境货物换证凭单"在出口口岸的检验检疫机构换取"出境货物通关单"；对出境货物检验检疫不合格的，检务部门将出具"出境货物不合格通知单"。

1. 应填写出境货物报检单并提供对外贸易合同（售货确认书或函电）信用证、发票、装箱单等必要的单证，出口生产企业代外贸出口单位报检的，需有外贸出口单位出具的委托书。

2. 除按上述条款规定外，下列情况报检时还应按要求提供相关文件：凡实施质量许可、卫生注册登记或其他需经审批的，应提供相关证明。

3. 出境货物需经生产者或经营者检验合格并加附检验合格证或检测报告。

4. 申请重量鉴定的，应加附重量明细单或磅码单。凭样成交的货物，应加附重量明细单或磅码单。

5. 运输工具、集装箱出境的，应提供相关检疫证明，并申报有关人员健康状况。

6. 生产出境危险货物包装容器的企业，必须申请包装容器的性能鉴定。生产出境危险货物的企业，必须申请危险货物包装容器的使用鉴定。

7. 危险货物出境时，必须提供危险货物包装容器性能鉴定结果单和使用鉴定结果单。

8. 申请一般原产地证书或普惠制原产地证书的，应提供整套缮制完毕的产地证书、出口商业发票等资料，含进口成分的产品，还必须提交含进口成分受惠商品成本明细单。

9. 特殊物品出境，应提供相关的审批文件。

10. 申请鉴定和委托检验，视不同的申请项目，参照以上有关条款执行。

（二）入境报检

1. 应填写入境货物报检单，并提供合同、发票、提单等有关单证。

2. 除按上述条款规定外，下列情况报检时还应提供相关文件：

（1）凡实施安全质量许可、卫生注册或需经其他审批的，应提供相关证明。

（2）货物品质检验的还应提供国外品质证书或质量保证书、产品使用说明书及有关标准和技术资料；凭样成交的，需加附成交样品；以品级或公量计价结算的，应同时申请重量鉴定。

（3）废物入境的还应提供国家环保部门签发的进口废物批准证书和经认可的检验检疫机构签发的装运前检验合格证书等。

（4）申请残损鉴定的还应提供理货残损单、铁路商务记录、空运事故记录或海事报告等证明货损情况的有关单证。

（5）申请重（数）量鉴定的还应提供重量明细单、理化清单等。

（6）货物经收/用货部门验收或其他单位检测的，应随附验收报告或检测结果以及重量明细单等。

（7）动植物及其产品入境的，在提供贸易合同、发票、产地证书的同时，还必须提供输出国或地区的官方检疫证书；需经入境检疫审批的，还应提供入境动植物检疫许可证。

（8）植物及其产品过境的，应持货运单和输出国或地区的官方检疫证书；动物过境的，还应提交国家质检总局签发的动物过境许可证。

（9）运输工具、集装箱入境的，应提供出口国或地区的官方检疫证明，并申报有关人员健康状况。

（10）入境旅客、交通员工携带伴侣动物的，应提供入境动物检疫证书及预防接种证明。

（11）因科研等特殊需要输入禁止入境物的，必须提供国家质检总局签发的特许审批证明。特殊物品入境的，应提供相关的批件或规定的文件。

3. 入境货物一批到货分拨数地的，由口岸检验检疫机构出证。因特殊情况不能在口岸进行整批检验检疫的，可办理异地检验检疫手续，由口岸检验检疫机构汇总有关检验检疫机构出具的检验检疫结果出证；口岸无到货的，由到货最多地的检验检疫机构汇总出证，如需口岸检验检疫机构出证的，应由该口岸检验检疫机构负责组织落实检验检疫和出证工作。

二、出入境报检的时限和单证

（一）出境货物报检时限

1. 出境货物最迟应于报关或装运前7天到检验检疫机构相关部门报检，对于个别检验检疫周期较长的货物，应留有相应的检验检疫时间。如在产地检验后，需要在异地报关地检验检疫机构出具通关单的，还应考虑在出口口岸检验检疫机构查验换单的时间。

2. 出境的运输工具和人员应在出境前报检或申报。

3. 输出动物，出境前需经隔离检疫的，应在出境前60天预报，隔离前7天报检。

报检人对检验检疫证单有特殊要求的，应在报检单上注明并交付相关文件。

（二）货物入境报检时限

1. 货物入境报检应在入境前或入境时向入境口岸、指定的或到达站的检验检疫机构办理报检手续；入境的运输工具及人员应在入境前申报。

2. 入境货物需对外索赔出证的，应在索赔有效期前不少于 20 天内向到货口岸或货物到达地的检验检疫机构报检，如预计时间不够，报检单位应向国外发货人要求延长索赔期。

3. 输入微生物、人体组织、生物制品、血液及其制品或种畜、禽及其精液、胚胎、受精卵的，应当在入境前 30 天报检。

4. 输入其他动物的应当在入境前 15 天报检。

5. 输入植物、种子、种苗及其他繁殖材料的，应在入境前 7 天报检。

6. 大宗散装商品、易腐烂变质商品、废旧品、进口卸货发现有破损、短缺的商品在卸货口岸检验检疫机构报检。

7. 其他入境货物，在入境前或入境时向报关地的检验检疫机构办理报检手续。

8. 审批、许可证等有关政府批文中规定检验检疫地点的，在规定的地点报检。

（三）其他报检注意事项

要求报检人在报检填写时必须符合有关法律法规和国际贸易通行做法，用词准确，文字通顺，符合逻辑，并应按规定规范拟制。做到书写工整、字迹清晰，不得涂改，填制项目完整准确，单单一致，并加盖报检单位印章，同时提供与出入境检验检疫有关的单证资料。

1. 报检人对所需检验证书的内容如有特殊要求的，应预先在检验申请单上申明。

2. 报检人应预先约定抽样检验、鉴定的时间并提供进行抽样和检验鉴定等工作条件。

3. 已报检的出口商品，如国外开来信用证修改函有涉及与商检有关的条款，报检企业必须及时将修改函送交商检机构，办理更改手续。

4. 报检人因特殊原因需撤销报检时，经书面申明原因后，可以办理撤销。

5. 委托办理报检手续的，须填制统一格式的出入境检验检疫报检委托书。

6. 为了简化手续、方便出口经营单位报检工作，通常报检人可以用信用证分析单、报关单及其他单证替代出口检验申请单。

7. 发货人的货物经产地检验检疫机构检验合格，产地检验检疫机构签发出境货物换证凭条供出口换证使用，发货人可以持该换证凭条到口岸检验检疫机构办理出境验证，经验证取得出境货物通关单，海关凭此通关单放行。

（四）入境货物报检应提供的单证

1. 入境时，应填报入境货物报检单并提供合同、发票、提单等有关单证。

2. 下列情况报检时应按要求提供相关文件：

（1）凡报检安全质量许可、卫生注册或其他需要审批审核的货物，应提供相关证明。

（2）凡报检品质检验的应提供国外品质证书或品质保证书、产品说明书、有关技术资料、有关标准资料；凭样品成交的，需附加成交样品。

（3）报检入境废物时，还要提供国家环保部门签发的进口废物批准证书和经认可的检验检疫机构签发的装运前检验合格证书等。

（4）申请重量、数量鉴定的还应提供重量明细单、理货清单等。

（5）申请残损鉴定的还应提供货物残损单、铁路商务记录单、空运事故记录单、海运海事报告单等证明情况的法定单证。

（6）报检入境运输工具、集装箱时，应提交检疫证明，并申报有关人员情况。

（7）入境特殊物品的，应提供有关的批件或规定的文件。

（8）因科研等特殊需要，输入禁止入境物，必须提供国家质检总局签发的特许审批证明。

（9）入境的动植物及其产品，在提供贸易合同、发票、产地证书的同时，还需提供输出国家或地区官方的检疫证书，需办理入境检疫审批手续的，还应提供入境动植物检验检疫许可证。

（10）过境动植物及其产品报检时，应持货运单和输出国或地区官方的检验检疫证书，运输动物过境时，还应提交国家质检总局签发的动植物过境许可证。

（五）出境货物报检应提供的单证

1. 出境货物时，应填写出境货物报检单，并提供外贸合同、销售确认书或订单，信用证或有关函电，生产单位的厂检结果单原件，检验检疫机构签发的出境货物运输包装性能检验结果单正本。

2. 凭样品成交的，需提供样品。

3. 产地与报关地不一致的出境货物，在向报关地质检局申请出境货物通关单时，应递交产地检验检疫局核准的电子出境货物换证凭条。

4. 按国家法律、行政法规的规定实行卫生注册和质量许可的出境货物，必须提供检验检疫局批准的注册编号或许可证编号。

5. 出口危险货物时，必须提供出境货物运输包装性能检验结果单正本联和出境危险货物运输包装使用鉴定结果单正本联。

6. 出境特殊物品的，根据法律、法规规定，应提供有关审批文件。

第三节　电子报检

电子报检是指报检人使用电子报检软件，通过国家质检总局业务服务平台，将报检数据以电子报文方式传输给检验检疫机构，经国家质检总局业务管理系统和检务人员处理后，将受理报检报验信息反馈给报检人，实现远程办理出入境检验检疫报检的行为。

一、申请开通电子报检业务手续

1. 申请电子报检的报检人应符合以下条件：

（1）已在检验检疫机构办理报检人登记备案或注册登记手续；

(2) 具有经检验检疫机构培训考核合格的报检员；

(3) 具备开展电子报检的软硬件条件；

(4) 在国家质检总局指定机构办理电子业务开户手续。

2. 报检人申请电子报检时，应提供以下资料：

(1) 报检人的登记备案或注册证明复印件；

(2) 电子报检登记申请；

(3) 电子业务开户登记表。

3. 检验检疫机构应及时对申请开展电子报检业务的报检人进行审核，经审核合格的报检人可以开展电子报检业务。

二、电子报检的一般工作流程

（一）报检

1. 对报检数据的审核采取"先机审、后人审"的程序进行。企业发送电子报检数据后，电子审单中心按计算机系统数据规范和有关要求，对数据进行自动审核，对不符合要求的，反馈错误信息；符合要求的，将报检信息传输给检验检疫工作人员。该员人工进行再次审核，符合规定的，将成功受理的报检信息同时反馈报检单位和施检部门，并提示报检企业与相应的施检部门联系检验检疫事项。对于不符合规定的，在电子回执中注明原因，连同电子报验信息一并退回申报企业。

2. 出境货物电子报检后，报检员应按受理报检要求，在机构施检时交报检单和随附单据。

3. 入境货物电子报检后，报检员按报检要求，在领入境货物通关单时交报检单和附件。

4. 电子报检人对已发送的报检申请需要更改或撤销报检时，应发送更改或撤销报验申请，检验检疫机构按有关规定办理。

（二）施检

报检企业接到"报检成功"信息后，按信息中的提示与施检部门联系检验检疫的具体事项，如检验检疫时间、内容、地点等。在现场检验检疫时，持电子报验软件打印出报检单和随附单据提交施检人员审核；不符合要求的，施检人员将要求企业立即更改，并反馈信息给受理报检部门。

（三）计收费

报检单位应持报验单办理计费手续并及时缴纳检验检疫费。

（四）签证放行

对于实施检验检疫核准符合检验检疫要求的进出境货物，检验检疫机构按规定放行。

三、电子转单与电子通关

电子转单指通过系统网络，将产地检验检疫机构和口岸检验检疫机构的相关信息相互连通，即出境货物经产地检验检疫机构将已经检验检疫合格的相关电子信息传输到出境地口岸检验检疫机构，入境货物经入境地口岸检验检疫机构签发的入境货物通关单相关电子信息传输到目的地检验检疫机构实施检验检疫的监管模式。

（一）出境电子转单程序

1. 产地检验检疫合格后，产地检验检疫机构及时将相关信息传送到电子转单中心。传送内容包括报检信息、签证信息及其他相关信息。

2. 产地检验检疫机构向出境检验检疫关系人以书面方式提供报检号、转单号和密码。

3. 出境地检验检疫关系人凭报检单号、转单号及密码等到出境地口岸检验检疫机构申请出境货物通关单。

4. 出境口岸检验检疫机构应出境货物的货主或代理人的申请，提取电子转单信息，签发出境货物通关单，并将处理信息反馈给电子转单中心。

5. 按《口岸查验管理规定》需要核查货证的，出境货物的货主或代理人应配合出境地口岸检验检疫机构完成检验检疫工作。

（二）实际办理出境电子转单时的注意事项

1. 暂不实施电子转单的

（1）出境货物产地预检，但出境口岸不明确的；

（2）出境货物需要到口岸检验检疫机构报批的；

（3）出境货物按规定需要在口岸检验检疫机构出证的；

（4）出境货物产地预检后，发生更改内容的；

（5）其他有关规定不适合电子转单的。

2. 实施电子转单后查验的

（1）报检单位应配合口岸机构查验；

（2）一般口岸查验核查货证比例为申报查验批次的 $3\%\sim5\%$。

3. 实施电子转单后更改，口岸机构予以更改的

（1）对运输造成的包装破损或短装等原因需要减少数量、重量的；

（2）需要在出境地口岸更改运输工具名称、发货日期、集装箱规格和数量；

（3）申报总额按有关比例换算或变更申请总值不超过 10% 的；

（4）经口岸检验检疫机构和产地检验检疫机构同意更改的有关内容。

（三）入境电子转单程序

1. 对入境口岸办理通关手续、需到目的地实施检验检疫的货物，口岸检验检疫机构通过网络将相关信息传送到电子转换中心。传送内容包括报检信息、签证信息和相关内容。

2. 入境口岸检验检疫机构以书面方式向入境关系人提供报检号、转单号和密码。

3. 目的地检验检疫机构应按时接收国家质检总局电子转单中心发出的相关电子信息，并反馈收到信息。

4. 入境地检验检疫关系人凭报检号、转单号及密码向目的地口岸检验检疫机构申请

检验检疫。

5. 目的地检验检疫机构根据电子转单信息，对入境检验检疫关系人未在规定期限内办理报检的，将有关信息通过国家质检总局电子转单中心反馈给口岸检验检疫机构，采取相关处理。

四、电子通关

电子通关是指采用网络信息技术，将检验检疫机构签发的出入境货物通关的电子数据传输到海关计算机业务系统，海关计算机业务系统将报验报关的有关数据进行对比后，确认数据相符合给予放行的通关形式。

与传统的出入境关系人必须凭纸质通关单到海关办理通关放行手续相比，采用电子通关后，检验检疫机构可将放行信息直接传到海关，海关经审核无误即可放行。这样不仅方便了企业，加快了通关速度，做到信息共享、方便、快捷、准确，而且还可以有效遏制不法分子伪造、变造通关单的不法行为。

第四节　出境货物报检单、入境货物报检单填制规范

一、出境货物报检单填制规范

出境货物报检单由国家质检总局统一印制，填制规范如下：

1. 编号（No.）

由检验检疫机构受理人指定，前 6 位为检验检疫机构机关代码，第 7 位为报检类别代码，第 8、9 位为年代码，第 10 位至 15 位为流水号。

2. 报检单位（Declaration Inspection Unit）

指经国家质检总局审核，获得许可、登记，并取得国家质检总局颁发的自理报检单位备案登记证明书或代理报检单位注册登记证书的企业，本栏填报报检单位的中文名称，并加盖与名称一致的公章或在检验检疫机构备案的报验专用章。

3. 报检单位登记号（Register No.）

指报检单位在国家质检总局备案或注册登记的代码。本栏填 10 位数代码。

联系人：填报检人员姓名；电话号码：填报检人员的联系电话。

4. 报检日期（Declaration Inspection Date）

指检验检疫机构接受报检当天的日期。

本栏填制的报检日期统一用数字来表示，而不用英文等来表示。

5. 发货人（Consignor）

指外贸合同中的供货商，或商业发票上的出票人。

本栏分别用中、英文对照分行填报发货人名称。

6. 收货人（Consignee）

指外贸合同中的收购商，或商业发票上的受票人。

本栏分别用中、英文对照分行填报收货人名称。

7. 货物名称（Description of Goods）

指被申请报检的出入境货物名称、规格、型号、成分以及英文对照。

本栏应按合同、信用证、商业发票中所列商品名称的中、英文填写。

注意：废旧物资在此栏内需注明。

8. HS 编码（HSCode）

指《商品名称及编码协调制度》中所列编码，并以当年海关公布的商品税则编码分类为准。

本栏填报 10 位商品编码。

9. 产地（Origin Area）

在出境货物报检单中指货物生产地、加工制造地的省、市、县名。

本栏填报出境货物生产地的省、市、县的中文名称。

10. 数/重量（Quantity / Weight）

指以商品编码分类中计量标准项下的实际检验检疫数量、重量。

本栏按实际申请检验检疫的数/重量填写，重量还需列明毛/净/皮重。

注意：本栏可以填报一个以上计量单位，如：第一计量单位"个"；第二计量单位"公斤"等。

11. 货物总值（Amount）

指出境货物的商业总值及币种。

本栏应与合同、发票或报关单上所列货物总值一致。

注意：本栏不需要填报价格术语，如"CIF"或"FOB"等。

12. 包装种类及数量（Number and Type of Declaration）

是指货物实际运输外包装的种类及数量。

本栏应按照实际运输外包装的种类及对应数量填报，如"136 箱"等。

注意：实际运输中为方便装卸，保护外包装，常用托盘运输包装，这时除了填报托盘种类及数量以外，还应填报托盘上装的包装数量及包装种类。

13. 运输工具名称号码（Means of Conveyance）

指载运出境货物运输工具的名称和运输工具编号。

本栏填制实际出境运输工具的名称及编号，如船舶名称及航次等。

注意：实际报检申请时，若未定运输工具的名称及编号时，可以笼统填制运输方式总称，如填报"船舶"或"飞机"等。

14. 合同号（Contract No.）

指对外贸易合同、订单、形式发票等的号码。本栏填报的合同号应与随附的合同等号码一致。

15. 贸易方式（Means of Trading）

指该批货物的贸易性质，即买卖双方将商品所有权通过什么方式转让。

本栏填报与实际情况一致的贸易方式。常见的贸易方式有："一般贸易"、"来料加工贸易"、"易货贸易"、"补偿贸易"等多种贸易方式。

16. 货物存放地点（Place of Goods）

指出口货物的生产企业所存放出口货物的地点。

本栏按实际填报具体地点、厂库。

17. 发货日期（Shipment Date）

是指货物实际出境的日期。

按实际开船日或起飞日等，填报发货日期，以年、月、日的方式填报。

18. 输往国家（地区）（Destination Country /Area）

是指出口货物直接运抵的国家（地区），是货物的最终销售国。

本栏填报输往国家（地区）的中文名称。

19. 许可证/审批号（Licence No. /Approve No.）

凡申领进出口许可证或其他审批文件的货物，应在本栏应填报有关许可证号或审批号。

20. 生产单位注册号（Manufacture Register No.）

是指出入境检验检疫机构签发的卫生注册证书号或加工厂库的注册号码等。

本栏填报实际生产单位的注册号（10 位数）。

21. 起运地（Place of Departure）

本栏填报出境货物最后离境的口岸或所在地的中文名称，如"上海口岸"等。

22. 到达口岸（Final Destination）

是指出境货物运往境外的最终目的港。

本栏最终目的港预知的，按实际到达口岸的中文名称填报；最终到达口岸不可预知的，可按尽可能预知的到达口岸填报。

23. 集装箱规格/数量及号码（Type of Container，Container Number）

集装箱规格是指国际标准的集装箱规格尺寸。

集装箱的数量是指实际集装箱数量，而不是作为换算标准箱。

集装箱号码是指国际集装箱的识别号码，其组成规则是：箱主代号（3 位字母）＋设备识别号（"U"为海运集装箱）＋顺序号（6 位数字）＋检测号（1 位），如 TGHU8491952。

本栏填报实际集装箱数量、规格、箱号。如"1×20′/TGHU8491952"。

24. 合同、信用证订立的检验检疫条款或特殊要求

在合同中订立的有关检验检疫的特殊条款及其他要求应填入此栏。

25. 标记和号码（Marks and Number of Packages）

货物的标记号码，又称为货物的唛头，主要用于识别货物。本栏应根据实际合同、发票等外贸单证上相同内容填报。

注意：如没有唛头应填报"N/M"，不可以空缺。

26. 用途（Purpose）

从以下 9 个选项中选择符合实际出境货物用途来填报：

（1）种用或繁殖；（2）食用；（3）奶用；（4）观赏或演艺；（5）伴侣动物；（6）试

验；(7) 药用；(8) 饲用；(9) 其他。

27. 随附单据（Attached Files in √）

按照实际随附的单据种类划"√"或补充填报随附单据。

28. 签名（Signature of Authorized Signatory）

由持有报检员证的报检员手签姓名。

29. 检验检疫费用

由检验检疫机构计费人员核定费用后填写，如熏蒸费和消毒费等。

30. 领取证单

报检人在领取证单时填写领证日期和领证人签名。

中华人民共和国出入境检验检疫
出境货物报检单

报检单位（加盖公章）：　　　　　　　　　　　　　　编号：＿＿＿＿＿＿

报检单位登记号：　　　联系人：　　　电话：　　　报检日期：　　年　月　日

收货人	（中文）		企业性质（划"√"）	□合资 □合作 □外资
	（外文）			
发货人	（中文）			
	（外文）			

货物名称（中/外文）	HS 编码	产地	数/重量	货物总值	包装种类及数量

运输工具名称号码		贸易方式		货物存放地点	
合同号		信用证号		用途	
发货日期		输往国家（地区）		许可证/审批号	
起运地		到达口岸		生产单位注册号	
集装箱规格、数量及号码					

合同、信用证订立的检验检疫条款或特殊要求	标记及号码	随附单据（划"√"或补填）	
		□合同	□包装性能结果单
		□信用证	□许可/审批文件
		□发票	□
		□换证凭单	□
		□装箱单	□
		□厂检单	□

需要证单名称（划"√"或补填）			* 检验检疫费	
□品质证书 ＿＿正＿副	□植物检疫证书 ＿＿正＿副		总金额 （人民币元）	
□重量证书 ＿＿正＿副	□熏蒸/消毒证书 ＿＿正＿副			
□数量证书 ＿＿正＿副	□出境货物换证凭单			
□兽医卫生证书 ＿＿正＿副	□出境货物通关单		计费人	
□健康证书 ＿＿正＿副	□			
□卫生证书 ＿＿正＿副	□		收费人	
□动物卫生证书 ＿＿正＿副	□			

报检人郑重声明：	领取证单	
1. 本人被授权报检。	日期	
2. 上列填写内容正确属实，货物无伪造或冒用他人的厂名、标志、认证标志，并承担货物质量责任。		
签名＿＿＿＿＿＿＿	签名	

注：有"＊"号栏由出入境检验检疫机关填写。　　　◆ 国家出入境检验检疫局制

二、入境货物报检单填制规范

1. 编号：由检验检疫机构报检受理人员填写，前6位为检验检疫局机关代码，第7位为报检类别代码，第8位、第9位为年代码，第10位至15位为流水号。

2. 报检单位登记号：报检单位在检验检疫机构登记的号码。

3. 联系人：报检人员姓名；电话：报检人员的联系电话。

4. 报检日期：检验检疫机构实际受理报检的日期。

5. 收货人：外贸合同中的收货人，应中英文对照填写。

6. 发货人：外贸合同中的发货人。

7. 货物名称：进口货物的品名，应与进口合同、发票名称一致，用中、英文填写。如为废旧物应注明。

8. HS编码：进口货物的商品编码，以当年海关公布的商品税则编码分类为准。

9. 产国（地区）：该进口货物的原产国家或地区。

10. 数/重量：以商品编码分类中标准重量为准，应注明数/重量单位。

11. 货物总值：入境货物的总值及币种，应与合同、发票或报关单上所列的货物总值一致。

12. 包装种类及数量：货物实际运输包装的种类及数量，还应注明材质及尺寸。

13. 运输工具名称号码：运输工具的名称和号码。

14. 合同号：对外贸易合同、订单或形式发票的号码。

15. 贸易方式：该批货物进口的贸易方式。

16. 贸易国别（地区）：进口货物的贸易国别。

17. 提单/运单号：货物海运提单号或空运单号，有二程提单的应同时填写。

18. 到货日期：进口货物到达口岸的日期。

19. 起运口岸：货物的起运口岸。

20. 入境口岸：货物的入境口岸。

21. 卸毕日期：货物在口岸的卸毕日期。

22. 索赔有效期：对外贸易合同中约定的索赔期限。

23. 经停口岸：货物在运输中曾经停靠的外国口岸。

24. 目的地：货物的境内目的地。

25. 集装箱规格、数量及号码：货物若以集装箱运输应填写集装箱的规格、数量及号码。

26. 合同订立的特殊条款以及其他要求：在合同中订立的有关检验检疫的特殊条款及其他要求应填入此栏。

27. 货物存放地点：货物存放的地点。

28. 用途：本批货物的用途，自以下9种选项中选择：

（1）种用或繁殖；（2）食用；（3）奶用；（4）观赏或演艺；（5）伴侣动物；（6）试验；（7）药用；（8）饲用；（9）其他。

29. 随附单据：在随附单据的种类前划"√"或补填。

30. 号码：货物的标记号码，应与合同、发票等有关外贸单据保持一致。若没有标记号码则填"N/M"。

31. 签名：由持有报检员证的报检人员手签。

32. 检验检疫费：由检验检疫机构计费人员核定费用后填写。

33. 领取证单：报检人在领取检验检疫机构出具的有关检验检疫证单时填写领证日期及领证人姓名。

报检人要认真填写入境货物报检单，内容应按合同、国外发票、提单、运单上的内容填写，报检单应填写完整、无漏项、字迹清楚，不得涂改，且中英文内容一致，并加盖申请单位公章。

中华人民共和国出入境检验检疫
入境货物报检单

报检单位（加盖公章）　　　　　　　　　　　　　　　　* 编号：

报检单位登记号：　　　　联系人：　　　电话：　　　报检日期：　　　年　月　日

发货人	（中文）					
	（外文）					
收货人	（中文）					
	（外文）					
货物名称（中外文）	HS 编码	产地	数量/重量	货物总值	包装种类及数量	

运输工具名称		贸易方式		货物存放地点	
合同号		信用证号		用途	
发货日期		起运国家（地区）		许可证/审批号	
起运地		到达口岸		生产单位注册号	

集装箱规格、数量及号码

合同订立的特殊条款以及其他要求	标记及号码	随附单据（划"√"或补填）	
		□合同	□ 包装性能结果单
		□信用证	□ 许可/审批文件
		□发票	□
		□换证凭单	□
		□装箱单	□
		□厂检单	□

需要单证名称（划"√"或补填）		* 检验检疫费	
□品质证书　　　正_副	□植物检疫证书　　正_副	总金额（人民币元）	
□重量证书　　　正_副	□熏蒸/消毒证书　　正_副		
□数量证书　　　正_副	□出境货物换证凭单		
□兽医卫生证书　正_副	□通关单	计费人	
□健康证书　　　正_副	□		
□卫生证书　　　正_副	□	收费人	
□动物卫生证书　正_副	□		

报检人郑重声明： 　1. 本人被授权报检。 　2. 上列填写内容正确属实，货物无伪造或冒用他人的厂名、标志、认证标志，并承担货物质量责任。 　　　　　　　　　　签名_____	领取证单	
	日期	
	签名	

注：有 * 号栏由出入境检验检疫机关填写　　◆ 国家出入境检验检疫局制

第五节　海关的报关管理制度和进出口货物报关单的填制

一、海关的报关管理制度

海关的报关管理制度包括规范货物通关过程中有关当事人的报关行为规定，也包括对报关单位及报关员的管理规定。

报关单位，是指已在海关注册登记的报关企业和进出口货物收发货人。

报关企业，是指按照海关规定，经海关准予注册登记，接受进出口货物收发货人的委托，以进出口货物收发货人名义或以自己的名义，向海关办理代理报关业务，从事报关服务的境内企业法人。

进出口货物收发货人，是指依法直接进口或者出口货物的中华人民共和国关境内的法人、其他组织或者个人。

报关业务负责人，是指具体负责对本企业报关业务进行管理的企业法定代表人或者总经理、部门经理等企业管理人员。

报关，是指进出口货物收发货人或其代理人依法向海关递交进出口货物申报、办理有关海关手续的过程，是履行海关手续的必要环节。报关是从海关管理相对人角度来讲，仅向海关办理进出境手续和相关手续。

通关，是指进出境运输工具负责人、货物的收发货人及其代理人、物品的所有人向海关申请办理货物的进出境手续，海关对其呈交的单证和实际进出口货物依法进行审核、查验、征收税费、批准进口或出口的全过程。通关不仅包括海关管理相对人向海关办理有关手续，还包括对进出境运输工具、货物、物品依法进行监督管理，核准其进出境的管理过程。

报关员，是指依法取得报关员从业资格，并在海关注册登记，向海关办理进出口货物报关业务的人员。

报关业务，是指：

（1）按照规定如实申报进出口货物的商品编码、实际成交价格、原产地及相应优惠贸易协定代码等，并办理填制报关单、提交报关单证等与申报有关的事宜；

（2）申请办理缴纳税费和退税、补税事宜；

（3）申请办理加工贸易合同备案、变更和核销及保税监管等事宜；

（4）申请办理进出口货物减税、免税等事宜；

（5）办理进出口货物的查验、结关等事宜；

（6）应当由报关单位办理的其他报关事宜。

根据 2006 年 6 月 1 日实施的《中华人民共和国海关对报关单位和报关员的管理规定》，报关单位注册登记分为报关企业注册登记和进出口货物收发货人注册登记。

报关单位分为自理报关单位和代理报关单位。只能为本单位办理进出口货物报关手续的报关单位称为自理报关单位，专门为其他单位办理进出口货物报关手续的报关企业称为代理报关单位。

报关企业应当经直属海关注册登记后，方可办理注册登记。

进出口货物收发货人可以直接到所在地海关办理注册登记。

二、可向海关申请办理报关注册登记的单位

下列单位可向海关申请办理报关注册登记：

1. 专门从事报关服务的企业；

2. 经营对外贸易保税仓储运输、国际运输工具、国际运输工具服务，兼营报关服务业务的企业；

3. 有进出口经营权的企业（只能申请注册自理报关单位）。

三、对专业报关单位的管理

2006年6月1日起实施的《中华人民共和国海关对专业报关企业的管理规定》对具有境内法人地位的专业报关单位的资格审定及注册登记、年审和变更登记、报关行为规则及法律责任等做出了具体的规定。对专业报关企业的开办和业务活动做出了更为详细和严格的规定，其中包括：

（一）开办专业报关企业应具备的条件

1. 具备境内企业法人资格条件；

2. 企业注册资本不低于人民币150万元以上；

3. 健全的组织机构和财务管理制度；

4. 报关员人数不少于5人；

5. 投资者、报关业务负责人、报关员无走私记录；

6. 报关业务负责人具有五年以上从事对外贸易工作经验或报关工作经验；

7. 无因走私违法行为被海关撤销注册登记许可记录；

8. 有符合从事报关服务所必需的固定经营场所和设施；

9. 海关监管所需要的其他条件。

（二）申请报关企业注册登记许可，应当提交的文件材料

1. 报关企业注册登记许可申请书；

2. 企业法人营业执照副本或者企业名称预先核准通知书复印件；

3. 企业章程；

4. 出资证明文件复印件；

5. 所聘报关从业人员的报关员资格证复印件；

6. 从事报关服务业可行性研究报告；

7. 报关业务负责人工作简历；

8. 报关服务营业场所所有权证明、租赁证明；

9. 其他与申请注册登记许可相关的材料。

四、报关单位注册登记

（一）报关企业注册登记提交的材料

报关企业申请人经直属海关注册登记许可后，应当到工商行政管理部门办理许可经营项目登记，并且自工商行政管理部门登记之日起 90 天内到企业所在地海关办理注册登记手续，逾期海关不予注册登记。

报关企业申请办理注册登记，应当提交下列文件材料：

1. 直属海关注册登记许可文件复印件；

2. 企业法人营业执照副本复印件（分支机构提交营业执照）；

3. 税务登记证书副本复印件；

4. 银行开户证明复印件；

5. 组织机构代码证书副本复印件；

6. 报关单位情况登记表、报关单位管理人员情况登记表；

7. 报关企业与所聘报关员签订的用工劳动合同复印件；

8. 其他与报关注册登记有关的文件材料。

（二）进出口货物收发货人注册登记提交的材料

进出口货物收发货人应当按照规定到所在地海关办理报关单位注册登记手续。

进出口货物收发货人在海关办理注册登记后可以在中华人民共和国关境内各个口岸地或者海关监管业务集中的地点办理本企业的报关业务。

进出口货物收发货人申请办理注册登记，应当提交下列文件材料：

1. 企业法人营业执照副本复印件（个人独资、合伙企业或者个体工商户提交营业执照）；

2. 对外贸易经营者登记备案表复印件（法律、行政法规或者商务部规定不需要备案登记的除外）；

3. 企业章程复印件（非企业法人免提交）；

4. 税务登记证书副本复印件；

5. 银行开户证明复印件；

6. 组织机构代码证书副本复印件；

7. 报关单位情况登记表、报关单位管理人员情况登记表；

8. 其他与注册登记有关的文件材料。

注册地海关依法对申请注册登记材料是否齐全、是否符合法定形式进行核对。申请材料齐全是指海关按照本规定公布的条件要求申请人提交全部材料完备。申请材料符合法定形式是指申请材料符合法定时限、记载事项符合法定要求、文书格式符合规范。申请材料齐全、符合法定形式的申请人由注册地海关核发"中华人民共和国海关报关企业报关注册登记证书"或者"中华人民共和国海关进出口货物收发货人报关注册登记证书"，报关单位凭以办理报关业务。

"中华人民共和国海关报关企业报关注册登记证书"有效期限为两年，"中华人民共和国海关进出口货物收发货人报关注册登记证书"有效期限为三年。

报关企业应当在办理注册登记许可延续的同时办理换领"中华人民共和国海关报关企业报关注册登记证书"手续，进出口货物收发货人应当在有效期届满前 30 日到注册地海关办理换证手续。

逾期未到海关办理换证手续的，"中华人民共和国海关报关企业报关注册登记证书"或者"中华人民共和国海关进出口货物收发货人报关注册登记证书"自动失效。

（三）可以办理临时注册登记手续的单位

下列单位未取得对外贸易经营者备案登记表，按照国家有关规定需要从事非贸易性进出口活动的，可以办理临时注册登记手续：

1. 境外企业、新闻、经贸机构、文化团体等依法在中国境内设立的常驻代表机构；

2. 少量货样进出境的单位；

3. 国家机关、学校、科研院所等组织机构；

4. 临时接受捐赠、礼品、国际援助的单位；

5. 国际船舶代理企业；

6. 其他可以从事非贸易性进出口活动的单位。

临时注册登记单位在向海关申报前应当向拟进出境口岸地或者海关监管业务集中地海关办理临时注册登记手续。

办理临时注册登记，应当持本单位出具的委派证明或者授权证明及非贸易性活动证明材料。

临时注册登记单位海关不予核发注册登记证书。仅出具临时报关单位注册登记证明。临时注册登记有效期最长为 7 天，法律、行政法规、海关规章另有规定的除外。已经办理报关注册登记的进出口货物收发货人，海关不予办理临时注册登记手续。

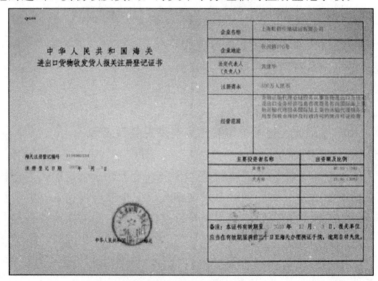

图 3-3　进出口货物收发货人报关注册登记证书（自理报关）

图 3—4　报关企业报关注册登记证书（代理报关）

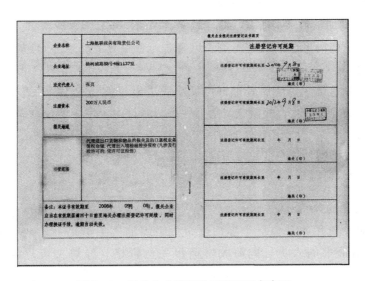

图 3—5　报关企业报关注册登记证书内页

（四）报关企业履行的义务

1. 遵守法律、行政法规、海关规章的各项规定，依法履行代理人职责，配合海关监管工作，不得违法滥用报关权。

2. 依法建立账簿和营业记录。真实、正确、完整地记录其受委托办理报关业务的所有活动，详细记录进出口时间、收发货单位、报关单号、货值、代理费等内容，完整保留委托单位提供的各种单证、票据、函电，接受海关稽查。

3. 报关企业应当与委托方签订书面的委托协议，委托协议应当载明受托报关企业名称、地址、委托事项、双方责任、期限、委托人的名称、地址等内容，由双方签章确认。

4. 不得以任何形式出让名义，供他人办理报关业务。

5. 对于代理报关的货物涉及走私违规情事的，应当接受或者协助海关进行调查。

（五）报关企业承担的法律责任

报关单位违反《中华人民共和国海关对专业报关企业的管理规定》的，海关按照《中华人民共和国海关法》、《中华人民共和国海关行政处罚实施条例》等有关规定予以处理；构成犯罪的，依法追究刑事责任。

报关企业和报关从业人员应当切实对委托人提供的单证等报关资料的真实性、完整性进行合理审查，并据此按照《中华人民共和国海关进出口货物报关单填制规范》填制报关单，承担相应的法律责任。不得承接单证不真实、资料不齐全的报关业务。

合理审查内容包括：

1. 证明进出口货物的实际情况的资料，包括进出口货物的品名、规格、用途、产地、贸易方式等；

2. 有关进出口货物的合同、发票、运输单据、装箱单等商业单据；

3. 进出口所需的许可证件及随附单证；

4. 海关要求的加工贸易手册（纸质或电子数据的）及其他进出口单证。

报关单位有下列情形之一的，海关予以警告，责令其改正，并可以处人民币1 000元以上5 000元以下罚款：

（1）报关企业取得变更注册登记许可后或者进出口货物收发货人单位名称、企业性质、企业住所、法定代表人（负责人）等海关注册登记内容发生变更，未按照规定向海关办理变更手续的；

（2）未向海关备案，擅自变更或者启用"报关专用章"的；

（3）所属报关员离职，未按照规定向海关报告并办理相关手续的。

（六）对报关员的管理

报关单位必须选用本单位已经参加过海关组织的报关员培训，并经考核合格取得报关员培训合格证书的人员，向海关申请报关员资格。经海关审查认可，发给报关员证。

报关员证是报关员取得从业资质的证明文件，报关员凭此才能向海关办理报关业务。

为了加强对报关员的管理，我国在部分海关实行报关员条形码卡管理，对持有报关员证的报关员核发条形码卡，报关员在报关交验报关单证和有关单据时，应同时出示报关员证和交验报关员条形码卡，如果报关员条形码卡显示的身份与报关员证不相符，海关将不接受报关。

除海关特准外，报关员只能代表其所属报关单位，不能同时受聘于两个或两个以上的报关单位。报关员因调动工作，而调入另一报关单位的，必须由调入单位向调入地海关申请重新办理注册登记手续，经海关认可并换发报关员证，才能成为调入报关单位的报关员。对本单位脱离报关员工作岗位和被企业解聘的报关员，企业应及时收回其报关员证和报关员条形码卡，交海关办理注销手续。如未办理注销手续而发生的法律责任由企业自行承担。

报关员应当在所在报关单位授权范围内执业（分自理报关和代理报关），按照报关单位的要求和委托人的委托依法办理下列业务：

1. 按照规定如实申报进出口货物的商品编码、商品名称、规格型号、实际成交价格、原产地及相应优惠贸易协定代码等报关单有关项目，并办理填制报关单、提交报关单证等与申报有关的事宜；

2. 申请办理缴纳税费和退税、补税事宜；

3. 申请办理加工贸易合同备案（变更）、深加工结转、外发加工、内销、放弃核准、余料结转、核销及保税监管等事宜；

4. 申请办理进出口货物减税、免税等事宜；

5. 协助海关办理进出口货物的查验、结关等事宜；

6. 应当由报关员办理的其他报关事宜。

（七）对报关员的记分考核处理

我国海关对报关员实行记分考核制度，海关对报关员的报关行为进行动态考核，即每次报关时，依据报关员填制报关单不规范、报关行为不规范的程度和行为性质，一次计分的分值分别为1分、2分、5分、10分、20分、30分的记分管理，考绩结果记录在报关员证上。

海关企业管理部门负责对报关员记分考核的职能指导，进行日常监督管理和协调。海关通关业务现场以及相关业务职能部门具体执行记分工作。海关人员在记分时应将记分原因和记分分值以电子或书面告知单的形式告知报关员。记分的行政行为以各所属地海关名义做出。

记分周期从每年1月1日起至12月31日止，按一个记分周期计算，在一个记分周期内记分分值累计未达到30分的，周期内的记分分值予以消除，下周期重新从零开始。如报关员在一个记分周期内办理变更注册报关单位或注销手续的，已记分值在该记分周期内不予消除。

1. 一次记分值为1分的情况如下

（1）电子数据报关单的项目填写不规范，海关退回责令更改的；

（2）在海关签章放行前，因报关员申报差错，报关单位向海关要求修改申报单证及内容，经海关同意修改，未对国家贸易管制政策的实施、税费征收和海关统计指标等造成危害的；

（3）没有按规定在纸质报关单及随附报关单证上加盖报关专用章及其他印章，或使用的印章不规范的；

（4）报关员没有按规定在纸质报关单及随附报关单证上签名盖章或由其他人代表签名的。

2. 一次记分值为 2 分的情况如下

（1）在海关签章放行前，因报关员申报差错，报关单位向海关申请撤销报关单证及内容，经海关同意撤销，未对国家贸易管制政策的实施、税费征收和海关统计指标等造成危害的；

（2）海关人员在审核电子数据报关单时，要求报关员向海关解释、说明情况、补充材料或要求提交货样，报关人员拒不解释、说明情况、补充材料或拒不提交货样，导致海关退回报关单的。

3. 一次记分值为 5 分的情况如下

（1）报关员自接到海关"现场交单"或"放行交单"通知之日起 10 日内，没有正当理由，未按规定持报关单与随附单证到货物所在地海关递交书面单证，办理相关海关手续，导致海关撤销报关单的。

（2）在海关签章放行后，海关发现因报关员填制报关单不规范，报关单位向海关申请修改或撤销报关单证（因出口更换舱单除外），经海关同意并且不属于走私、偷逃税等违法违规行为的；

4. 一次记分值为 10 分的情况如下

（1）出借本人报关员证件、涂改报关员证件内容或借他人报关员证件的；

（2）在海关签章放行后，海关发现因报关员填制报关单不规范，报关单币值或价格与实际不符，且两者之间差额在 100 万元以下；数量与实际不符，且有 4 位数以上的差值，经海关同意，不属于伪报，但影响海关统计的。

5. 因违反海关监管规定行为被海关处以行政处罚，但未被暂停执业、取消报关从业资格的，计 20 分。

6. 因走私行为被海关处以行政处罚，但未被暂停执业、取消报关从业资格的，计 30 分。

根据海关《记分考核管理办法》规定：报关员对记分的行政行为有异议的，应当自收到电子或书面告知单之日起 7 日内向做出该记分行政行为的海关部门提出书面申辩，海关应当在接到申辩申请 7 日内给予答复，对记分错误的应及时进行纠正。

被记分累计达到 30 分的报关员，海关将暂停其报关资格，不再接受其办理报关手续。并要求其参加注册地海关的报关业务岗位考核培训，经考核合格后方可重新上岗。岗位考核不合格的，应继续参加下一次考核直至合格。报关员记分累计已达到 30 分的，拒不参加考核的，所属海关可以将报关员的姓名和所在单位的情况对外公布，取消其报关员的资格。

五、报关职业基本技能要求

报关业务是国际货运代理业务中的一个重要环节，报关业务的政策性、专业性、技术性和操作性都较强；是国家对外经济贸易活动和国际物流供应链中的重要组成部分；是承启国际货运代理人（包括保税仓库经营人）进出口货物收发货人（包括保税货物的持有人）承运人与海关以及进出境管理相关部门之间通关活动的重要工作。

报关业务是依据报关规范的要求，掌握进出口货物状况，按照货物的情况和具体操作要领，为报关进行的各项准备工作和实际办理相关手续而形成一套完整的作业流程。

国际货运代理单位的报关员代表单位办理报关业务并承担相应的法律责任。报关工作关系着进出口货物通关速度，关系着国际货运代理企业和货主的经营成本与经济效益，同时也影响海关的行政效率。

规范的报关行为，可以加快通关速度，提高经济效益，赢得客户青睐，同时也可以协助海关加强监管，为货物合法进出起到保障作用。

报关职业基本技能主要体现在以下方面：

1. 熟悉进出口货物报关一般作业流程；

2. 熟悉保税货物进出保税仓库、保税物流园区等的仓储作业流程和报关作业流程；

3. 较熟练掌握海关电子数据申报操作系统；

4. 能在办理通关事务过程中，充分利用现代化手段，搜集、翻译、审核通关所需的各种单证，例如外贸商务合同、商业发票、提运单、装箱单、进出口许可证等；

5. 能准确、规范填制报关单，并甄别进出口货物的贸易/监管方式、商品编码以及征、免性质，及时缴纳税费；

6. 能与口岸相关管理部门，尤其是与海关进行沟通合作；

7. 熟悉进出口货物的海关查验程序，配合海关查验；

8. 了解加工贸易进出口货物的通关程序，熟练办理加工贸易合同备案、变更、深加工结转、核销及税费的缴纳以及保税监管等事项；

六、进出口货物报关单填制规范

进出口货物报关单是报关员代表报关单位向海关办理货物进出境手续的主要单证。按照《中华人民共和国海关进出口货物申报管理规定》和《中华人民共和国进出口货物报关单填制规范》的要求，完整、准确地填制进出口货物报关单是报关员执业必备的基本技能。

（一）报关单的性质

进出口货物报关单是进出口货物的收发货人或其代理人，按照海关规定的格式对进出口货物的实际情况做出书面申明，并以此要求海关对其货物按适用的海关制度办理通关手续的法律文书。

（二）报关单的分类

根据货物的流转状态、贸易和海关监管方式的不同，进出口货物报关单可做各种分类。

1. 按货物进出口的状态分类，报关单可分为进口报关单与出口报关单。

2. 按海关对报关单所报货物的监管方式分类，报关单可分为通用报关单和专用报关单两类。通用报关单主要指进出口货物报关单，专用报关单又可分为保税区进出境货物备案清单、出口加工区进出境货物备案清单、过境货物报关单、进出境快件报关单和其他进出口货物报关单。

3. 按报关单的表现形式分类，报关单可以分为纸质报关单和电子数据报关单。

纸质进口报关单一式五联：海关作业联、海关留存联、企业留存联、海关核销联、进口付汇证明联。

纸质出口报关单一式六联：海关作业联、海关留存联、企业留存联、海关核销联、出口收汇证明联、出口退税证明联。

进/出口报关单分别为海关和企业办理相关手续之用。其中企业留存联、收付汇证明联及出口退税证明联分别是企业记账、办理收付汇核销、加工贸易核销以及出口退税的重要凭证。

（1）海关作业联和海关核销联

海关作业联和海关核销联是报关员配合海关查验、缴纳税费、提取和装运货物的重要单据，也是海关查验货物、征收税费、编制海关统计以及处理其他海关事务的重要凭证。

（2）收付汇证明联

付汇证明联和出口货物收汇证明联，是海关对已实际进出口货物所签发的证明文件，是银行和国家外汇管理局部门办理售汇、付汇和收汇以及核销的重要依据之一。

进出口货物的收、发货人或其代理人对需要办理进口付汇和出口收汇核销的货物，应当在海关放行货物和结关以后，向海关申领进口货物报关单付汇证明联或出口货物报关单收汇证明联，到银行和国家外汇管理部门办理已实际进出口货物的付汇和收汇。

（3）加工贸易核销联

加工贸易核销联，是指口岸海关对已实际申报进口或出口的货物签发的证明文件，是海关办理加工贸易合同核销、结案手续的重要凭证。加工贸易进出口后，申报人应向海关领取进出口货物报关单海关核销联，凭以向主管海关办理加工贸易合同核销手续。

（4）出口退税证明联

出口退税证明联，是海关对已实际申报出口并且已经装运离境货物签发的证明文件，是国家税务部门办理出口货物退税手续的重要凭证之一。出口货物的发货人或其代理人对可以办理出口退税的货物，应当在运载货物的运输工具实际离境、海关收到载货清单、办理结关手续后，向海关申领出口货物报关单出口退税证明联。对不属于退税范围的货物，海关不予签发该联。

4. 按使用性质分：

（1）进料加工进出口货物报关单（粉红色）；

（2）来料加工及补偿贸易进出口货物报关单（浅绿色）；

（3）一般贸易及其他贸易进出口货物报关单（浅蓝色）；

（4）需国内退税的出口货物报关单（浅黄色）；

（5）进出口收（付）汇证明联（浅灰色）。

5. 按用途分：

（1）报关单录入凭单：指申报单位按海关规定的格式填写的凭单，用作报关单预录入的依据。

（2）预录入报关单：指预录入公司录入、打印，并联网将录入数据传送到海关，由申报单位向海关办理申报手续的报关单。

（3）电子数据报关单：指申报单位通过电子计算机系统，按《中华人民共和国海关进出口货物报关单填制》的要求，向海关申报的电子报文形式的报关单及事后打印、补交备核的纸质报关单。

（4）报关单证明联：指海关在核实货物实际进出境后，按报关单格式提供的证明，供企业向税务、外汇管理部门办理有关手续的证明。

（三）报关单的栏目与填写

进出口货物报关单各设有 48 个栏目，除"税费征收情况"、"海关审单批注及放行日期"等栏目外，其余均应由进出口货物收发货人或其代理人填写。这些栏目将分别反映货物的成交、包装、运输以及海关实施监管、征税、统计需了解的情况。完整、正确地填写报关单，将有助于货物快速、便捷地通关，有助于国家通过海关达到税收和贸易管制等目的，同时更好地提供信息服务。

作为一名报关员理当了解报关单栏目设置目的，以便更好地填制报关单。在填制报关单时，必须按海关要求在纸质报关单和电子报关输入时填制海关规定相应的代码，以利于通关电子识别，加快通关速度，准确无纸化统计。

1. 报关单内容填制的依据

报关单各栏目的填制应如实反映进出口货物的客观状况，其依据主要来自三个方面：

（1）与货物包装和运输相关的单据

货物包装单据主要是装箱单，也有使用检数单、检尺单、磅码单等包装单据的情况。货物运输单据主要是海运提单、空运与陆运的运单，也有使用联运提单、海运提单等其他单据的情况。

报关单内的进口口岸/出口口岸、运输方式、运输工具名称、提运单号、起运国（地区）/运抵国（地区）、装货港/指运港、件数、包装种类、毛重、净重、集装箱号、标记唛码及备注等栏目的填制信息主要来自上述包装和运输单据。

（2）与货物成交相关的单据

货物成交单据原本主要指进出口交易合同（或协议、确认书等），目前，除租赁、零售、易货等贸易方式以外，海关仅要求提供反映实际成交情况的"发票"。

报关单内的经营单位、结汇方式、成交方式、合同协议号、单价、总价、运费、保费、币制等栏目的填制信息主要来自发票。

（3）其他与海关管理相关的单据

其他与海关管理相关的单证主要有：加工贸易登记手册、海关征免税证明、贸易管制的许可证件、原产地证、捐赠证明、礼品证明等。

报关单内的贸易性质、征免性质、备案号、许可证号、批准文号、随附单据、用途、征免等栏目除可从货物成交单据中获得部分信息外，主要填制信息来自上述单证。

2. 报关单的填制要求

报关员在填制报关单时，应按照海关的要求做到：

（1）填报必须真实，单证相符、单货相符。单证相符即所填报关单各栏目内容与提运单、装箱单、发票以及贸易管制许可证件、加工贸易登记手册、征免税证明等随附单证相符；单货相符即所填报报关单各栏目的内容必须与实际进出口货物情况相符。

（2）填报必须准确、齐全、规范。报关单各栏目内容按海关填制规范逐项填报（打印）。

（3）表头部分栏目内容重叠，必须分单填报，即分别填报。

（4）表体部分同栏目内容重叠，必须分项填报。

（5）表体部分一栏目同项内容重叠，必须分行申报。

（6）在正当理由下，可修改填报内容或撤销申报。已向海关申报的进出口货物，如填报内容与实际进出口货物不一致而又有正当理由的，应向海关提出更正申请，经海关核准后，对原填报内容进行更改或撤销申报。

3. 报关单栏目填写释疑

（1）预录入编号

报关单预录入编号规则由报关单位自行确定，预录入报关单及 EDI 报关单的预录入编号由接受申报的海关决定编号规则，计算机自动打印。

（2）海关编号

指海关接受申报时给予报关单的编号。共九位数码，其中前两位为分关（办事处）编号，第三位由各关自定义，后六位为顺序号。

（3）进口口岸/出口口岸

指货物实际进出我国关境口岸海关的名称。

注：①《关区代码表》用于填报进出口报关单的进出口口岸海关的名称。关区名称即各口岸海关中文名称。在使用关区代码时应注意，如《关区代码表》中只有直属海关关别和代码的，填报直属海关名称和代码；若有隶属海关关别和代码时，必须填报隶属海关关别和代码。

② 进口转关运输货物应填报货物进境地海关名称和代码，出口转关应填报货物出境地海关名称和代码。按转关运输方式监管的跨关区深加工结转货物，进口报关单报转入地海关名称和代码，出口报关单报转出地海关名称和代码。

③ 加工贸易合同项下货物必须在海关核发的登记手册（或分册）限定或指定的口岸海关办理报关手续，如登记手册（或分册）限定或指定的口岸与实际进出境口岸不符，应向合同备案主管海关办理登记手册变更手续后填报。

（4）备案号

填写加工贸易登记手册（即进料加工登记手册、来料加工及中小型补偿贸易登记手册、外商投资企业履行产品出口合同进口料件及加工成品登记手册)、进出口货物征免证明或其他有关备案审批文件的编号。

无备案审批文件的报关单不填。

一份报关单只允许填报一个备案号。

(5) 进口日期/出口日期

进口日期指运载所需申报货物的运输工具申报进境的日期,本栏填报的日期必须与相应的运输工具进境日期一致。

出口日期指运载所需申报货物的运输工具办结出境手续的日期。本栏目供海关打印报关单证明联用,预录入报关单及 EDI 报关单均不需填。

无实际进出境的报关单填报办理申报手续的日期。

本栏目为 8 位数,顺序为年 4 位、月 2 位、日 2 位,如:2011、08、01。

(6) 申报日期

指海关接受进(出)口货物的收/发货人或其代理人申请办理进(出)口手续的日期。

本栏目为 8 位数,顺序为年 4 位、月 2 位、日 2 位。

注:一般情况下,进口申报日期不能早于进口日期,出口申报日期不能晚于出口日期。

预录入时不需输入,计算机对数据规范性审核通过后,系统正式接受的日期就作为申报日期。

进口日期与申报日期涉及滞报金、税率和汇率的正确应用。

(7) 经营单位

填报经营单位的名称及经营单位编码。

经营单位应符合:是对外签订并执行合同进出口贸易公司;是中国境内法人;应有海关注册登记,获得海关给予的 10 位数企业代码。

表 3—1　经营单位编码(企业 10 位数海关登记注册代码)

第 1、2 位	省、自治区、直辖市代码		
第 3、4 位	省辖市(地区、直辖行政单位)代码		
第 5 位	地区性质代码	1	经济特区
		2	沿海开放城市
		3	经济技术开发区(高新技术)
		4	经济开放区(保税区)
		9	其他
第 6 位	企业性质代码	1	国有
		2	合作
		3	合资
		4	独资
		5	集体
		6	私营
		8	报关
		9	其他
第 7—10 位	顺序代码(临时报关代码为 0000 或 9999)		

对援助、赠送、捐赠的货物,应填报直接接受货物的单位。

合同签订、执行者不是同一企业，应按执行合同的企业填报。

外商投资企业委托外贸公司进口投资设备、物品，按照本栏目一般的填报要求，外贸公司对外签订并执行投资设备、物品的进口合同，似乎经营单位应填报外贸公司，然而，若进口由外商投资企业委托，使用的是投资总额内资金，且进口的是设备、物品时，"经营单位"栏应填报外商投资企业（委托进口人）的中文名称及代码，并在"备注栏"说明"委托××公司进口"。应特别注意采用这种填写方法须同时具备三个条件：

① 由外商投资企业委托，而非其他企业（单位）委托；

② 使用的是投资总额（包括追加投资）内资金，而非自有资金；

③ 进口的是设备、物品，而非加工生产成品所需原材料、零部件、包装物料等。

进出口企业之间相互代理进出口，或没有进出口经营权的企业委托有进出口经营权的企业代理进出口的，应填报代理方。

进口溢卸货物由对外贸易公司或外轮代理公司接受并办理报关纳税手续的，应为经营单位。如原收货人接受进口溢卸货物，则仍由原收货单位为经营单位。

（8）运输方式

表 3-2　运输方式代码表

运输方式代码	运输方式名称
0	非保税区
1	监管仓库
2	江海运输
3	铁路运输
4	汽车运输
5	航空运输
6	邮件运输
7	保税区
8	保税仓库
9	其他运输
H	边境特殊海关作业区
W	物流中心
X	物流园区
Y	保税港区
Z	出口加工区

说明：根据实际运输方式按《运输方式代码表》选择相应的运输方式填报。运输方式包括实际运输方式和海关规定的特殊运输方式：

① 前者指货物实际进出境的运输方式，按进出境使用的运输工具分类（指代码：2、3、4、5、6、9。"9——其他运输"方式指利用人扛、驮畜、输油管道、输水管道和输电网等方式进出口货物的运输方式）。

② 后者标志境内进出和退回保税区或保税仓库等区域的运输方式（指代码：0、1、7、8、H、W、X、Y、Z）。

代码0：指境内非保税区运入保税区和保税区退区（退运境内）货物。

代码1：指境内存入出口监管仓和出口监管仓退仓货物。

代码 7：指保税区运往非保税区货物。

代码 8：指保税仓库转内销货物。

代码 H：指境内运入深港西部通道港方口岸区的货物。

代码 W：指从境内运入保税物流中心或从保税物流中心运往境内非保税物流中心的货物。

代码 X：指从境内运入保税物流园区或从园区运往境内的货物。

代码 Y：指从保税港区（不包括直通港区）运往区外和区外运入保税港区的货物。

代码 Z：指出口加工区运往境内加工区外和区外运入出口加工区的货物。

如进口转关运输货物，按载运货物抵达进境地的运输工具申报。出口转关运输货物，按载运货物驶离出境地的运输工具申报。

（9）运输工具名称

指载运货物进出境的运输工具的名称或运输工具编号。一份报关单只允许填报一个运输工具的名称。

表 3－3　运输方式代码表

代码	运输方式	输入格式
0	非保税区	
1	监管仓库	
2	江海运输	船名＋"/"＋航次名
3	铁路运输	车次或车厢号＋"/"＋进出境日期
4	汽车运输	国内行驶车牌号＋"/"＋进出境日期
5	航空运输	航班号＋进出境日期＋"/"＋总运单号
6	邮件运输	邮政包裹号＋"/"＋进出境日期
7	保税区	
8	保税仓库	
9	其他运输	如：管道、驮畜等
10	出口加工	

进出口转关运输：填报 "@" ＋转关运输申报编号。

表 3－4　进出口中转运输电子输入格式表

代码	运输方式	输入格式	
		进　口	出　口
2	江海运输	进境船名＋"/"＋"@"＋进境航次	境内驳船名＋"/"＋驳船航次
3	铁路运输	车厢号＋"/"＋"@"＋进境日期	车名(关别代码＋"TRAIN"＋"/"＋启运日期
4	汽车运输	国内行驶车牌号＋"/"＋进出境日期	车名(关别代码＋"TRUCK"＋"/"＋启运日期
5	航空运输	国际空运联程分运单号	

（10）提运单号

一份报关单只允许填报一个提运单号，如一票货物有几个提运单，应分单填报。其填报内容应与运输部门向海关提供的载货清单所列内容一致。

表 3—5　运输方式代码

代码	运输方式	输入格式
2	江海运输	进/出口提单号
3	铁路运输	运单号
4	汽车运输	免
5	航空运输	总运单号
6	邮件运输	邮政包裹号
	无实际出境	空

（11）收货单位/发货单位

应填收货单位/发货单位的中文名称或其海关注册编码。

（12）贸易方式（监管方式）

进出口货物监管方式，即现行进出口货物报关单"监管方式"，是以国际贸易中进出口货物的贸易方式为基础，结合海关对进出口货物的征税、统计及监管条件综合设定海关对进出口货物的管理方式。

由于海关对不同监管方式下进出口货物的监管、征税、统计作业的要求不尽相同，因此为满足海关管理的要求，H2000通关管理系统的监管方式代码采用四位数字结构，其中前两位是按海关监管要求和计算机管理需要划分的分类代码，后两位为海关统计代码。

本栏目根据实际情况，并按海关规定的贸易方式（监管方式）代码表选择相应的简称或代码。一份报关单只允许填报一种贸易方式。

表 3—6　贸易方式（监管方式）代码表

监管方式代码	监管方式简称	监管方式全称
0110	一般贸易	一般贸易
0130	易货贸易	易货贸易
0214	来料加工	来料加工装配贸易进口料件及加工出口货物
0243	来料以产顶进	来料加工产品以产顶进
0245	来料料件内销	来料加工料件转内销
0255	来料深加工	来料深加工结转货物
0258	来料余料结转	来料加工余料结转
0265	来料料件复出	来料加工复运出境的原进口料件
0300	来料料件退换	来料加工料件退换
0345	来料成品减免	来料加工成品凭征免证明转减免税
0420	加工贸易设备	加工贸易项下外商提供的进口设备
0444	保税进料成品	应按成品征税的保税区进料加工成品转内销货物
0445	保税来料成品	应按成品征税的保税区来料加工成品转内销货物
0446	加工设备内销	加工贸易免税进口设备转内销
0456	加工设备结转	加工贸易免税进口设备结转
0466	加工设备退运	加工贸易免税进口设备退运出境
0513	补偿贸易	补偿贸易
0544	保区进料料件	应按料件征税的保税区进料加工成品转内销货物

（续　表）

监管方式代码	监管方式简称	监管方式全称
0545	保区来料料件	应按料件征税的保税区来料加工成品转内销货物
0615	进料对口	进料加工（对口交易）
0642	进料以产顶进	进料加工产品以产顶进
0644	进料料件内销	进料加工料件结转
0654	进料深加工	进料深加工结转货物
0657	进料余料结转	进料加工余料结转
0664	进料料件复出	进料加工复运出境的原进口料件
0700	进料料件退换	进料加工料件退换
0715	进料非对口	进料加工（非对口合同）
0744	进料成品减免	进料加工成品凭征免税证明转减免税
0815	低质辅料	低质辅料
0844	进料边角料内销	进料加工项下边角料转内销
0845	来料边角料内销	来料加工项下边角料转内销
0864	进料边角料复出	进料加工项下边角料复出口
0865	来料边角料复出	来料加工项下边角料复出口
1110	对台贸易	对台直接贸易
1139	国轮油物料	中国籍运输工具境内添加的保税油料、物料
1215	保税工厂	保税工厂
1233	保税仓库货物	保税仓库进出境货物
1234	保税区仓储转口	保税区进出境仓储转口货物
1300	修理物品	进出境物品
1427	出料加工	出料加工
1500	租赁不满一年	租期不满一年的租赁贸易货物
1523	租赁贸易	租期在一年及以上的租赁贸易货物
1616	寄售代销	寄售、代销贸易
1741	免税品	免税品
1831	外汇商品	免税外汇商品
2025	合资合作设备	合资合作企业作为投资进口设备物品
2215	三资进料加工	三资企业为履行出口合同进口料件和出口成品
2225	外资设备物品	外资企业作为投资进口设备物品
2439	常驻机构公用	外国常驻机构进口办公用品
2600	暂时进出货物	暂时进出口货物
2700	展览品	进出境展览品
2939	陈列样品	驻华商业机构不复运出口的进口陈列样品
3010	货样广告品 A	有经营权单位进出口的货样广告品
3039	货样广告品 B	无经营权单位进出口的货样广告品
3100	无代价抵偿	无代价抵偿货物
3339	其他进口免税	其他进口免费提供货物
3410	承包工程进口	对外承包工程进口物资
3422	对外承包出口	对外承包工程出口物资
3511	援助物资	国家和国际组织无偿援助物资
3612	捐赠物资	华侨、港澳、台同胞、外籍华人捐赠物资

（续　表）

监管方式代码	监管方式简称	监管方式全称
4019	边境小额	边境小额贸易（边民互市贸易除外）
4039	对台小额	对台小额贸易
4200	驻外机构运回	我驻外机构运回旧公用物品
4239	驻外机构购进	我驻外机构境外购买运回国的公物
4400	来料成品退换	来料加工成品退换
4500	直接退运	直接退运
4539	进口溢误卸	进口溢卸、误卸货物
4561	退运货物	因质量不符、延误交货等原因退运进出境货物
4600	进料成品退换	进料成品退换
9639	海关处理货物	海关变卖处理的超期未报货物，走私违规货物
9700	后续补税	无原始报关单的后续补税
9739	其他贸易	其他贸易
9800	租赁征税	租赁期一年及以上的租赁贸易货物的租金
9839	留赠转卖物品	外交机构转售境内或国际活动留赠放弃特批货物
9900	其他	其他

主要贸易方式的内涵及适用范围：

贸易方式栏目可选择填报的项目达90余种，其中对何种情况下适用"一般贸易"方式，往往会出现认识上的偏差。"一般贸易"并非"一般进出口"，例如，"一般贸易"方式是指单边进口或单边出口的贸易，但虽为单边进口或单边出口（单边逐笔售定），如果进出口货样、广告品、无经营权的单位经批准临时进出口货物、以一般贸易方式成交的外商投资企业在投资总额内进口设备物品、保税仓库以一般贸易方式购进的货物，以及以一般贸易方式购买进口拟用于加工出口产品的料件等，因另有"贸易方式"项，故一律不能按"一般贸易"来填报"贸易方式"栏目。

"合作合资设备"或"外资设备、物品"这两项贸易方式按填制规范的要求，仅适用于一种情况，即外商投资企业在投资总额内进口设备物品，而不论其是否享受减免税优惠。应注意的是外商投资企业使用投资总额以外的自有资金进口设备、物品或虽使用投资总额内资金，但进口的是生产内、外销产品所需料件的均不能按本项贸易方式填报。

报关单填写某一"贸易方式"，在一定程度上表明了进出口货物收发货人或其代理人要求海关对其进出口货物按适用的某一海关制度办理通关手续。正确填写"贸易方式"栏目，有助于海关确定货物适用的海关制度、征免性质和需提交的进出口许可证和相关文件。

（13）征免性质

本栏目应按海关核发的免征税证明中批注的征免性质填报，或根据实际情况按海关规定的《征税性质代码表》选择相应的征免性质或代码。

征免性质是指海关对进出口货物实施征、减、免税管理的性质类别。征免性质为照章征税、法定减免税、特定减免税和临时减免税四部分。其中特定减免税又分为按地区实施的税收政策、按用途实施的税收政策、按贸易性质实施的税收政策、按企业性质和资金来源实施的税收政策五类。一份报关单只允许填报一种征免性质，涉及多个征免性质的，应分单填写。

表 3-7 征免性质代码表

代码	征免性质简称	征免性质全称
101	一般征税	一般征税进出口货物
201	无偿援助	无偿援助进出口物资
299	其他法定	其他法定减免税进出口货物
301	特定区域	特定区域进口自用物资及出口物资
307	保税区	保税区进口自用物资
399	其他地区	其他执行特殊政策地区出口货物
401	科教用品	大专院校及科研机构进口科教用品
403	技术改造	企业技术改造进口货物
406	重大项目	国家重大项目进口货物
412	基础设施	通信、港口、铁路、公路、机场建设进口设备
413	残疾人	残疾人组织和企业进出口货物
417	远洋渔业	远洋渔业自捕水产品
418	国产化	国家定点生产小轿车和摄录机企业进口散件
501	加工设备	加工贸易外商提供的不作价进口设备
502	来料加工	来料加工装配和补偿贸易进口料件及出口产品
503	进料加工	进料加工贸易进口料件及出口产品
506	边境小额	边境小额贸易进口货物
601	中外合资	中外合资经营企业进出口货物
602	中外合作	中外合作经营企业进出口货物
603	外贸企业	外商独资企业进出口货物
606	海上石油	勘探、开发海上石油进出口货物
608	陆地石油	勘探、开发陆地石油进出口货物
609	货款项目	利用货物进口货物
789	鼓励项目	国家鼓励发展的内外资项目进口设备
799	自有资金	外商投资额外利用自有资金进口设备、备件、配件
801	救灾捐赠	救灾捐赠进口物资
898	国批减免	国务院特准减免税的进出口货物
998	内部暂定	享受内部暂定税率的进出口货物
999	例外减免	例外减免税进出口货物

注意事项：

① 关于"征免性质"栏目常用征免性质的内涵和适用范围：例如，"一般征税"，适用于依照《海关法》、《关税条例》及其他法规所规定的税率征收关税、进口环节增值税和其他税费的进出口货物。应注意的是：上述应税货物若在《进出口税则》中未列有税率的仍应在"征免性质"栏目填报"一般征税"。

② 加工贸易报关单上，本栏目应按海关核发的登记手册中批注的征免性质来填报相应的征免性质简称或代码。

③ 保税工厂经营的加工贸易，根据登记手册填报"进料加工"或"来料加工"。

④ 三资企业按内外销比例为加工内销产品而进口料件，填报"一般征税"或其他相应征免性质。

⑤ 加工贸易转内销货物，按实际享受的征免性质填报（如一般征税、科教用品、其他法定等）。

⑥ 料件退运出口、成品退运进口货物填报其他。

⑦ 加工贸易结转本栏为空。

⑧ 关于"鼓励项目"：适用于国家鼓励发展的国内投资和外商投资项目在投资总额内按照有关减免税政策进口的，以及 1998 年后利用外国政府和国际金融组织贷款项目进口的设备、技术等。应注意的是：鼓励类外商投资项目在 1998 年以前以投资总额内进口设备及物品的方式按照有关减免税规定在海关备案的，进口时在报关单"征免性质"栏目应按其外商投资方式分别填报"中外合资"、"中外合作"或"外资企业"。

（14）征税比例/结汇方式

征税比例仅用于"非对口合同进料加工"贸易方式下（代码"0715"）进口料、件的进口报关单，填报海关规定的应征税税率。例如 5％填报 5，15％填报 15。若其他情况有征税比例的但不是 5％或 15％，必须拆单申报。

出口报关单应填报结汇方式，即出口货物的发货人或其代理人收结外汇的方式。

表 3—8　结汇方式代码表

结汇方式代码	结汇方式名称
1	信汇
2	电汇
3	票汇
4	付款交单
5	承兑交单
6	信用证
7	先出后结
8	先结后出
9	其他

说明：

① 结汇方式是出口货物发货人或其代理人通过银行收结外汇的方式。

② 汇付包括：信汇、电汇、票汇（汇付时间分预付和后付）。

③ 托收包括：付款交单、承兑交单、信用证、先出后结、先结后出和其他。

（15）许可证号

应申领进（出）口许可证的货物，本栏目必须填报商务部及其授权发证机关签发的进（出）口许可证的编号，不得为空。一份报关单只允许填报一个许可证号。一份报关单应对多个许可证号必须拆单填报。

许可证号的组成：第 1、2 位代表年份，第 3、4 位代表发证机关（AA 部级发证；AB/AC 特派员办事处发证；01、02 地方发证），后 6 位为顺序号。

（16）起运国（地区）/运抵国（地区）

本栏目应按海关规定《国别（地区）代码表》选择填报相应的起运国（地区）/运抵国（地区）中文名称或代码。

无实际进出境的，本栏目填报"中国"（代码"142"）。

起运国（地区）：指进口货物起始发出的国家（地区）。

运抵国（地区）：指出口货物直接发出的国家（地区）。

　　关于运输中转货物的"起运国"、"运抵国"的确定问题：货物运输中转的原因很多，是否发生中转，可根据有否二程运输、有否使用联运提单，运输单据等有无"VIA"或"INTRANSIT TO"字样来确定。"有"或"是"则可确定发生中转。对于发生运输中转而未发生任何买卖关系的货物，其"起运国"、"运抵国"不变。但对于发生运输中转并发生了买卖关系的货物，其中转地所属国家（地区）应作为"起运国"或"运抵国"填报。至于货物是否与运输中转地贸易商发生买卖关系，可通过运输单据、发票等单证来判断。

　　起运国或运抵国的正确填写，可以反映各国间的经济贸易关系，反映一国与世界其他国家的贸易情况以及一国在世界经济交往中所处的地位。

　　中国购自加拿大的产品，如果直接运至中国，填报进口报关单时，起运国应填报为（加拿大）；如途经香港转运至中国，因在香港未发生买卖行为，填报进口报关单时，起运国应填报为（加拿大）。

　　中国购自香港的加拿大的产品，因该产品在香港发生了买卖行为，填报进口报关单时，起运国（地区）应填报为（香港）。

表 3—9　常用的国别（地区）代码表

国别（地区）代码	中文国名（地区）	英文国名（地区）	优/普税率标记
110	香港	HongKong	L
112	印度尼西亚	Indonesia	L
116	日本	Japan	L
L121	澳门	Macau	L
129	菲律宾	Philippines	L
132	新加坡	Singapore	L
133	韩国	Korea Rep.	L
142	中国	China	L
143	台湾	Taiwan prov.	L
215	埃及	Egypt	L
244	南非	S. Afica	L
301	比利时	Belgium	L
303	英国	United Kingdom	L
304	德国	Germany	L
305	法国	France	L
307	意大利	Italy	L
309	荷兰	Netherlands	L
310	希腊	Greece	L
344	俄罗斯	Russia	L
402	阿根廷	Argentina	L
410	巴西	Brazil	L
434	秘鲁	Peru	L
501	加拿大	Canada	L
502	美国	United States	L
601	澳大利亚	Australia	L
609	新西兰	New Zealand	L
701	国（地）别不详	Countries（reg.）unknown	H
702	联合国及机构和国际组织	UN and other interationa	
999	中性包装原产国别		H

（17）装货港/指运港

本栏目应根据实际情况按海关规定的《港口航线代码表》选择相应的港口中文名称或代码填报。

无实际进出境的，本栏目填报"中国"（代码"142"）。

装货港指进口货物在运抵我国关境前的最后一个境外装运港。一般情况下，装货港所属国家应与起运国一致；但在运输中转地换装运输工具，并未发生商业性交易的货物，装货港所属国家可与起运国一致。

指运港指出口货物运往境外最终目的港，最终目的港不可预知的，可按尽可能预知的目的港填报。

如一批进口货物从美国长滩运往香港，中转后运往中国某港口，则该批货物的装货港应填报香港；如未在香港中转，则该批货物的装货港应填报长滩。

（18）境内目的地/境内货源地

本栏目应根据进口货物的收货单位、出口货物生产厂家或发货单位所属国内地区，按海关的《国内地区代码表》选择相应的国内地区名称或代码填报。

境内目的地指进口货物在国内的消费、使用地或最终运抵地。

境内货源地指出口货物在国内的产地或原始发货地。

（19）批准文号

进口报关单应填报进口付汇核销单编号。

出口报关单应填报出口收汇核销单编号。

（20）成交方式

根据实际成交价格条款按海关规定的《成交方式代码表》选择相应的成交方式代码填报。

无实际成交进出境的，进口填报 CIF 价，出口填报 FOB 价。

表 3—10　成交方式代码表

成交方式代码	成交方式名称
1	CIF
2	C&F
3	FOB
4	C&I
5	市场价
6	垫仓

（21）运费

运费指进出口货物从始发地至目的地的运输所需要的各种费用。

本栏目填报时注意：

进口：成交价格中不包含运费（FOB）。

出口：成交价格中包含运费（CIF、CFR）。

运费可按单价、总价或运费率三种方式选其一填报，同时注明运费标记，按海关规定的《货币代码表》选择相应的币种代码填报。

运保费合并计算的,运保费填报在本栏目。

运费标记:"1"——运费率,"2"——每吨货物的运费单价,"3"——运费总价。

运费的三种格式:① 总价运费:币种/总价/3,如 110/100 000/3。

② 单价运费:币种/单价/2,如 110/20/2。

③ 运费率:费率/1,如 5%,填报为 5。

表 3—11　货币代码表

货币代码	货币符号	货币名称	货币代码	货币符号	货币名称
110	HKD	港币	304	DEM	德国马克
113	IRR	伊朗里亚尔	305	FRF	法国法郎
116	JPY	日本元	306	IEP	爱尔兰镑
118	KWD	科威特第纳尔	307	ITL	意大利里拉
121	MOP	澳门元	309	NLG	荷兰盾
122	MYR	马来西亚林吉特	312	ESP	西班牙比赛塔
127	PKR	巴基斯坦卢比	315	ATS	奥地利先令
129	PHP	菲律宾比索	318	FIM	芬兰马克
132	SGD	新加坡元	326	NOK	挪威克朗
136	THB	泰国铢	330	SEK	瑞典克朗
142	CNY	人民币	331	CHF	瑞士法郎
143	TWD	台币	332	SUR	苏联卢布
201	DZD	阿尔及利亚第纳尔	398	ASF	清算瑞士法郎
300	EUR	欧元	501	CAD	加拿大元
301	BEF	比利时法郎	502	USD	美元
302	DKK	丹麦克朗	601	AUD	澳大利亚元
303	GBP	英镑	609	NZD	新西兰元

(22) 保险费

保险费指被保险人允于承保某种损失、风险而支付给保险人的对价或保酬。

本栏目用于:进口货物的成交价格中不包含保险费 (CFR、FOB);出口货物的成交价格中含有保险费 (CIF)。

填写本栏目时可按保险费总价或保险费率两种方式之一填报,同时注明保险费标记,按海关规定的《货币代码表》选择相应的币种代码填报。

运保费合并的,运保费填报在运费栏目中。

保险费标记:"1"——保险费率;"3"——保险费总价。

保险费:① 总价保费:币种/总价/3,如 110/100 000/3。

② 保险费率:费率/1,费率按百分比填报,如 0.3% 的保险费率填报为 0.3。如果没有保险费,则按"货价+运费"总额的 0.3% 填报。

(23) 杂费

杂费指成交价格以外的应记入完税价格或应从完税价格中扣除的费用,如手续费、佣金、回扣等。

杂费应计入货物的价格或应从完税价格中扣除的费用如何确定，"杂费"栏应否填报，取决于在成交价格以外，按海关"完税"价格审定办法，有无"调整因素"。经调整的实际成交价格方为海关征税所指成交价格，而这里的成交价格不完全等同于贸易中实际发生的发票价格，故调整的因素应计入或扣除，分别以正数或负数填报在"杂费"栏目。

本栏目可按杂费总价或杂费率两种方式之一填报，同时注明杂费标记，并海关规定的《货币代码表》选择相应的币种代码填报。

杂费标记："1"——杂费率；"3"——杂费总价。

杂费的两种格式：① 杂费率：费率/1。如应计入完税价格的 1.5% 的杂费率填报为 1.5/1，应从完税价格中扣除的 1% 的回扣率填报为-1/1。

② 杂费总价：币制/总价/3。如应计入完税价格的 600 美元的杂费总价填报为 502/600/3，应从完税价格中扣除 600 美元杂费总价填报为 502/-600/3。

（24）合同协议号

本栏目应填报进（出）口货物合同（或协议）的全部字头和号码。

（25）件数

本栏目应填报有外包装的进（出）口货物的实际件数，不得填报 0；货物可以单独计算的一个包装称为一件，裸装货物填报为 1。

当舱单件数为集装箱（TEU）的，填报集装箱个数；当舱单件数为托盘的，填报托盘数。

当舱单件数显示为 1，而该批货物有两家单位申报，则两家单位分别制单，件数均填报为 1。

（26）包装种类

本栏目应填报进（出）口货物的实际外包装的种类：如木箱、铁桶、散装等。

（27）毛重（千克）

毛重指货物和包装材料的重量总和。

本栏目应填报进（出）口货物的实际毛重，计量单位为千克，不足 1 千克的填报为 1。

（28）净重（千克）

净重指货物本身的实际的重量。

本栏目应填报进（出）口货物的实际净重，计量单位为千克，不足 1 千克的填报为 1。

（29）集装箱号

本栏目应填报集装箱编号和数量。非集装箱货物填报为 0。

在 H2000 通关系统中，集装箱号填报在集装箱表中，一个集装箱填一条记录，分别填报集装箱号、规格（20′，40′，45′，48′，53′）和自重。

在手工填制纸质报关单时，以"集装箱号"+"规格"+"自重"填制，如集装箱数多，栏内无法填下，可将第一个集装箱号填在栏内，其余的依次填报在"标记唛码及备注"栏中，或打印在随附清单上。

（30）随附单据

指随进（出）口货物报关单一并向海关递交的单证和文件。

本栏目应按海关规定的《监管证件名称代码表》选择相应的证件的代码填报，并将相关证件的编号填报在备注栏的下半部分。

表 3—12　监管证件名称代码表

监管证件代码	监管证件名称
1	进口许可证
2	两用物项和技术进口许可证
3	两用物项和技术出口许可证
4	出口许可证
6	旧机电产品禁止进口
7	自动进口许可证
8	禁止出口商品
9	禁止进口商品
A	入境货物通关单
B	出境货物通关单
D	出/入境货物通关单（毛坯钻石用）
E	濒危物种允许出口证明书
F	濒危物种允许进口证明书
G	两用物项和技术出口许可证（定向）
I	精神药物（出）口准许证
J	黄金及其制品进出口准许证或批件
L	药品进出口准许证
M	密码产品和设备进口许可证
O	自动进口许可证（新旧机电产品）
P	固体废物进口许可证
Q	进口药品通关单
R	进口兽药通关单
S	进出口农药登记证明
T	银行调运现钞进出口许可证
W	麻醉药品进出口准许证
X	有毒化学品环境管理放行通知单
Y	原产地证明
Z	音像制品进口批准单或节目提取单
E	关税配额外优惠税率进口棉花配额证
Q	国别关税配额证明
T	关税配额证明
V	自动进口许可证（加工贸易）
X	出口许可证（加工贸易）
Y	出口许可证（边境小额贸易）

（31）用途/生产厂家

进口货物填报用途应根据进口货物实际用途按海关规定的《用途代码表》选择相应的用途代码填报。

出口货物填报生产厂家（即境内生产企业）。

表 3—13　用途代码表

用途代码	用途名称
01	外贸自营内销
02	特区内销
03	其他内销
04	企业自用
05	加工返销
06	借用
07	收保证金
08	免费提供
09	作价提供
10	货样广告品
11	其他
13	以产抵进

（32）标记唛码及备注

备注栏分前半段和后半段。前半段填报：

① 标记唛码中除图形以外的文字、数字；

② 一票货物多个集装箱的，在本栏填其余的集装箱号；

③ 如受外商投资企业委托代理进口投资设备、物品的，填外贸企业的名称；

④ 加工贸易结转货物，其对应的备案号应填报在备注栏中，如出口报关单应填"转出至——号手册"，经批准转内销的边角料、废次料，应在本栏目注明"残次料"；

⑤ 申报采用协定税率的商品，填报原产地标记；

⑥ 其他需申报说明的事项。

后半段填报：随附单证中监管证件（不包括许可证）的编号，即"监管证件代码；监管证件号码"。

（33）项号

分两行填报：第一行填报报关单中的商品排列序号。第二行专用于填报加工贸易等以备案的货物在备案手册中的项号。

加工贸易合同项下进出口货物，在本栏第二行填报与登记手册一致的商品项号，所填报的项号用于核销对应项号下的料件或成品数量。特殊情况填报要求如下：

① 料件结转货物：出口报关单按照转出登记手册中进料项号填报，进口报关单按照转进登记手册中进料项号填报。

② 深加工结转货物：分别按照登记手册中的出口成品和进料项号填报。

③ 料件复出货物：出口报关单按照登记手册中进料的项号填报。

④ 件料转内销或按件料补办进口手续的成品转内销：在进口报关单本栏目内填报登记手册中相应进口料件的项号。

⑤ 成品转内销货物：进口报关单填报登记手册出口成品的项号。

⑥ 成品退运货物：退运进境报关单和复运出境报关单按照登记手册原出口成品的项号填报。

⑦ 凭征免税证明成品转为享受减免税货物：先办理进口报关手续，进口报关单填报征免

税证明的项号；出口报关单填报登记手册原出口成品的项号；进、出口报关单货物数量应一致。

（34）商品编号

按海关规定的商品分类编码规则确定的进（出）口货物的商品编号填报。

加工贸易登记手册中商品编号与实际商品编号不符的，应按实际商品编号填报。

（35）商品名称、规格型号

分两行填报：第一行填报进出口商品货物规范的中文商品名称。第二行填报规格、型号，必要时可加注原文。

填报商品名称及规格型号应具实、详细，与提供的商业发票相符，以能满足海关归类、审价和监管的要求为准。对禁止、限制进出口的管制商品，其名称必须与交验的批准证件上的商品名称相符。

对加工贸易等已备案的货物，填报时录入的内容必须与备案登记中同项号下的货物名称、规格、型号一致。

一份报关单中填报加工贸易手册、免表等备案商品的，不能再填报其他商品。

（36）数量及单位

本栏目应按照海关规定的《计量单位代码表》选择相应的计量单位代码填报。

分三行填报：第一行填报法定第一计量单位及数量。第二行填报第二计量单位及数量。海关法定计量单位中列名无第二计量单位的，第二行为空。第三行填报成交计量单位（如果成交计量单位与海关法定计量单位不一致的话），如与海关法定计量单位一致时，第三行为空。

例：出口 1 000 台电风扇，输入功率为 50W。第一行填"1 000"台，第二行填"50W"，第三行为空。

计量单位不能以"批"、"箩"、"担"或"配件 1 套"等模糊或非法定的计量单位填报。

应征商品申报数量不可超过许可证数量，应征大宗散货不可超过许可证数量的允许误差的范围。

加工贸易等已备案的货物，成交计量单位必须与备案登记中同项号下货物的计量单位一致。不相同时应修改备案或转换一致后填报。

（37）原产国（地区）/最终目的国（地区）

本栏目应按海关规定的《国别（地区）代码表》选择填报相应的国家（地区）名称和代码。

原产国（地区）指进口货物的生产、开采或加工制造的国家（地区）。

最终目的国（地区）指出口货物的最终实际消费、使用或进一步制造的国家（地区）。

加工贸易报关单填报注意事项：

① 深加工结转货物，进出口报关单均填报"中国"（代码"142"）；

② 料件结转货物，出口报关单填报"中国"（代码"142"），进口报关单填报原料件生产国；

③ 料件复运出境货物，填报实际最终目的国；加工出口因故退运境内的，填报"中国"（代码"142"）；复运出境时，填报实际最终目的国。

正确填写进出口货物的原产地主要是为了有效地实施各项贸易措施，包括最惠国待遇、反倾销和反补贴、保障措施、原产地标记管理、国别数量限制、关税配额等非优惠贸易措施，以及进行政府采购、贸易统计活动等。

（38）单价/总价

本栏目应填报同一项号下进（出）口货物实际成交的商品价格。

无实际成交价格的，填报货值。

如是退运进口的出口货物，应按该货物的原出口价格填报；来料成品出口，填报工缴费和料件费（FOB）价，并在备注栏内注明工缴费（用于说明对外收汇的金额）。

作为报关单随附单据之一的发票，由于发票制作的多样性，常常会使发票显示出单价、总价间的不平衡，因此需要在填制报关单时做必要的分摊或调整。

"单价"栏应填报同一项号下进出口货物实际成交的商品单位价格的金额，而"总价"栏则应填报同一项号下进出口货物实际成交的商品总价。实际成交价格是指在发票中列明由买方直接向卖方支付的价格，与海关审价时使用成交价格法所指成交价格是有区别的。因此发票以外的其他实付、应付价格均不能进入单价或总价。但是，若发票除列明商品单价外，另有单独列明的其他实付价格，并计入总价的，则这类其他实付价格应分摊进单价。"单价"栏理当按调整后的价格填报。同理，若发票列明在单价基础上乘以进口商品数量的总价以外，在发票里另有单独列明的其他实付价格，则该其他实付价格不仅应分摊进单价，且应计入总价。"单价"、"总价"栏理应按调整后的价格填报。

（39）币制

指进出口货物实际成交价格的币制。

本栏目应根据实际成交情况按海关规定的《货币代码表》选择相应的货币名称或代码。如《货币代码表》中无实际成交的币种，应转换后填报。

（40）征免（规定）

征免（规定）指海关对进出口货物进行征税、减税、免税或特案处理的实际操作方式。

本栏目应按照海关规定的《征减免税方式代码表》或有关政策规定，对报关单所列的每项商品选择填报《征减免税方式代码表》中相应的征减免税方式。

加工贸易报关单应根据登记手册中的征免规定填报。

表 3—14　征减免税方式代码表

征减免税方式代码	征减免税方式名称
1	照章征税
2	折半征税
3	全免
4	特案
5	随征免性质
6	保证金
7	保函
8	折半补税

说明：

代码1：指进出口货物依法定税率计征各类税、费。

代码2：依照海关签发的"进出口货物征免税证明"或海关总署的通知，对进出口货物依照法定税率折半征收税款。

代码3：依照海关签发的"进出口货物征免税证明"或其他有关规定，对进出口货物免征关税和增值税，消费税是否免征依批文规定办理。

代码4：依照海关签发的"进出口货物征免税证明"或其他有关规定所规定税率或完税计征关税、增值税和消费税。

代码5：用于特定监管方式进出口货物按特殊计税公式或税率计征关税、增值税和消费税。

代码6：经海关准予担保放行的货物收取的保证金。

代码7：经海关准予担保放行的货物凭保函办理。

代码8：指对已征半税的特供区内销售的市场物资，经海关核准运往特区外时，征收另一半相应税款。

对出口法定零税率的"一般贸易"货物，本栏应填报"照章征税"，而不是"全免"。

"租赁不到一年"和"租赁征税"下的进口货物，本栏应填报"照章征税"，工贸公司进料非对口合同有5%和15%征收比例的，本栏应填报"征免"。

（41）申报单位

申报单位指对申报内容的真实性直接向海关负责的企业或单位。

自理报关的，应填报进出口货物的经营单位名称及代码；委托代理报关的，应填报经海关批准的专业代理报关企业的名称及代码。

本栏目指报关单左下方用于填报申报单位有关情况的总栏目，包括报关单位的地址、邮编、电话等，由申报单位的报关员填报。

（五）报关单栏目间逻辑关系

报关员在填制报关单时，除应当以实际进出口货物成交、运输、包装及贸易管制等的状况作为依据，按照填制规范的要求填写报关单各栏目外，还可通过审核相关栏目间的逻辑关系来衡量、判断填制的准确性、合理性。

栏目间应注意的逻辑关系：

1. "贸易方式"、"征免性质"、"用途"、"征免"（即征减免税方式）栏目间逻辑关系

这四个栏目在填写时，均不能直接从成交、运输、包装等进出口商业单据中查找依据，而是需要报关员综合各种情况后，依填制规范，推断确定应填报的内容。

例1：某外贸公司以一般贸易方式成交，在不能享受特定减免税的情况下，其贸易方式栏应填报"一般贸易"，征免税性质栏应填报"一般征税"，用途栏应填报"外贸自营内销"，征免栏应填报"照章征税"。

例2：某外商投资企业利用其投资总额以外的自有资金进口更新换代设备的，则其贸易方式栏应填报"一般贸易"，征免性质栏应填报"自有资金"，用途栏应填报企业自用，征免栏应填报"全免"。

例3：某外商投资企业为履行出口合同而进口加工出口产品所需的料件，进口时其报关单贸易方式栏应填报"进料加工"，征免性质栏填报"进料加工"，用途栏填报"加工返销"，征免栏填报"全免"。

表3-15 贸易方式、征免性质、用途、征免栏目间逻辑关系

贸易方式	征免性质	用 途	征 免
一般贸易	一般征税	外贸自营内销	照章征税
		其他内销	
	科教用品	企业自用	全免
	鼓励项目（内）		
	自有资金		
来料加工	来料加工	加工返销	全免
进料加工	进料加工		
合资合作设备	中外合资	企业自用	全免
	中外合作		
	鼓励项目		
	一般征税		全免
外资设备物品	外资企业	企业自用	全免
	鼓励项目		
	一般征税		照章征税
不作价设备	加工设备		全免

2."成交方式"、"运费"、"保费"之间的逻辑关系

报关单填制规范明确要求应根据实际成交价格条款，按海关规定的"成交方式代码表"选择填报相应的成交方式代码，并视成交方式的具体情况，确定应否填写"运费"和"保费"栏。

例1：进口成交价格为CIF的，其成交方式栏应填报CIF，由于运费、保税已包含在内，故运费、保费两栏应不填。

例2：出口成交价格为CIF的，其成交方式栏应填报CIF，因海关征税、统计均需在确定货物成本价格，即FOB价的基础上进行，故运费和保费两栏目均应填报。

3."经营单位"与"收发货单位"两栏目间的逻辑关系

由于进出口交易状况的多样性，且报关单填制规范又有特别的填报规定，因此使这两个栏目的填报随之也变得较为复杂，举例如下：

（1）某外贸公司受国内进口单位的委托，对外签订进口合同，进口报关时不论是自理报关，还是委托报关企业报关，报关单上"经营单位"栏，应填报该外贸公司的名称及代码，"收货单位"栏应填写委托进口单位的代码，没有代码的填写名称。但委托单位是外商投资企业，且进口货物为该外商投资企业在投资总额内进口的设备时，则不适用该项填报规范。

（2）某外商投资企业为生产内销产品而对外签订进口料件合同，进口报关时，报关单上"经营单位"栏应填该外商投资企业的名称及代码，"收货单位"栏应填该外商投资企业的代码。

4. "装货港"与"起运国"两栏目间的逻辑关系

进口货物报关单的"装货港"与"起运国"如何填写与货物的交易和装运情况密切相关。

表 3—16　"经营单位"与"收发货单位"两栏目间的逻辑关系

货物装运状况	货物交易状况	确定装货港	确定起运国
货物直接从起运港运抵进口港	与起运国的贸易商交易	货物起运港为装货港	货物起运港的所在国（地区）为起运港
	商交易与非起运国的贸易		
货物起运后经过某港口再运抵进口港	与途经港口的国家的贸易商交易	货物起运港为装货港	货物起运港的所在国（地区）为起运港
	与途经港口以外的国家的贸易商交易		
货物起运后在途经港口换装运输工具后再运抵进口港	和货物在途经港口换装运输工具的所在国贸易商交易	货物换装运输工具的途经港口为装货港	货物交易在途经港口换装运输工具的所在国（地区）为起运国
	与途经港口以外的国家的贸易商交易		货物起运港的所在国（地区）为起运国

（六）进出口货物报关所需的相关单证

(1) 进口货物报关单

(2) 出口货物报关单

(3) 进料加工进出口货物报关单

(4) 来料加工及补偿贸易进出口货物报关单

(5) 保税区进出境货物备案清单

(6) 出口加工区进出境货物备案清单

(7) 过境货物报关单

(8) 进出境快件报关单

(9) 其他进出口货物报关单

(10) 纸质报关单

(11) 电子数据报关单

(12) 发票

(13) 装箱单

(14) 检数单

(15) 检尺单

(16) 磅码单

(17) 海运提单

(18) 空运运单

(19) 陆运运单

(20) 联运提单

（21）铁路运单

（22）进出口交易合同

（23）加工贸易登记手册

（24）海关征免税证明

（25）贸易管制的许可证件

（26）原产地证

（27）捐赠证明

（28）礼品证明

七、进出口货物报关流程

根据进出口货物运输方式的不同，可以将进出口货物的报关分为：海运进出口货物报关、空运进出口货物报关以及陆运进出口货物报关。

以一般进出口贸易的货物报关为例，海运进出口货物报关的一般作业流程如下：

（一）海运进口货物报关流程

一般贸易方式下，进口货物报关的一般作业流程有六个环节，即（1）申报准备；（2）电子数据申报；（3）现场交单；（4）缴纳税费；（5）配合海关查验；（6）提取货物。

1. 申报准备

在申报准备环节中，我们需要做以下工作：（1）接单；（2）换单；（3）制单；（4）如果商品需要检验检疫，则安排报检。

（1）接单的主要工作有办理报关委托、审核报关单证和准备报关单证三个部分；如果是自理报关，则不需要报关委托。接受委托的报关企业要向委托人收取规定格式的报关委托书、协议书和报检委托书。报关员应审核委托人提供报关单据的真实性、完整性和合法性。

委托人提供的报关单据常见的有：进口交易合同、商业发票、装箱单、提单。

（2）换单就是报关员在船舶公司或者船舶代理公司将海运提单换成从港区或仓库能够直接提取进口货物证明的过程，换单工作是进口货物申报所特有的步骤。

海运进口货物换单一般包括以下步骤：

① 检查提单；

② 到船公司或者船舶代理公司将提单换成提货单；

③ 支付换单费用及押箱费用。

（3）换单工作结束后，转入下一工作——制作报关单证，制单就是填制货物报关单。

（4）报检是指货物所有人或者其合法代理人，对列入《出入境检验检疫机构实施检验检疫的进出境商品目录》和《实施入境验证的进出口商品目录》，以及其他法律法规规定的需要检验检疫的货物，在办理报关手续前，必须向口岸检验检疫机构报检。海关凭口岸出入境检验检疫机构签发的中华人民共和国检验检疫入境货物通关单验放。

2. 电子数据申报

电子数据申报是进出口货物的收发货人、报关企业通过计算机系统按照进出口货物的报关单填制规范以及相关预录入的要求，以手工填制的报关单为依据，进行预录入，经审核准确无误后，向海关传送报关电子数据，并备齐随附单证的申报方式。

报关单预录入是报关单位通过计算机系统按照报关单填制规范以及相关预录入的要求，录入报关单电子数据。电子预录入方式有终端录入、EDI 录入、H2000 录入三种方式。

电子数据审核是指报关员对预录入人员录入的报关单电子数据与自己手工填制报关单的各栏目内容进行核对，由于报关单填制错误，责任由报关员本人承担，因此必须审核无误后，才能向海关计算机系统发送。如果有误，必须修改后再录入。

发送电子数据即报关员在核对电子数据后，预录入人员将电子数据发送到海关计算机系统。如果出现退单情况，则要查找原因并且修改后再进行录入工作。如果没有出现退单情况，报关员打印报关单并且在报关单上签章。

3. 现场交单

电子数据报关单经过海关计算机系统审核后，在接到海关"现场交单"或者"放行交单"通知之日起 10 天内，报关员应当打印纸质报关单，向现场海关递交纸质报关单和随附单据。

4. 缴纳税费

海关接受申报后，如属于应税应费货物，报关单位应办理货物税费的缴纳手续；凭海关开具的税费缴纳通知书，由报关员去海关指定的银行电子数据申报。

缴纳税款的方式有现金支付、EDI 支付、网上支付等多种形式。

5. 配合海关查验

对进口货物是否实行查验，是由海关根据风险分析结果，有选择地进行的。

海关查验主要有审单中心布控查验、接单现场布控查验和作业现场海关人员布控查验等几种。以整箱货为例，海运进口查验流程包括以下步骤：

（1）海关出具查验通知单；

（2）确定集装箱位置；

（3）安排移箱计划，也就是将集装箱移至海关专门查验场地；

（4）陪同海关进行查验，如果查验中发现问题，则要另行处理，比如向海关说明情况，海关依据有关规定决定是否放行；

（5）如果查验没有问题，海关填写查验记录，查验记录由海关关员和报关员双方签字确认；

（6）海关放行，报关员办理进口放行手续。

进口货物收货人或其代理人接到海关查验通知后，主要做好以下工作：

（1）必须到场，按照海关要求负责搬移货物，开拆和重封货物包装；

（2）回答海关提出的问题，提供查验货物所需资料；

（3）协助海关提取需要做进一步检验的货样；

（4）查验结束后，认真阅读查验记录并签章。

"货物查验"结束，可以提取货物。

6. 提取货物

提取货物主要是指进口货物的收货人或其代理人，在办理了进口申报、缴纳税费、配合查验等手续，海关决定放行后，持海关加盖"放行章"的进口提货凭证提货。

（二）海运出口货物报关流程

海运出口货物报关的一般作业流程也有六个环节，即（1）申报准备；（2）电子数据申报；（3）现场交单；（4）缴纳税费；（5）配合海关查验；（6）装运货物。

1. 申报前准备工作

出口前的申报准备工作：接单、制单、安排报验。

接单的主要工作有办理报关委托、审核报关单证和准备报关单证三个部分；如果是货主自理报关，则不需要报关委托。制单就是填制货物报关单，是报关员的基本工作。

报检所需单证在出口货物报关中与进口货物报关中有所不同。在出口货物报关中海关凭口岸出入境检验检疫机构签发的出境货物通关单验放。出口货物委托人提供的报关单据常见的有：出口销售合同、商业发票、装箱单、提单（其他单据根据需要提供）。

2. 电子数据申报

电子通关是指采用网络信息技术，将检验检疫机构签发的出入境货物通关的电子数据传输到海关计算机业务系统，海关计算机业务系统将报验报关的有关数据进行对比后，确认数据相符合给予放行的通关形式。

与传统的出入境关系人必须凭纸质通关单到海关办理通关放行手续相比，采用电子通关后，检验检疫机构可将放行信息直接传到海关，海关经审核无误即可放行，这样不仅方便了企业，加快了通关速度，做到信息共享、方便、快捷、准确，而且还可以有效地遏制不法分子伪造、变造通关单的不法行为。

电子数据申报环节由报关单预录入、电子数据审核、发送电子数据到海关计算机系统组成。如果出现退单情况，则要查找原因并且修改后再进行录入工作。如果没有出现退单情况，报关员打印报关单并且在报关单上签章。

3. 现场交单

海关计算机系统通过电子数据报关单审核后，在接到海关"现场交单"或者"放行交单通知之日起10日内，报关员应当打印纸质报关单，向现场海关递交纸质报关单及随附单据。

4. 缴纳税费

相对进口货物而言，出口货物征收税费比较少见。

5. 配合海关查验

"缴纳税费"完成后，对出口货物是否实行查验，是由海关根据风险分析结果有选择地进行的。如需查验，应积极配合海关查验。

出口查验流程如下：（1）报关员向海关落实查验时间；（2）查验资料流转至海关查验现场；（3）报关员安排移箱事宜；（4）报关员陪同海关关员进行验货；（5）海关打印查验记录；（6）如果查验货物有问题，海关不予放行，等待处理；如果查验货物没有问题，审核查验记录；（7）报关员将装货单交由海关盖放行章；（8）报关员将单证送交船公司或者港区配载处并付费，使货物及时上船。

出口货物发货人或其代理人接到海关查验通知后，主要做好以下工作：（1）必须到场，按照海关要求负责搬移货物，开拆和重封货物包装；（2）回答海关提出的问题，提供查验货物所需的资料；（3）协助海关提取需要做进一步检验的货样；（4）查验结束后，认真阅读查验记录并签章。

6. 装运货物

装运货物环节主要是指出口货物的发货人或者代理人，在办理了出口申报、缴纳税费、配合查验等手续，海关决定放行后，持海关加盖"放行章"的场站收据，通知港区装运出口货物。

八、空运进出口货物报关流程

（一）正常空运进出口货物报关流程

航空运输具有快捷、便利、批量小、成本高的特点，因此其通关速度要大大快于海运通关。空运报关流程与海运报关流程有许多相似之处，在此我们主要就两者的不同点进行介绍。

空运进出口货物报关分为六个环节，即（1）申报准备；（2）电子数据申报；（3）现场交单；（4）缴纳税费；（5）配合海关查验；（6）提取或装运货物。

在空运进口的接单工作中，由于空运报关基本单证原件一般随机运送，因此，客户预先取得的都是相关单证的复印件或传真件。空运代理公司将根据飞机到港情况向客户发出到货通知书的传真件，通知客户货物和单证的到达情况。客户由此委托空运货运代理去提取单证和进行进口报关。

在空运出口接单工作中，与海运不同的是航空运单代替了海运中的装货单。航空运单是空运中特有的单证，它尽管是运输和报关的重要单证，但并不充当物权凭证，因此航空运单的流转无须通过银行，而是与发票和装箱单一起随机运送，这也使得空运报关单证的准备工作更便捷。

空运出口货物无须换单，空运货运代理人或报关员只需在空运代理公司处将空运到货通知书等单证的复印件换成从仓库能够直接提取进口货物证明及其他原件。

1. 申报准备

（1）准备并检验空运到货通知书、空运单等单证复印件；

（2）查询货物到达情况；

（3）指定代理处或仓库，凭客户的委托证明将到货通知书等单证复印件换成原件，并支付相关费用。制单、报检因与海运进出口相同，故在此从略。

2. 电子数据申报（从略）

3. 现场交单（从略）

4. 缴纳税费（从略）

5. 配合海关查验

对需要查验的货物，要配合海关进行查验。与海运相比，空运查验无须提前预约，货物可以直接运至海关查验地点等待查验。

空运进出口查验流程包括以下部分：

（1）海关出具查验通知单；

（2）抵押证件后从仓库将货物运至海关指定查验地点；

（3）在收发货人或其代理人的陪同下配合海关进行验货，查验完毕后，由海关工作人员输入查验记录；

（4）查验人员对无问题货物的查验单证做关封并送回报关大厅办理放行，货物送回仓库；对有问题的货物，根据实际情况与客户联系并进行处理。

6. 办理进口提货或办理出口货物装运

进口货物的收货人或者代理人，在办理了一系列通关手续后，持海关加盖的"放行章"的空运单和到货通知书原件到仓库提取进口货物并申请签发有关证明。

出口货物的发货人或者代理人，在办理了以上所述的通关手续后，持海关加盖的"放行章"的空运单，通知机场装运出口货物并向海关申请签发有关证明。

以上就是空运进出口的报关流程。在此需要说明的是，此流程是大部分地区的空运进出口流程，由于中国口岸众多，各地机场实际条件差异较大，因此部分城市的空运进出口流程与上述流程有所不同。如在上海浦东国际机场的空运出口流程中，就将放行管理设置在机场地面代理的卡口，出口货物从仓库运至该卡口时才对该批货物实施放行或查验。

（二）上海海关对外高桥保税区空运直通式进口货物监管的规定

由于上海地区国际航空发达，通过空运进入上海外高桥保税区的进境加工进口料件和区内企业自用生产设备及零配件较多（不包括区内进境仓储货物），为促进上海外高桥保税区功能的发展，加快保税区空运货物的通关速度，严密海关的监管，上海海关根据《中华人民共和国海关法》及有关规定，制定了关于外高桥保税区空运直通式货物监管规定。

1. 专业化：空运直通货物必须由保税区专门仓储企业予以管理，向海关负责。并应符合"五专"要求，即专业货运代理、专业运输、专业仓库、专业账目、专人管理。

2. 电子化：空运直通货物专门仓储企业应按海关空运监管所的规定，与海关计算机联网，实施联网管理，仓储企业向海关传送空运直通货物的有关数据。仓储企业在放行进口货物时，需凭加盖海关放行章的提货单及海关电子放行信息。

3. 空运直通货物放行程序和运输、仓储监管要求：

（1）空运直通货物，应由专业货运代理根据空运总舱单、指定货物的空运单，打印空运直通货物清单一式四份，交机场海关核对放行。

（2）机场海关核对清单无误后，盖验讫章。将一份留存，一份交承运企业，两份制作关封随车交保税区海关卡口，卡口关员核对确认后，将随附单证交承运企业，空运货物清单转保税区海关报关现场，一份卡口留存，一份用于核销。清单按顺序号，不得缺号。机场海关应对运输车辆予以加封。

（3）空运直通货物从机场到保税区的运输，必须使用经海关批准运输空运直通货物的专用监管车辆，并严格按规定对载运海关监管货物车辆登记簿进行核销。车辆上应有明显的海关监管标志，并具备海关加封条件。

（4）专门运输车辆将空运直通货物运入保税区专门仓库，由保税区卡口管理关员办理进区（库）确认手续。如需查验的由保税区海关派员赴专门仓库开箱查验。

（5）空运直通货物必须储存在保税区内经海关批准的专门仓库。仓库应具备查验机械设备和海关办公条件，并建立专门的"进区登记簿"和专门账册，逐批登记进出库货物情况；并将相应信息录入电脑，按月核销。

（6）空运直通货物入库储存后，专业货运代理录入相应货物的分舱单并签发空运直通货物提货单一式四份，交区内加工企业凭以报关、提货。区内加工企业凭提货单和发票、合同等商业单证向保税区海关报关，经海关审核并办妥有关手续后，凭盖有海关放行章的提货单至专门仓库提取空运直通货物。

（7）空运直通货物为海关监管货物，未经海关同意，不得擅自发运、交付和移作他用；进境逾 14 天和 3 个月，均应按滞报和超期未报货物处理。

（8）空运直通货物储存仓库每月底凭盖有海关放行章的提货单、空运直通货物进区登记簿等单证，向海关核销。同时，每月底开列一份超过 3 个月逾期未报货物清单报保税区海关。

保税区海关在收到机场海关的关封后，及时向机场海关寄送回执。

九、陆运进出口货物报关流程

陆路运输尤其是公路运输作为国际多式联运的一个重要组成部分，成为门到门运输中集疏运系统的重要环节，在现代物流过程中发挥着越来越重要的作用。

陆运报关是货物进出口报关的又一种重要方式，其报关流程为：（1）申报准备；（2）电子数据申报；（3）现场交单；（4）缴纳税费；（5）配合海关查验；（6）核放出关/入关六个环节。

陆运报关流程和海运报关流程有很多相似之处，不同之处主要如下：

1. 陆运报关中，通常由报关员和汽车司机作为货主的代理，配合海关关员进行货物查验，故查验和核放出关/入关环节与海运有很大不同。另外，在陆运过程中，海关直接对进出口集装箱及其载运工具进行现场放行，所以海运报关过程中的装运/提取货物环节在陆运中变成货物核放出关/入关环节。

2. 核放出关/入关是陆运报关的最后一个环节。在陆运报关过程中，海关对进出口集装箱及其载运工具进行自动核放，而不同于海运进出口过程中，收发货人最终通过码头进行装运/提取货物。核放出关/入关环节主要由以下几个过程组成：

① 陆运进出口汽车司机凭进/出口报关单、进/出口载货清单、出入境汽车登记簿运送货物至海关现场道口。陆运流程中海关基于进出口货物报关单、出口货物载货清单和出入境汽车登记簿对货物进行监控，这和海运流程中海关基于船舶舱单信息对货物进行监控是不同的。

② 道口地磅对货车进行自动测重检验。

③ 现场道口的自动读取系统扫描汽车的电子信息卡。

④ 海关计算机系统对现场货物及车辆进行数据对碰，计算机将前期报关员交单申报

时的数据和现场读取到的货物及车辆信息进行核对。

⑤ 电子审核通过后道口电子闸自动核放货物，进出口货物方可进出关，否则暂不放行待处理。

十、铁路进出口货物报关流程

国际铁路货物运输的进出口报关报检和其他运输方式基本相似，不同之处在于：

1. 由于铁路运输因海关对车辆的监管不能整列施封，只能对每节车皮施封，所以国际铁路联运中的货物报关，必须填制铁路车辆车号（即一车一票，装载报关货物的唯一车号），填制经铁路车站确认的国际货协运单（盖有发运车站发运印鉴）。其他报关单证同一般进出口货物。

2. 在内地车站装运大型整套设备需要多辆车皮，由于海关无法对其施封，只能在出口口岸报关。

3. 在内地车站报关发车，发运站海关必须得到国境站海关货物办理已出境的回执后，才会退还外汇核销单、出口退税单和用于收汇核销的海关单据。

4. 通过国际铁路联运到内地车站的货物，可以在国境口岸海关办理进口清关手续，也可以在国境口岸海关办理转关关封到目的地车站海关办理进口清关手续。

十一、报关单样张

1. 中华人民共和国海关出口货物报关单（样张）

（一式四联：第一联：海关作业联，第二联：报关单位留存联，第三联：主管海关存查联，第四联：备用联）

2. 中华人民共和国海关进口货物报关单（样张）

（一式四联：第一联：海关作业联，第二联：报关单位留存联，第三联：货主单位留存联，第四联：备用联）

3. 中华人民共和国海关保税区出境货物备案清单（样张）

（一式四联：第一联：出境地海关存查，第二联：海关统计专用，第三联：主管海关存查，第四联：备案单位存查）

4. 中华人民共和国海关保税区进境货物备案清单（样张）

（一式五联：第一联：进境地海关存查，第二联：报关单位留存联，第三联：主管海关存查，第四联：备案单位存查，第五联：付汇核销专用联）

5. 中华人民共和国海关保税区进境货物备案清单（付汇专用联样张）

6. 外高桥保税区仓储货物出区（库）提货单（样张）

（第一联：仓库核销联，蓝色；第二联：卡口验放联，白色；第三联：货主留存联，红色；第四联：仓库留存联，绿色）

JG02

中华人民共和国海关出口货物报关单

2246201109600221105

预录入编号：　　　　　　　　　　　　　　　　海关编号：

出口口岸		备案号		出口日期		申报日期
经营单位		运输方式	运输工具名称		提运单号	
发货单位		贸易方式		征免性质		结汇方式
许可证号		运抵国(地区)		指运港		境内货源地
批准文号		成交方式	运费	保费		杂费
合同协议号		件数	包装种类	毛重(千克)		净重(千克)
集装箱号		随附单证			生产厂家	
标记唛码及备注						

项号	商品编号	商品名称、规格型号	数量及单位	最终目的国(地区)单价	总价	币制	征免

税费征收情况

录入员	录入单位	兹声明以上申报无讹并承担法律责任	海关审单批注及放行日期(签章)	
			审单	审价
报关员				
		申报单位(签章)	征税	统计
单位地址				
邮编　　电话　　　填制日期			查验	放行

一、海关作业联

JG01

中华人民共和国海关进口货物报关单

2246201114600020117

预录入编号：　　　　　　　　　　　　　　　　　海关编号：

进口口岸		备案号		进口日期		申报日期	
经营单位		运输方式	运输工具名称		提运单号		
收货单位		贸易方式		征免性质		征税比例	
许可证号		启运国(地区)		装货港		境内目的地	
批准文号		成交方式	运费		保费	杂费	
合同协议号		件数	包装种类	毛重(千克)		净重(千克)	
集装箱号		随附单证			用途		
标记唛码及备注							

项号	商品编号	商品名称、规格型号	数量及单位	原产国(地区)	单价	总价	币制	征免

税费征收情况

录入员	录入单位	兹声明以上申报无讹并承担法律责任	海关审单批注及放行日期(签章)	
			审单	审价
报关员				
单位地址		申报单位(签章)	征税	统计
邮编	电话	填制日期	查验	放行

一、海关作业联

中华人民共和国海关保税区出境货物备案清单

预录入编号：　　　　　　　　　　　　海关编号：

出境口岸				出境日期		备案日期	
区内经营单位			运输方式	运输工具名称		提运单号	
区内发货单位			贸易方式		运抵国（地区）		
境内货源地		成交方式	运费		保费	杂费	
合同协议号		毛重（公斤）	净重（公斤）		随附单据		
备注							

项号	商品编号	商品名称、规格型号	数量及单位	最终目的国(地区)	单价	总价	币制

录入员　　　　录入单位	兹声明以上申报无讹并承担法律责任	海关备案审核
申报人		
	申报单位（签章）	
单位地址		
邮编　　　电话　　　填制日期		审核日期

第一联：出境地海关存查

JG21

主页

1

中华人民共和国海关保税区进境货物备案清单

2218201111 86419737

预录入编号：	186419737		海关编号：	2218201111 86419737	
进境口岸	外港海关	2225	进境日期	2011-11-06	备案日期 2011-11-07
国内经营单位 3122460339	上海虹丹物流有限公司	运输方式 水路运输	运输工具名称 OOCL BUSAN/040E		提运单号 COSU8013590940
国内收货单位 3122460339	上海虹丹物流有限公司	贸易方式 保税区仓储转口 1234	总流区（地区） 巴基斯坦		（ 127 ）
境内目的地 上海外高桥保税 (31224)	成交方式 CIF	运费	保费	杂费
合同协议号	毛重（千克） 19824	净重（千克） 18144	随附单证	
备注：	400其它/1227/			

项号	商品编号	商品名称、规格型号	数量及单位	原产国（地区）	单价	总价	币制
1. (0)	52051200	押捻单纱	18144.000千克 0.000 400.000 箱	巴基斯坦 （127）	128.3688	51347.52	USD 美元
						用途：其它	

录入员	录入单位	兹声明以上申报无讹并承担法律责任	海关备案审核
申报人			审结人代码：9999
单位地址		上海昊吉国际货运有限公司 (8)	审结人　计算机 审核日期：2011-11-07
邮编	电话	填制日期	审核日期

第一联：进境地海关存查

中华人民共和国海关保税区进境货物备案清单

预录入编号：　　　　　　　　　　　　海关编号：

进境口岸			进境日期		备案日期	
区内经营单位		运输方式	运输工具名称		提运单号	
区内收货单位		贸易方式		起运国(地区)		
境内目的地	成交方式	运费		保费	杂费	
合同协议号	毛重(公斤)	净重(公斤)		随附单据		

备注：

项号	商品编号	商品名称、规格型号	数量及单位	原产国(地区)	单价	总价	币制

录入员	录入单位	兹声明以上申报无讹并承担法律责任	海关备案审核
申报人			
		申报单位(签章)	
单位地址			
邮编　　电话　　填制日期			审核日期

第五联：付汇核销专用

外高桥保税区仓储货物出区（库）提货单

仓库号码：　　　　　　　　　　　　　　　　　　NO：

仓储企业名称		出库单号	
货主十位数代码		提货单位名称	
发票号		封志/唛头	
报关单号		报关日期	
运输单位名称	自运	预计出区日期	

HS编码	货名	数量	单位	毛重（KG）	净重（KG）	金额（USD）
	总计					

第一库核销联

备注：

车辆型号_____　发动机号_____　大梁号_____

排气量_____　颜　色_____

以上申报无讹。 　经办人签名： 　仓储企业章 　2011年　月　日	提货单位 货主章 年　月　日	海关确认。 海关签章 年　月　日

备注：

（1）本单一式四联。仅限外高桥保税区使用，由仓储企业事先将有关数据输入电脑并打印此单据，盖章有效，手写涂改无效，凭以办理出区报关。

（2）仓储货物出区时，保税区卡口凭盖有海关放行章的提货单卡口放行联验核放行。

（3）机动车辆出区（库）时应逐辆详细注明车辆发动机号及大梁号等项目。

外高桥保税区仓储货物出区（库）提货单四联的用途：

第一联：仓库核销联，留供海关核销保税仓库的库存用。第二联：卡口验放联，海关在上面盖"已核对通过"放行章，给运输司机出区时交给保税区海关卡口的关员放行。第三联：货主留存联。第四联：仓库留存联。

十二、一般贸易货物出口报关流程、单证填写实例

发货人委托代理人办理海运出口订舱、报关手续，应与代理人签订"代理报关委托书"，提供出口货物的发票、装箱单、出口货物通关单或出口货物通关凭证（如需要商检的货物）、出口收汇核销单和海关需要的相关单证。代理人在向船公司办理出口订舱手续后，取得装货单；制作出口货物报关单后，向海关提交相关单证，办理申报出口货物报关手续。

海关审核放行完毕，从电脑打印出口报关单收汇核销专用联，供货主到外管局办理收汇核销用。

代理报关委托书

编号：00011399819

我单位现　　　　（A. 逐票，B. 长期）委托贵公司代理　　　　等通关事宜。（填单申报，辅助查验，垫缴税款，办理海关证明联，审批手册，核销手册，申办减免税手续，其他）详见《委托报关协议》。

我单位保证遵守《海关法》和国家有关法规，保证所提供的情况真实、完整、单货相符。否则，承担相关法律责任。

2011 年 8 月 15 日

委托方：无锡市振达特种钢管制造有限公司（盖章）

法定代表人或其授权签署《委托报关协议》的人：　　　　（签字）

2011 年 8 月 15 日

委托报关协议

为明确委托报关具体事项和各自责任，双方经平等协商签订协议如下：

委托方	无锡市振达特种钢管制造有限公司	被委托方	上海中远物流配送有限公司		
主要货物名称	无缝钢管	*报关单编码	No：223120110811846944		
HS 编码	7304319000	收到单证日期	2001 年 8 月 15 日		
货物总价	USD. 218485.50	收到单证情况	合同 ☑	发票	☑
进出口日期	2011 年 8 月 18 日		装箱清单 ☑	提(运)单	☐
提单号			加工贸易手册 ☐	许可证件	☐
贸易方式	一般贸易		其他		
原产地/货源地		报关收费	人民币：		
其他要求：		承诺说明：			
背面所列通用条款是本协议不可分割的一部分，对本协议的签署构成了对背面所列条款的同意。		背面所列通用条款是本协议不可分割的一部分，对本协议的签署构成了对背面所列条款的同意。			
委托方业务签章： 　　无锡市振达特种钢管制造有限公司		被委托方业务签章： 　上海中远物流配送有限公司业务专用章 　　　委托书专用章			
经办人签章： 联系电话：　　　　　2011 年 8 月 15 日		经办报关员签章： 联系电话：　　　　　2011 年 8 月 15 日			

CCBA　（白联：海关留存，黄联：被委托方留存，红联：委托方留存）　中国报关协会监制

出口收汇核销单（盖有国家外汇管理局监制章）

出口收汇核销单 存根 编号：791658533	出口收汇核销单 编号：791658533	出口收汇核销单 出口退税专用 编号：791658533

出口单位： 无锡市振达特种钢管制造有限公司		
单位代码：74393545-6		
出口币种总价： USD. 218485.50		
收汇方式：L/C		
预计收款日期：		
备注：		
此报关有效期截止到：		

出口单位盖章 / 海关盖章

	类别	币种金额	日期	盖章
银行签注栏				

海关签注栏：

外汇管理局签注栏：

年 月 日（盖章）

出口单位： 无锡市振达特种钢管制造有限公司		
单位代码：74393545-6		

货物名称	数量	币种总价
无缝钢管	283 BUNDLES	USD. 218485.50

报关单编号：

外汇管理局签注栏：

年 月 日（盖章）

出口单位盖章 / 海关盖章

未经核销此联不得撕开

出境货物通关单

编号：310050211266953000

1. 发货人 无锡市振达特种钢管制造有限公司 WUXI ZHENDA SPECIAL STEEL TUBE MANUFACTURING CO., LTD	5. 标记及号码 N/M
2. 收货人 *** ***	

3. 合同/信用证号 FT-1041201	4. 输往国家或地区 韩国

6. 运输工具名称及号码 船舶 ***	7. 发货日期 ***	8. 集装箱规格及数量 ***

9. 货物名称及规格 无缝钢管 *** （以下空白）	10. HS 编码 7304319000 *** （以下空白）	11. 申报总值 * 218485.5 美元 *** （以下空白）	12. 数/重量、包装数量及种类 * 193350 千克 * 283 捆装 （以下空白）

13. 证明
上述货物业经检验检疫，请海关予以放行。 本通关单有效期至 二〇一一 年 十 月 十 日（检验检疫专用章） 签字：×××　　　　　　　　　　日期：2011 年 08 月 13 日

14. 备注

发 票（样张）

WUXI ZHENDA SPECIAL STEEL TUBE MANUFACTURING CO., LTD

MEIJING VILLAGE SHITANGWAN TOWN WUXI CITY JIANGSU PROVINCE CHINA

COMMERCIAL INVOICE

TO：Messer	INVOICE NO：ZD-WQ2-110803
FINETEC CORPORATION	DATE：2011-08-11
345BOCHE-RIMIYANG-MYUN，	CONTRACT NO：FT-10411201
SANSUNG-SHI KYUNGKI-DO，KOREA	L/C NO：M42H31106NU00114

COMMODITY DESCRIPTION

SEAMLESS STEEL PIPLES FOR GAS CYLINDED

37MN267MM×6.3MM×5020/6695/8370

193.35MT AT USD 218485.50

ORIGIN CHINA

FOR SHANGHAI PORT

ITEM	SIZE	QUANTITY		UNIT PRICE	AMOUNT
NO	SPEC：37MM	MT	PCS	USD/MT	USD
1	267×6.3×5020MM	193.35	847	1130	218485.50
TOTAL		194.35	847		218485.50

PORT OF LOADING：SHANGHAI PORT CHINA

DESTINATION PORT：BUSAN PORT，KOREA

COUNTRY OF ORIGIN：CHINA

EXPORTER（BENEFICIARY）-Name ＆Address

WUXI ZHENDA SPECIAL STEEL TUBE MANUFACTURING CO., LTD

MEIJING VILLAGE SHITANGWAN TOWN WUXI CITY JIANGSU PROVINCE CHINA

SHIPPING MARKS： N/M

无锡市振达特种钢管制造有限公司（中英文章）

WUXI ZHENDA SPECIAL STEEL TUBE MANUFACTURING CO., LTD

装箱单

WUXI ZHENDA SPECIAL STEEL TUBE MANUFACTURING CO., LTD

MEIJING VILLAGE SHITANGWAN TOWN WUXI CITY JIANGSU PROVINCE CHINA

PACKING LIST

TO：Messer　　　　　　　　　　　INVOICE NO：ZD-WQ2-110803

FINETEC CORPORATION　　　　　　DATE：2011-08-11

345BOCHE-RIMIYANG-MYUN,　　　　CONTRACT NO：FT-10411201

ANSUNG-SHI KYUNGKI-DO，KOREA　　L/C NO：M42H31106NU00114

COMMODITY DESCRIPTION

SEAMLESS STEEL PIPLES FOR GAS CYLINDED

37MN267MM×6.3MM×5020/6695/8370

193.35MT AT USD 218485.50

ORIGIN CHINA

FOR SHANGHAI PORT

ITEM	SIZE	QUANTITY		UNIT PRICE	AMOUNT
NO	SPEC：37MM	MT	PCS	USD/MT	USD
1	267×6.3×5020MM	193.35	847	1130	218485.50

TOTAL　　　　　　　　　194.35　847　　　　　　　218485.50

PORT OF LOADING：　SHANGHAI PORT CHINA

DESTINATION PORT：　BUSAN PORT，KOREA

COUNTRY OF ORIGIN：　CHINA

EXPORTER（BENEFICIARY）-Name & Address

WUXI ZHENDA SPECIAL STEEL TUBE MANUFACTURING CO., LTD

MEIJING VILLAGE SHITANGWAN TOWN WUXI CITY JIANGSU PROVINCE CHINA

SHIPPING MARKS：N/M

无锡市振达特种钢管制造有限公司（中英文章）

WUXI ZHENDA SPECIAL STEEL TUBE MANUFACTURING CO., LTD

无缝钢管成分含量证明（供商品归类使用）

数量：193、35 吨　　　　　　　283 捆

1. 品名：无缝钢管 Seamless Steel Pipe

2. 用途：天然气气瓶用

3. 形状：管状

4. 材质：非合金钢 37Mn

5. 加工方法：冷拔

6. 种类：无缝管

7. 规格：外径 267MM

HS：7304319000 其他冷轧的铁制无缝圆形截面管

8. 成分含量

C 碳	Mn 锰	Si 硅	S 硫	p 磷
≤0.55	1.35～1.70	0.10～0.35	≤0.050	≤0.040

注：发货人提供钢铁制品化学元素含量证明，是在报关时向海关申报该无缝钢管成分 Mn 锰含量 1.35～1.70，供海关审核商品归类：HS：7304319000，其他冷轧的铁制无缝圆形截面管，其出口监管条件为 AB（填报：普通进/出口货物报关单）

如果该无缝钢管成分 Mn 锰含量超过 3.00，将被列为其他冷轧的不锈钢制无缝钢管，其商品归类：HS：7304419000，进口监管条件为 7AB，虽然填报普通进/出口货物报关单，但根据海关《监管证件代码表及说明》，"7"表示需要提供由商务部及其授权机构按责任分工签发的自动进口许可证或重要工业品证明。

出口虽不涉及许可证，但不锈钢制无缝钢管比铁制无缝钢管价格贵，涉及出口退税率。

装货单

			D/R No：（编号）
			PCLU1133SA3007

Shipper 发货人
WUXI ZHENDA SPECIAL STEEL TUBE MANUFACTURING CO., LTD
MEIJING VILLAGE SHITANGWAN TOWN
WUXI CITY JIANGSU PROVINCE CHINA
TEL：0086-510-2268970

Consignee 收货人
FRANSCON LOGIXING
RM304-2, DAEWOOBOCHA BLDG＃167
NAESU-DONG, JONGRO-GU，SEOUL, KOREA110-719
TEL：82 2 736 0384 FAX；82 2 736 0387
PIC MR SAMMY

外运编号：

Notify Party 通知人
SAME AS CONSIGNEE

ETD：20110818　SH　20110818
装货单
场站收据副本

Pre-Carriage By（前程运输）　　**place of Receipt**（收货地点）

Ocean Vessel（船名）**Voy, No.**（航次）**Port of Loading**（装货港）
OCEAN EXPRESS V. 1133E　　SHANGHAI CHINA

场站章

Port of Discharge（卸货港）　　**Place of Delivery**（交货地）　　**Final Destination for merchant's Reference**（目的地）
BUSAN PORT，KOREA　　　　BUSAN PORT，KOREA

Container No； （集装箱号）	SealNo（封志号） Marks&·Nos 标记与号码	No. of Containers or pkgs（箱数或件数）	Kind of Packages Description of Goods（包装种类与货名）	Gross Weight 毛重（公斤）	Measurement （体积）
	N/M	283 BUNDLES	SHIPPER'S LOAD&·COUNT SAID TO CONTAIN COUNTRY OF ORIGN CHINA SEAMLESS STEEL PIPES FOR GAS CYLINDER 13 * 20GP CY/CY FREIGHT PREPAID BAF&·CAF COLLECT	193350KG	280

TOTAL NUMBER OF CONTAINERS OR PACKAGES（IN WORD） （集装箱数或件数合计大写）	SAY TWO HUNDRED AND EIGHTY-THREE BUNDELS ONLY

Container No；（箱号）　　SealNo（封志号）　　pkgs（件数）　　Container No；（箱号）　　SealNo（封志号）　　pkgs（件数）

Received（实收）　　By Terminal clerk（场站员签收）

FREIGHT	Prepaid（预付地点）	Payable at（到付地点）	Place of Issue（签发地点） SHANGHAI	
＆ CHARGES	Total Prepaid （预付总额）	No. of Original B/L（正本 提单份数）　　THREE	BOOKING（订仓确认） APPROVED BY	
Service Type on receiving ——CY——CFS——DOOR		Service Type on receiving ——CY——CFS——DOOR	Receiver Temperature Required （冷藏温度）	°F ∣ °C
TYPE OF GOODS （种类）	Ordinary　Reefer　Dangerous　Auto （普通）　（冷藏）　（危险品）　（裸装车辆）		危 险 品	Class Property IMDG Code Page UN NO.
	Liquid　Live Animal　Bulk （液体）　（活动物）　（散货）			

中华人民共和国海关出口货物报关单

223120110811846944

预录入编号：811846944　　　　　　　　　　　　海关编号：223120110811846944

出口口岸 外港海关　2225	备案号 /	出口日期 2011/08/18	申报日期 2011/08/15
经营单位 3202966806 无锡市振达特种钢管制造有限公司	运输方式 水路运输	运输工具名称 Ocean Express V1133E	提运单号 PCLU1133SA3007
发货单位 3202966806 无锡市振达特种钢管制造有限公司	贸易方式 一般贸易　0110	征免性质 /	结汇方式 L/C　2
许可证号	运抵国（地区） KOREA　133	指运港 BUSAN	境内货源地 WUXI　32029
批准文号 791658533	成交方式 FOB　3	运费 /	保费 /	杂费 /
合同协议号 FT－10411201	件数 283	包装种类 BUNDLE	毛重（千克） 193350	净重（千克） 193350
集装箱号	随附单据 **B**		生产厂家

标记码及备注
　　N/M

项号	商品编号	商品名称、规格型号	数量及单位	最终目的地（地区）	单价	总价	币制	征免
1	73043190	SEAMLESS STEEL PIPE 无缝钢管	193.35MT		1130	218485.50	USD	

税收征收情况

录入员　录入单位	兹声明以上申报无讹并承担法律责任	海关审单批注及放行日期（盖章）	
报关员 110998001020×××× 报关员　×××	上海中远物流配送有限公司 报关专用章	审单	审价
单位地址	申报单位（盖章）	征税	统计
邮编　　电话	填制日期 2011/08/15	查验　　放行 签发关员：××× 签发日期 2011/08/18	

中华人民共和国海关出口货物报关单
223120110811846944

预录入编号：811846944   海关编号：223120110811846944

出口口岸 外港海关 2225		备案号 /	出口日期 2011/08/18	申报日期 2011/08/15
经营单位 3202966806 无锡市振达特种钢管制造有限公司		运输方式 水路运输	运输工具名称 Ocean Express V1133E	提运单号 PCLU1133SA3007
发货单位 3202966806 无锡市振达特种钢管制造有限公司		贸易方式 一般贸易 0110	征免性质 /	结汇方式 L/C 2
许可证号	运抵国（地区） KOREA 133		指运港 BUSAN	境内货源地 WUXI 32029
批准文号 791658533	成交方式 FOB 3	运费 /	保费 /	杂费 /
合同协议号 FT-10411201	件数 283	包装种类 BUNDLE	毛重（千克） 193350	净重（千克） 193350
集装箱号	随附单据 B			生产厂家

标记码及备注   N/M

项号	商品编号	商品名称、规格型号	数量及单位	最终目的地（地区）	单价	总价	币制	征免
1	73043190	SEAMLESS STEEL PIPE 无缝钢管	193.35MT		1130	218485.50	USD	

税收征收情况

录入员 录入单位	兹声明以上申报无讹并承担法律责任	海关审单批注及放行日期（盖章）	
报关员 11099800102O×××× 报关员 ×××	上海中远物流配送有限公司 报关专用章	审单	审价
单位地址	申报单位（盖章）	征税	统计
邮编 电话	填制日期 2011/08/15	查验 放行 签发关员：××× 签发日期 2011/08/18	

第五联：收汇核销联

第六节　保税仓库的货物入出库手续及报关单的填制

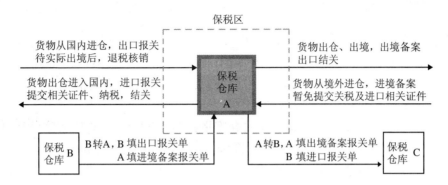

图3-6　货物进出境保税仓/进出口报关类型概念图

一、海关对企业单证的电子录入要求

由于海关和保税经营企业实施电子化操作流程，海关将对企业在单证的录入尤其是数据输入上提出更严格、更规范的要求：

1. 在通关数据申报中，企业除了遵守海关对报关单填制的申报要求外，还必须申报每一项货物的第三计量单位，第三计量单位必须是该项货物实际入库时的数量与单位。由于海关对第一计量单位有比较严格的标准，考虑到仓储系统内对数量和重量都有要求，所以必须申报第三计量单位，由计算机自动转换货物的入库量。

2. 报关单备注栏中的填写要求如表3-17：

表3-17　报关单备注栏填写要求

报关类型	填写要求
国外进境备案	/仓库编号/
国内出口进境备案	/仓库编号/出口报关单号/
国内出口报关	/仓库编号/进境备案单号/
进口报关	/仓库编号/
出境备案	/仓库编号/
进区内加工手册	/仓库编号/手册号/
区内手册入库出境备案	/仓库编号/进境备案单号/
区内手册入库进境备案	/仓库编号/出口备案单号/
区内免表入库出境备案	/仓库编号/进境备案单号/
区内免表入库进境备案	/仓库编号/出境备案单号/

注：
(1) 仓库编号必须是4位数，如编号为1的仓库则填写0001。
(2) 其他未列名的报关类型，参照上述标准办理。
(3) 上述栏目必须连续填写，不能申报空格，上述栏目的最后一个"/"后必须申报，其他申报要求可在其后申报。

计量单位申报要求：因仓储电子监管系统内对数量与重量都有要求，所以必须在备案单和报关单中同时申报数量与重量。可分别在法定第一计量单位与数量、第二计量单位、第三计量单位（成交计量单位）三栏内申报，如三栏内无法同时申报的，必须在规格型号栏内将未申报的项目申报在内。申报的数量必须为实际出入库时的数量与单位。

3. 由于国内各保税区设立先后时间不一，各海关原电子数据库先后将随着保税业务不断扩大而需要更新升级，电子数据库升级后，保税仓储企业应注意以下情况：

（1）所有仓储企业均应将企业信息再次向海关备案和核对，对于不提供准确信息的企业，以后货物将无法进行正常的进出库。

（2）海关电子数据实行对仓储企业按仓库平面图和库位划分的直观显示管理，所有仓储企业必须事先向海关提供仓库平面图和库位划分标识（企业内有几个库位就应有几个库位卡标识，库位卡是针对每一个存放货物的库位而不是每一批货物），经海关备案后企业端入库时才有库位供选择，进出货物堆存在库位内，利于海关监管查验和盘存核对。

（3）所有货主名称及企业十位数编码必须事先向海关申请并通过海关电子数据中心下载资料后方可入库；否则，货主名称及企业十位数编码不统一，无法办理进出库。

（4）所有企业内管理员的信息也需到海关办理备案并申请操作权限，如管理员发生变化变更时也必须及时向海关申请，否则将影响企业的操作。每一个管理员也应该妥善保管本人的IC操作卡、用户名及密码等资料，一旦发生遗失应及时向海关申报。

（5）企业在录入入库信息时，品名、HS编码等货物必须与备案单上完全一致，不能更改。此外企业还需输入的信息包括：货物规格、型号、库位号等标识。针对分拨型企业，所有品种（包括分拨与不分拨的）的中文英文品名、规格、型号、备件号、HS编码等信息需事先向海关备案，今后录入时仅需输入备件号即可。由于系统内出库品名与进库品名一致，所以出库数据录入应同入库时数据一致。

二、保税仓库的货物入库报关程序

（一）保税仓储货物入库报关

根据《保税仓库管理规定》，保税仓库入仓货物报关进口时，企业持有关单证向海关办理货物报关入库手续，海关根据核定的保税仓库存放货物范围和商品种类对报关入库货物的品种、数量、金额进行审核，并对入库货物进行核注登记，企业在办结进口报关手续、海关进境现场放行后再将货物入仓。

1. 货物在保税仓库所在地进境时，除易制毒化学品、监控化学品、消耗臭氧层物质外，免领许可证件，由经营企业办理进口报关手续。

（1）入库货物在进境口岸海关报关：对直接在口岸海关办理进口报关和货物放行手续的保税仓库货物，经营企业应当按照海关直接转关的转关运输方式办理通关手续，先到口岸海关办理转关运输手续，货物运到保税仓库时到仓库主管海关办理申报手续，主管海关放行后，保税仓库凭进口报关单等海关放行货物的凭证办理货物入仓手续。

（2）保税仓库入库货物在仓库主管海关申报，在口岸海关验放的，可以有两种验放手续：

① 如果仓库主管海关与口岸海关不在同一直属海关关区内的，经营企业可以按照提前报关转关的方式，先到仓库主管海关申报，再到口岸海关办理转关手续，货物运到仓库，由主管海关验放入库；经海关批准，也可以按"属地申报，口岸验放"的模式，由企业在主管海关申报，在口岸海关放行后，自行提取货物入仓。

② 口岸海关与仓库主管海关在同一直属海关关区内的，但不在同一隶属海关（办事处）内的，原则上按"直接转关"的转关运输方式办理通关手续；经主管海关批准，可以不按转关运输方式办理，由企业直接在口岸海关办理通关手续，在口岸海关放行后，自行提取货物入库。

（二）货物进保税仓库报关单的填制

货物进保税仓库，必须按海关对货物进保税仓库的监管要求，按照《报关单填制规范》填写保税货物进保税仓库的货物报关单。在填制货物进保税仓库的报关单时，应注意如下事项：

1. 货物进入保税仓库

货物进入保税仓库，有三种途径：

（1）从境内出口存入保税仓库

货物从境内出口存入保税仓库，应按一般出口货物办理出口报关手续，按照《报关单填制规范》填写一般出口货物出口报关单，向海关提交办理一般出口货物的相关单证及证件，在货物实际离境或办理进口手续后，按照海关规定办理出口退税手续。

（2）直接从境外进口存入保税仓库

货物从境外直接进口存入保税仓库，应按照《报关单填制规范》填写进口货物报关单，注意有区别的事项如下：

① "备案号"填写保税仓库电子账册号；
② "经营单位"填写经营单位名称及编码；
③ "运输方式"填写实际运输方式；
④ "收货单位"填写保税仓库名称及编码；
⑤ "贸易单位"填写"保税仓库货物，1233"；
⑥ "征免性质"为空；
⑦ "征税比例"填写"全免，3"；
⑧ "起运国"填写实际情况；
⑨ "装货港"填写实际情况；
⑩ "备案序号"填写保税仓库电子账册中的备案序号。

（3）从一个保税仓库或保税物流中心（A，B型）转存入另一个保税仓库。所以保税仓库在填制入/出保税仓库报关单时，要按海关对保税仓库的监管要求区别填制：

当货物从一个保税仓库或保税物流中心（A，B型）转存入另一个保税仓库时，转入方保税仓库应填写进口货物报关单，转出方保税仓库或保税物流中心（A，B型）应填写出口货物报关单。

A. 转入方保税仓库按照《报关单填制规范》填写进口货物报关单时，应注意有区别的事项如下：

① "备案号"填写转入方保税仓库电子账册号；

② "经营单位"填写实际经营单位名称及编码；

③ "运输方式"填写"其他，9"；

④ "收货单位"填写转入方保税仓库名称及编码；

⑤ "贸易单位"填写"保税仓库货物，1200"；

⑥ "征免性质"为空；

⑦ "征税比例"填写"全免，3"；

⑧ "起运国"填写"中国，142"；

⑨ "备案序号"填写保税仓库电子账册中的备案序号；

B. 转出方保税仓库或保税物流中心（A，B型）按照《报关单填制规范》填写出口货物报关单时，应注意有区别的事项如下：

① "备案号"按实际情况填写；

② "经营单位"填写实际发货企业名称及编码；

③ "运输方式"填写"其他，9"；

④ "发货单位"填写实际转出方保税仓库或保税物流中心（A，B型）名称及编码；

⑤ "贸易单位"填写"保税仓库货物，1200"；

⑥ "征免性质"为空；

⑦ "征税比例"填写"全免，3"；

⑧ "起运国"填写"中国，142"；

⑨ "指运港"填写"中国，142"；

⑩ "备案序号"填写保税货物备案序号；

⑪ "关联报关单"填写本次对应的18位进口报关单号码（指转入方保税仓库填写进口货物报关单上的18位进口报关单号码）。

（三）进保税区的进境货物备案报关流程

进保税区的进境货物备案报关分有纸和无纸报关两种。

为了提高通关效率，规范无纸通关通道，保税区海关规定：

1. 有纸报关（现场报关）

企业或其代理人凭合同、发票、装箱单、提单等相关单证到预录中心预录入申报备案，并同时生成备案数据。H2000系统随后将已经备案放行的数据传输至仓储管理数据中心。

保税仓储企业凭合同、发票、装箱单、提单等相关书面单证至通关科办理备案进保税区手续，通关科核对书面单证和电子数据无误后在纸质报关单上和提货单上盖放行章。

货主凭盖有放行章的报关单和提货单到港口办理提箱计划，箱货提出运达保税区海关卡口，卡口海关扫描报关单上的条形码与仓储管理数据中心核对，数据自动传输到仓储企业。

凡符合以下条件之一的，应按有纸申报：

(1) 进境备案环节涉及进口许可证件管理（入境检验检疫除外）一律按有纸申报；

(2) 进境报验状态为旧品的，一律按有纸申报；

(3) 进境后需做补申报或删除重报处理的，补申报单或重报单一律按有纸申报；

(4) 凡申报要素符合以下条件之一的，应按有纸申报：

① 按《中华人民共和国海关企业分类管理办法》，经营单位犯有走私行为的、犯有走私罪的、违反海关监管规定的、因进出口侵犯知识产权而被海关行政处罚的、拖欠海关税款和应缴罚没税款的 C 类、D 类管理企业；

② 货物毛重超过 100 吨；

③ 货物金额超过 300 万美元；

④ 贸易方式为"修理物品"、"退运货物"、"进（来）料件件退换"、"进（来）料料件成品退换"、"暂时进出口"；

⑤ 商品编号为 30 章（药品）72 章（钢铁）所有税号的进境货物；

⑥ 商品编号为税目 28 章（无机化学品；贵金属、稀土金属、放射性元素及其同位素的有机及无机化合物）29 章（有机化学品）36 章（炸药；烟火制品；火柴；引火合金；易燃材料制品）、49 章（书籍、报纸、印刷图画及其他印刷品；手稿、打字稿及设计图纸）、4403 至 4409 所有税号（原木及其半成品）、8701 至 8707（汽车车辆及其零件、附件）所有税号以及 8709 至 8713（其他车辆及其零件、附件）所有税号的进境货物；

⑦ 商品编号为 0302、0303、0304（鲜、冷鱼、冻鱼，鲜、冷鱼、冻鱼片及其他鱼肉，不论是否绞碎）所有税号的进境货物；

⑧ 商品编号为 8429（机动推土机、侧铲推土机、筑路机、平地机、铲运机、挖掘机、机铲装载机、捣固机械及压路机）、8716（挂车及半挂车或其他非机械驱动车辆及其零件）所有税号的进境货物。

2. 无纸报关（凡未列入有纸报关的进境货物，按无纸通道办理电子通关）

企业或其代理人凭合同、发票、装箱单、提单等相关单证到预录中心预录入申报备案，进境货物备案通过海关电子预录入系统进入海关电子报关系统终端的"录入进境备案清单"界面，按"录入进境备案清单"界面格式要求输入数据，准确填制完毕，界面显示出输入单证的内容，背景显示"校验单"三个字，发送，海关电子审核正确的话，海关回执上"校验单"三字不显示，即可打印出有条形码的进境货物备案清单一式四联和进口查验/放行通知单一式四联（一联交现场放单海关，一联交码头卡口，一联交港区计划室安排放箱，一联交进入的保税仓库入库）。

货主（集卡司机）凭提货单和进口查验/放行通知单到港口办理提箱计划，箱货提出运达保税区海关卡口，卡口海关扫描集卡司机提交的进口查验/放行通知单上的条形码与仓储管理数据中心核对，数据自动传输到仓储企业，卡口海关在进口查验/放行通知单盖章确认同意货物进入保税仓库，集卡司机把盖有海关放行章的进口查验/放行通知单交保税仓库，保税仓库在 7 天内到海关通关科凭书面单证办理事后交单手续，通关科核对书面单证和电子数据无误后放行。

当企业货物进保税区时，卡口通过调阅仓储管理数据中心中备案放行数据对货物进行电子确认，此时分两种情况进行确认：

（1）当货物一次性进保税区时，卡口凭企业提交的已放行备案单和电子数据比照实际货物核对确认。

（2）若货物分批进保税区时，卡口凭企业提交的已放行备案单和电子数据比照实际货物核对，分批扣减及确认，待货物进齐后一并确认。

随后，卡口将货物已实际放行确认进区的数据输入 H2000 系统并同时上传至仓储管理数据中心，货物应在备案放行后 7 天内全部进区，否则仓储管理数据中心电子系统自动报警，企业则根据经海关确认进区的备案放行数据在企业端电脑中输入货物相应的生产厂家、型号、序列号及存放库位等数据上传至仓储管理数据中心。

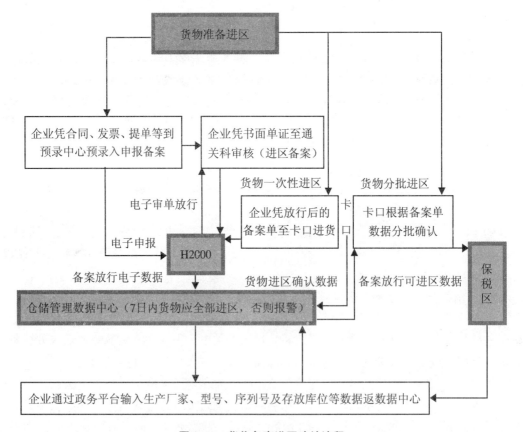

图 3—7　货物备案进区确认流程

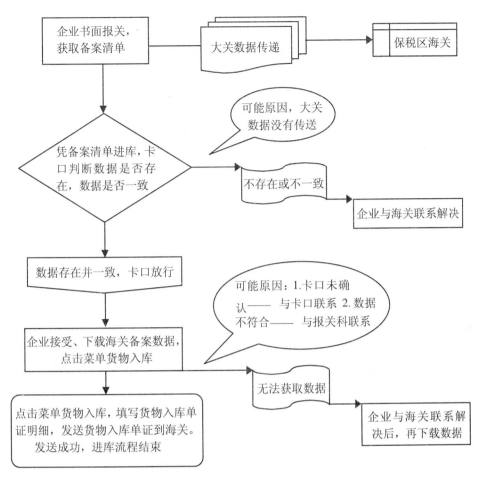

图 3—8　上海外高桥海关保税货物进库电子报关流程

（四）保税区进境货物报关实例

代理报关委托书

编号：00010749059

我单位现　　　（A. 逐票，B. 长期）委托贵公司代理　　　等通关事宜（填单申报，辅助查验，垫缴税款，办理海关证明联，审批手册，核销手册，申办减免税手续，其他）。详见《委托报关协议》。

我单位保证遵守《海关法》和国家有关法规，保证所提供的情况真实、完整、单货相符。否则，承担相关法律责任。

2011 年 5 月 16 日

委托方：凯米拉化学品（上海）有限公司（盖章）

法定代表人或其授权签署《委托报关协议》的人：×××（签字）

2011 年 5 月 16 日

委托报关协议

为明确委托报关具体事项和各自责任，双方经平等协商签订协议如下：

委托方	凯米拉化学品（上海）有限公司	被委托方	上海奥吉国际货运有限公司		
主要货物名称	造纸施胶剂	＊报关单编码	No：		
HS 编码	3809920000	收到单证日期	2011 年 5 月 16 日		
货物总价	USD. 175678.56	收到单证情况	合同 ☑	发票 ☑	
进出口日期	2011 年 5 月 16 日		装箱清单 ☑	提(运)单 ☐	
提单号	EGLV415141609773		加工贸易手册☐	许可证件 ☐	
贸易方式	保税结转		其他		
原产地/货源地	美国	报关收费	人民币：		
其他要求：		承诺说明：			
背面所列通用条款是本协议不可分割的一部分，对本协议的签署构成了对背面所列条款的同意。		背面所列通用条款是本协议不可分割的一部分，对本协议的签署构成了对背面所列条款的同意。			
委托方业务签章： 　凯米拉化学品（上海）有限公司（盖章） 经办人签章：××× 联系电话：　　　　　　　2011 年 5 月 16 日		被委托方业务签章： 　上海奥吉国际货运有限公司保税区业务部 　　　　　委托书专用章 经办报关员签章：××× 联系电话：　　　　　　　2011 年 5 月 16 日			

CCBA（白联：海关留存，黄联：被委托方留存，红联：委托方留存）　　　　中国报关协会监制

在海关 H2000 终端录入进境备案清单：

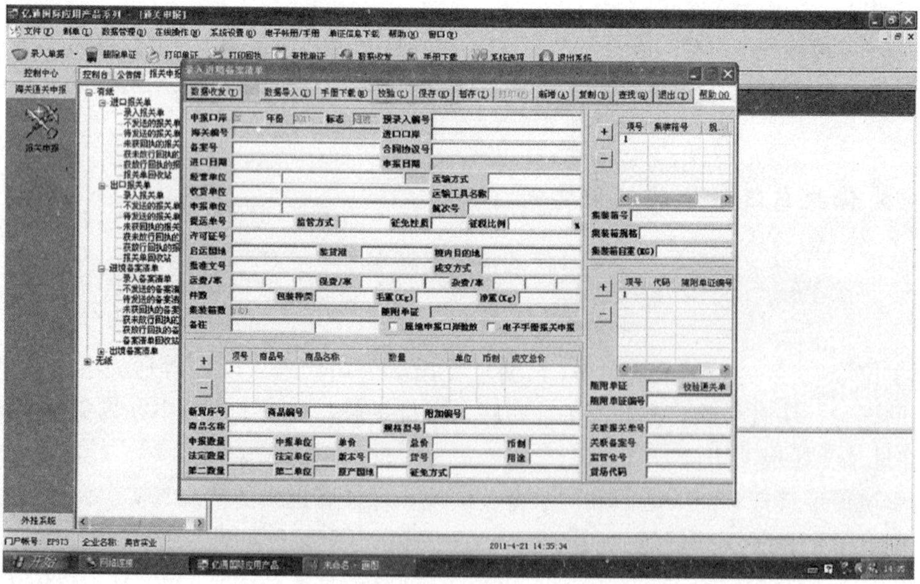

图 3—9　录入进境备案清单的电脑界面

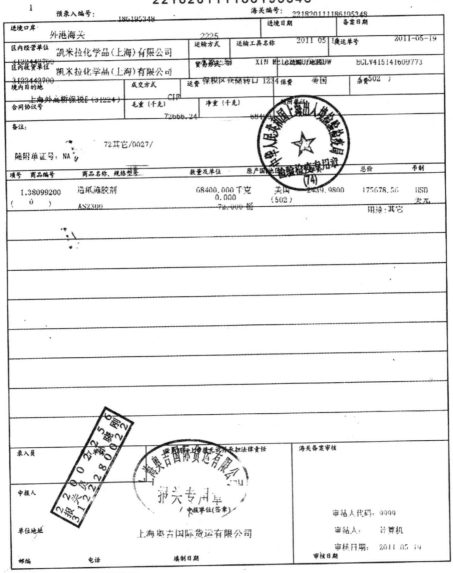

图3—10　中华人民共和国海关保税区进境货物备案清单

注：中华人民共和国海关保税区进境货物备案清单一式四联

第一联：进境地海关存查（白色），第二联：报关单位留存（黄色），第三联：主管海关存查（蓝色），第四联：备案单位存查（红色）。

进口查验/放行通知单

2218201111186195348

申报单位：上海奥吉国际货运有限公司			海关编号： 2218201111186195348		
进口口岸 外港海关 2225		备案号		进口日期 2011-05-14	申报日期 2011-05-19
经营单位 凯米拉化学品(上海)有限公司 3122442700		运输方式 水路运输	运输工具名称 XIN MEI ZHOU/0049W		提运单号 EGLV415141609773
发货单位 凯米拉化学品(上海)有限公司 3122442700		贸易方式 保税区仓储转口 1234		征免性质	征税比例 0%
许可证号	起运国(地区) 美国 502		装货港 美国 502		境内目的地 上海外高桥保税 31224
批准文号	成交方式 CIF	运费 000//	保费 000//		杂费 000//
合同协议号	件数 72	包装种类 其它		毛重(公斤) 72666.24	净重(公斤) 68400
集装箱号 0(0)	随附单据 A			用途	
备注 72其它/0027/ 随附单证号：A：NA					

项号	商品名称	数量及单位	原产国(地区)	单价	总价	币制
1	造纸施胶剂	72.00000桶	美国	2439.9800	175678.56	USD

以上内容与我司向海关申报和实际货物相符。
如有不符，我司愿承担一切法律责任。

经营或申报单位签章

　年　　月　　日

海关签注

　年　　月　　日

图 3—11　进口查验/放行通知单

注：《进口查验/放行通知单》一式四联

一联交现场放单海关，一联交码头卡口，一联交港区计划室安排放箱，一联交进入的保税仓库入库。

进口提单

Expeditors International Ocean

Bill of Loading

	SHIPPER'S I BOX	BOOKING NUMBER **141609771**	B/L NUMBER **6220032022**
SHIPPER：(Name and Full Address) DIXIE CHEMICAL COMPANY，INC. 10701 BAY AREA BLVD USA		EXPORT REEFERENCE SHPR REF：2011－005892，2011－005893 2011－005894，2011－005895 CNEE REF， 4500531140　　FMC♯2268，CHB♯6926	
CONSIGNEE：(Name and Full Address/Non-Negotiable Unless Consigned to order) KEMIRA CHEMCALS (SHANGHAI) CO.，LTD ROOM 2504－07，INNOV TOWER BLOPCK A, 1801 HONGMEI ROAD SHANGHAI 200233 CHINA，PEOPLES REP.		FORWARDING AGENT REFERENCES EXPEDITORS-IAH IACSSP♯NM9401019 HUMBLE TX 7738 POINT AND COUNTRY OF ORGIN OF GOODS	

NOTIFY PARTY/INTERMEDIATE CONSIGNEE (Name and Full Address)

ALSO NOTIFY (Name and Full Address) /DOMESTIC ROUTING/ EXPORT INSTRUCTIONS/PIER-TERMINAL/ONWARD ROUTING FROM POINT OF DESTINATION. FOR RELEASE OF CARGO PLEASE CONTACT：

INITIAL CARRIAGE	PLACE OF RECEIPT HOUSTON，TX
EXPORT CARRIER (VESSEL，VOYAGE) XIN MEI ZHOU V0049W	PORT OF LOADING LOS ANGELES，CA
PORT OF DISCHARGE SHANGHAI	PLACE OF DELIVERY SHANGHAI

PARTICULARES FURNISHED BY SHIPPER

MARKS AND NUMBERS/ CONTAINER NUMBERS	NOS, OF PACKAGES	DIPTION OF PACKAGES AND GOODS	GROSS WEIGHT KGS	MEASUREMENTR
凯米拉化学品（上海）有限公司（公章） 须在正本提单上盖章	4CTNR	AES X20110413049612 (72 TOTE) CHEMICALS， NON-HAZARDOUS，NOS EACH CONTAINER GROEE：18166.56KGS TARE：1066.56KGS NET：17100.00KGS **SHIPPER'S LOAD & COUNT** SHIPPER'S DECLARED VALUE： $ _ _ _ _ _ _ _ IF MERCHANT ENTERS A VALUE，CARRIER'S LIMITATION OF LIABILITY SHALL NOT APPLY AND THE AD VALOREM RATE WILL BE CHARGED	72666.24KG 160200.0LB	

BILL OF LOADING BE RELEEASED AT

FRIGHT RATES，CHAR GES，WEIGHT AND/OR MEASUREMENT (SUBJECT TO CORRECTION)	PREPAID	COLLECT	(此段英文太长，省略) DATED AT PORT OF LOADING SHOWN ABOVE FOR **EXPEDITOR INTERNATIONAL OCEAN**
	*** FREIGHT *** *** PREPAID ***		BY 签字（或盖章）　AS THE CARRIER 04/25/2011
DECLARED VALUE CHARGES			

发 票

Invoicing No：1003633201

Invoice Date：Apr. 16th. 2011

INVOICE

Seller：

Dixie Chemical Conpany，Inc.

10701Bay Area Blvd

Passdena Tx 77507

PO NO：4500531140

Buyer：

Kemira Chemical（Shanghai）Co.，Ltd.

Room 2504－2507，Innov Tower，Block A

1801 Hongmei Road 200233

Shanghai

Tel：021－33678333
Fax：021－33678400

Currency：USD

Carrier/From：/L Shanghai

Product & Specs	Quantity & Package	Unit Price	Amount（USD）
			CIF SHANGHAI
YDRORES AS2300	68400KGS	USD2. 5684/KG	USD175678. 56
Cert ificate of Origin	USA		
Dixie Chemical Conpany，Inc.			

装箱单

Invoicing No：1003633201

Invoice Date：Apr. 16th. 2011

PACKING LIST

Seller：

Dixie Chemical Conpany，Inc.

10701Bay Area Blvd

Passdena Tx 77507

PO NO：4500531140

Buyer：

Kemira Chemical（Shanghai）Co.，Ltd.

Room 2504－2507，Innov Tower，Block A

1801 Hongmei Road 200233

Shanghai

Tel：021－33678333
Fax：021－33678400

Currency：USD

Carrier/From：/L Shanghai

Product & Specs	Quantity & Package	NET WEIGHT	GROSS WEIGHT
YDRORES AS2300	72TOTE/950KG	68400KG	72666. 24KG
	72TOTE	68400KG	72666. 24KG
Country of Origin：	USA		
Dixie Chemical Conpany，Inc.			

提货单

上海航华国际船务代理公司

CHINA SAILING INTERNATIONAL SHIPPING AGENCY CO.，LTD

进口集装箱货物提货单

201105183099

进口换单查询网址：**WWW. CHINASAILING. COM. CN**　NO：0683126

港区场站 SEAWAY　C　　　　　　　　　　　　　　　　　　　船档号 BPKC

收货人名称 BEIJING KANG JIE KONG INTERNATIONAL CARGO AGENT CO .， LTD SHANGHAI BRANCH NO：1，LANE 128 LINHONG		收货人开户 银行与账号		
船名 XIN MEI ZHOU/新美洲	航次 0049w	起运港 LOS ANGELES. CA	目的港 Shanghai	船舶预计到港时间 2011/05/19
提单号 EGLV415141609773	交付条款 CY/CY	卸货地点 外二	进库场日期	第一程运单

标记与集装箱号	货　名	集装箱数或件数	重量(KGS)	体积（M³）
EISU 3572123/9043 EMCU3844358/9061 EMCU 3887684/9047 FSCU 7932891/9075	CHEMICALS， NON-HAZARDOUS72UNT 船舶具体靠泊时间，请参考港区网站 信息	4×20′GP 72	72666.24	100

船代公司重要提示：
(1) 本提货单中有关船、货内容按照提单相关显示填制；
(2) 请当场核查本提货单内容错误之处，否则本公司不承担由此产生的责任和损失；（Error And Omission Excepted）
(3) 本提货单仅为向承运人或承运人委托的雇佣人或替承运人保管货物订立合同的人提货的凭证，不得买卖转让；（Non-negotiable）
(4) 在本提货单下，承运人代理人及雇佣人的任何行为，均应被视为代表承运人的行为，均应享受承运人享有的免责、责任限制和其他任何抗辩理由；（Himalaya Clasuse）
(5) 货主不按时换单造成的损失，责任自负；
(6) 本提货单中的中文译文仅供参考。

上海航华国际船务代理有限公司
（盖章有效）

年　月　日

收货人章 **1**	海关章 **2**
检验检疫章 **3**	**4**
5	**6**

注意事项：
1. 本提货单需盖有船代放货章和海关放行章后方始有效。凡属法定检验、检疫的进口商品，必须向检验检疫机构申报。
2. 提货人到码头公司办理提货手续时，应出示单位证明或经办人身份证明。提货人若非本提货单记名收货人时，还应当出示提货单记名收货人开具的证明，以表明其为有权提货人。
3. 货物超过港存期，码头可以按《上海港货物疏运管理条例》的有关规定处理。在规定期间无人提取的货物，按《海关法》和国家有关规定处理。

三、保税仓储货物进保税区确认

1. 保税仓储货物实际运抵卡口，收取盖有海关骑缝章的红色进境备案清单（第四联，备案单位查存）、运单、箱单、发票，核验中华人民共和国海关境内汽车运输载运海监管货物载货登记本与运输工具无讹，核对集装箱封号或散货唛头、运单号，数量与单证无讹后在备案清单上签注并进行仓储电子确认。

2. 通过海运进保税区确认集装箱货物，如集装箱封志经检验检疫局开启，必须由检验检疫局加封，并出据检验检疫局拆封情况证明，卡口凭"证明联"正本留存并办理放行。

3. 通过海运进保税区确认集装箱货物，如集装箱上无商业封志，确系港区或海运中途损坏，必须由港务公司出具相关证明；如海运进境集装箱装运危险品，实际运抵卡口为散货，由海关批准的危险品监装仓库出具拆箱证明。

4. 通过海运进保税区确认集装箱货物，如集装箱封志与海关提单不一致，由船务公司出具证明，经卡口关员决定查验无讹后办理确认手续。

5. 通过海运进保税区确系海关查验的集装箱货物，凭口岸海关加封志与口岸加封单复印件予以确认。

6. 视同出口货物入库后确认手续，由卡口海关收取货物进区时核发的非保税区货物进区登记单及盖有海关骑缝章的红色进境备案清单、运单、箱单、发票办理确认。

7. 跨保税区进区确认查验保税仓储货物按保税区海关卡口跨区联系办法办理确认。

8. 卡口海关确认放行后，办理货物存储仓库的入库手续，卸货放入仓库指定的库位存放。

保税仓储货物进库单

进库单号：0027 I 11000096　进库日期：2011－09－02　海关编号：221820111186344930　仓库编号：0027
货主：上海怡康化工材料有限公司　　进库类型：备案进库　　10 位编码：3122440285

HS 编码	货物名称	规格型号	数 量	单　位	净重（kg）	毛重（kg）	金额（美元）	进区日期	库位
84081000	船用柴油发动机	3JH30A－K/	20.0000	台	4200.000000	5200.000000	132323.400	2011－09－02	I
84081000	船用柴油发动机	3JH30A－H/	6.0000	台	1260.000000	1560.000000	45305.820	2011－09－02	I
合计	项数：	2 项	26.0000		5460.000000	6760.000000	177629.220		

上报单位：上海奥吉实业有限公司　　　　　　制表人：上海外高桥保税区海关监制

注：进库单号：0027 I 11000096 中"0027"表示仓库编号，"I"表示货物存放库位号，"11000096"系入库序列号。

四、保税仓库的货物出保税区（库）报关手续

（一）保税仓储货物出区（库）时注意事项

下列保税仓储货物出区（库）时依法免征关税和进口环节代征税：

1. 用于在保修期限内免费维修有关外国产品并符合无代价抵偿货物有关规定的零部件。

　　无代价抵偿货物，即进口货物在征税放行后，发现货物残损、短少或品质不良，而由国外承运人、发货人或保险公司免费补偿或更换的同类货物，可以免税。但有残损或质量问题原进口货物如未退运国外，其进口的无代价抵偿货物应照章征税。

　　根据海关原规定，进口无代价抵偿货物必须向海关提供商品检验机构出具的原进口货物残损、短少、品质不良或者规格不符的检验证明书：

　　(1) 原进口货物报关单；

　　(2) 进口提交：原进口货物退运出境的出口报关单或者原进口货物交由海关处理的货物放弃处理证明；出口提交：原出口货物退运进境的进口报关单；

　　(3) 原进/出口货物税款缴款书或者征免税证明；

　　(4) 买卖双方签订的索赔协议。

　　2. 用于国际航行船舶和航空器的油料、物料。

　　3. 国家规定免税的其他货物。

(二) 保税仓储货物出仓报关手续的办理

　　保税仓库货物出保税区 (库) 可能出现进口报关和出口报关两种情况。保税仓库货物出库报关根据情况可以逐票报关，也可以集中报关。

　　1. 出口报关：保税仓库货物出仓复运出境外的，企业应当按照《保税仓报关单填制注意事项》及其他有关要求填制出口报关单，应当按照转关运输方式向海关办理复出口通关手续。口岸海关与仓库主管海关在同一直属海关关区内的，但不在同一隶属海关 (办事处) 内的，原则上按"直接转关"的转关运输方式办理通关手续；经直属海关批准，可以不按转关运输方式办理，由企业自行提取货物直接在口岸海关办理通关手续。

　　经海关批准，企业也可按照"属地申报，口岸验放"模式，在主管海关申报办理出仓通关手续，口岸海关放行出境。

　　2. 进口报关：保税仓库货物出仓运往境内转为正式进口的，必须经主管海关保税监管部门审核同意。转为进口的同一批货物，要填两张报关单，一张办结出仓报关手续，由保税仓库经营企业按照《保税仓报关单填制注意事项》有关要求，填制出口报关单 (其中监管方式填写"1200"，"关联报关单"栏填写本次对应的 18 位进口报关单号码，出仓货物的出口报关单与进口报关单的货名、数量、商品编码、计量单位、规格型号、价格等必须一致)；一张由收货人或其代理人按货物实际进口监管方式填制进口报关单。

　　保税仓库货物出仓转为正式进口通关时，进口报关单和出口报关单必须同时申报。海关先放行进口报关单，再放行出口报关单 (所谓出口报关单是指货物出仓转为正式进口通关时，按原货物入仓时填报的货物出口报关单的内容填写，在实际报关中，仅起备案核销作用)。

　　办理进口手续的情况可分为：

　　(1) 保税货物出仓用于可以享受特定减免税的特定企业、特定用途和特定地区；

　　(2) 保税仓库货物出仓转为加工贸易的；

　　(3) 出仓后转入国内市场销售的或用于境内其他方面，包括保修期间外维修，由保税仓库经营企业按一般进出口货物的报关程序办理进口报关；

（4）保税仓库内的寄售维修零配件如申请以保修期内免税方式出仓的，由保税仓库经营企业进口报关手续，填制进口报关单，按无代价抵偿货物报关。申请以保修期内免税方式出仓的除提交正式出仓单证外，货主还应提交以下单证：

① 保税仓库寄售维修件保修期内维修免税申请表；

② 维修记录单；

③ 原设备进口货物报关单；

④ 原设备进口税款缴纳证明、减免税证明；

⑤ 商品检验机关出具的原进口货物品质不良的检验证明书或买卖双方签订的索赔协议；

⑥ 其他有关证明。

海关保税监管部门留存一套上述单证的复印件后，正本退企业报关。

保税仓库内的寄售维修零配件申请免税方式出仓的，企业应对以下内容进行自我检查：

① 进口报关单的经营单位应与保税仓库电子账册是否一致；

② 免税出仓的维修件应在保修期内，但最长不应超过原设备进口之日 3 年；

③ 维修件应为外商免费提供；

④ 进口报关单贸易方式应为"无代价抵偿货物"（代码"3100"）；

⑤ 被更换的零部件是否已退运或放弃；

⑥ 对被更换的零部件超过 3 个月尚未退运的，海关将收取与维修件进口税等额的风险保证金；

⑦ 核对企业原设备进口货物报关单，属异地关区的，需经原设备进口地海关确认。

3. 集中报关：保税货物出仓批量少、批次频繁的，经海关批准可以定期集中事后报关。

保税仓库与海关特殊监管区或其他保税监管场所之间的货物往来，按转关运输的有关规定办理相关手续。保税仓库与海关特殊监管区或其他保税监管场所在同一直属海关区内的，经直属海关批准，应当各自在主管仓库海关报关，报关时应先办理进口报关，再办理出口报关。

（三）货物出保税仓库报关单填制

当货物出保税仓库，保税仓库在填制货物出口报关单和货物进口报关单时，要按海关对保税货物从保税仓库出口和进口的监管要求区别填制：

1. 货物直接从保税仓库转出口至境外国际市场，保税仓库应按照《报关单填制规范》填制出口货物报关单，在填制过程中，要注意以下事项：

（1）"备案号"填写保税仓库的电子账册号；

（2）"经营单位"填写实际经营单位名称及编码；

（3）"运输方式"按实际情况填写；

（4）"发货单位"填写保税仓库名称及编码；

（5）"贸易方式"填写"保税仓库货物，1233"；

（6）"征免性质"为空；

（7）"征税比例"填写"全免，3"；

（8）"运抵国"按实际情况填写；

（9）"备案序号"填写保税仓库电子账册备案序号。

2. 转入国内市场销售的货物报关单的填制：

保税仓储货物出库运往境内其他地方的，收发货人或其代理人应当填写进口报关单，并随附出库单据等相关单证向海关申报，保税仓库向海关办理出库手续并凭海关签印放行的报关单发运货物。

（1）保税仓库应按照《报关单填制规范》填制出口货物报关单，在填制过程中，要注意以下事项：

① "备案号"填写保税仓库的电子账册号；

② "经营单位"填写实际收货单位名称及编码；

③ "运输方式"填写"其他，9"；

④ "发货单位"填写保税仓库名称及编码；

⑤ "贸易方式"填写"保税间货物，1200"；

⑥ "征税性质"为空；

⑦ "征税比例"填写"全免，3"；

⑧ "运抵国"填写"中国，142"；

⑨ "指运港"填写"中国，142"；

⑩ "备案序号"填写保税仓库电子账册中的备案序号；

⑪ "关联报关单"填写本次对应的18位进口报关单号码（原进仓的出口货物报关单上的18位进口报关单号码）。

（2）收货单位应填制进口货物报关单，并按海关规定缴纳进口货物关税，在填制过程中，要注意以下事项：

① "备案号"按实际情况填写；

② "经营单位"填写实际收货单位名称及编码；

③ "运输方式"填写"保税仓库，8"；

④ "收货单位"填写实际提货单位名称及编码；

⑤ "贸易方式"按实际情况填写；

⑥ "征免性质"按实际情况填写；

⑦ "征税比例"按实际情况填写；

⑧ "运抵国"填写"中国，142"；

⑨ "备案序号"按实际情况填写。

（四）保税货物出仓转为正式进口的报关流程、单证填写实例

以保税货物从外高桥保税区保税仓库出仓转为正式进口为例：

1. 由仓储企业报关员根据货主提供的发票、装箱单及海关需要提供的相关单证，打开与海关联网的电脑，进入海关电子报关系统的"录入进口货物报关单"界面，按"录入进口货物报关单"界面格式要求将有关数据输入电脑，准确填制完毕，界面显示出输入单证的内容，背景显示"校验单"三个字，发送海关电子审核，海关电子审核正确的话，海关的电子回执上"校验单"三字不显示，即可打印出进口报关单。打印此单据后，海关盖章有效，手写涂改无效，凭以办理出区报关。

2. 按海关规定办理进口货物报关，货主缴纳相应的进口关税。

3. 货主提取仓储货物出区时，保税区卡口凭海关放行"已核准通过"章的提货单卡口放行联验核放行（机动车辆出区（库）时应逐辆详细注明车辆发动机号及大梁号等项目）。

发　票

Invoicing No：4500609388

Invoice Date：Aug 15th. 2011

INVOICE

Seller：	Buyer：
Dixie Chemical Plant.	Kemira Chemical（Shanghai）Co.，Ltd.
	Room 2504－2507，Innov Tower，Block A
Tel：(281)－291－3382	1801 Hongmei Road，Shanghai
Fax：(281)－291－3384	200233，P. R. CHINA
	Tel：021－33678333
	Fax：021－33678400

Order Number：4500609388	Currency：USD
Delivery Term：CIF Shanghai	Carrier/From：/L Shanghai

Product & Specs	Quantity & Package	Unit Price CIF Shanghai	Amount（USD）
HYDRORES AS2300	36×950 kg Con S ＝34200gk	USD2.8/KG	USD95760.00
Country of Origin：	**USA**		
Net weight	**34200kg**		
Gross weight	**36360kg**	此价格包含仓储费及其他杂费	
			Total Value：USD 95760.00

装箱单

Invoicing No：4500609388

Invoice Date：Aug 15th. 2011

PACKING LIST

Seller：

Dixie Chemical Plant.

Buyer：

Kemira Chemical（Shanghai）Co.，Ltd.

Room 2504－2507，Innov Tower，Block A

1801 Hongmei Road，Shanghai

Tel：(281)－291－3382

Fax：(281)－291－3384

200233，P. R. CHINA

Tel：021－33678333

Fax：021－33678400

Order Number：4500609388

Delivery Term：CIF Shanghai

Currency：USD

Carrier/From：/L Shanghai

Product & Specs	Quantity & Package	NET WEIGHT	GROSS WEIGHT
HYDRORES AS2300	950kg/con ×36cons	34200KG	36360KG
Country of Origin：	**USA**		
		34200KG	**36360KG**

在海关 H2000 终端录入进口报关单：

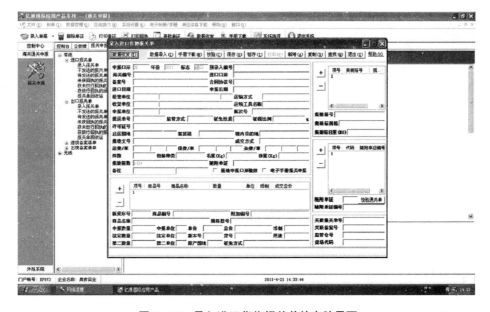

图 3—12　录入进口货物报关单的电脑界面

中华人民共和国海关进口货物报关单

221820111180293734

预录入编号：221820111180293734　　　　　　　　　海关编号：221820111180293734

出口口岸 外高桥关　2218		备案号		出口日期 2011/08/29	申报日期 2011/08/29
经营单位 凯米拉化学品(上海)有限公司　3122442700		运输方式 保税区		运输工具名称	提运单号
发货单位 凯米拉化学品(上海)有限公司　3122442700		贸易方式 一般贸易　0110	征免性质 一般征税　101		征税比例
许可证号	启运国（地区） 中国　142			指运港 中国境内　142	境内目的地 外高桥保税　31224
批准文号	成交方式	运费		保费	杂费
合同协议号 4500609888	件数 36	包装种类 其他		毛重（公斤） 36360	净重（公斤） 34200
集装箱号	随附单据			生产厂家	

标记码及备注
/0027/G1：作用烯基琥珀酸酐99.9％，其他0.1％

项号	商品编号	商品名称、 规格型号	数量及单位	原产地 （地区）	单价	总价	币制	征免
38099200		造纸施胶剂	34200.00000 千克	美国	2600.0000	95760.00	USD	照章征税
		凯米拉 AS 2300，与纸浆 纤维起化学反应而达到良 好的施胶	30.000000 桶	502			美元	其他

税收征收情况

录入员	录入单位	兹声明以上申报无讹并承担法律责任	海关审单批注及放行日期（盖章）	
报关员 **22005909** 报关员 ××× **3122280022**		上海奥吉国际货运有限公司 报关专用章	审单	审价
单位地址		申报单位（盖章）	征税	统计
邮编　　电话		填制日期 2011/08/29	查验　　放行 签发关员：××× 签发日期 201108/29	

已放行

外高桥保税区仓储货物出区（库）提货单

仓库号码：0027　　　　　　　　　　　　　　　　　　　NO：2011000186　　（1/1）

仓储企业名称	上海奥吉实业有限公司			出库单号			0027011000186
货主十位数代码	3122442700			提货单位名称			凯米拉化学品（上海）有限公司
发票号	211070019－1			封志/唛头			0027I11000074
报关单号				报关日期			2011－08－29
运输单位名称	自运			预计出区日期			2011－08－29

HS编码	货名	数量	单位	毛重(KG)	净重(KG)	金额(USD)
38099200	（未）造纸施胶剂/AS2300/	36.0000	桶	36360.000000	34200.000000	95760.00
	总计	36.0000		36360.000000	34200.000000	95760.00

备注：
车辆型号_____　发动机号_____　大梁号_____
排气量_____　颜　色_____

第一联仓库核销联

以上申报无讹。 经办人签名： 仓储企业章 上海奥吉实业有限公司 2011 年 8 月 29 日	提货单位 上海奥吉实业有限公司 仓储物流分公司 提货专用章 货主章 年　月　日	海关确认。 盖海关放行章 海关签章 年　月　日

备注：
1. 本单一式四联。仅限外高桥保税区使用，由仓储企业事先将有关数据输入电脑并打印此单据，盖章有效，手写涂改无效，凭以办理出区报关。
2. 仓储货物出区时，保税区卡口凭盖有海关放行章的提货单卡口放行联验核放行。
3. 机动车辆出区（库）时应逐辆详细注明车辆发动机号及大梁号等项目。

（五）保税仓库货物转为境外的报关流程、单证填写实例
以保税货物从外高桥保税区保税仓库出仓转为境外的为例：
1. 由货主或其代理人（货运代理企业或保税仓储企业）向海运船公司或船舶代理人订舱，取回船公司订舱装货单。
2. 保税仓储企业报关员根据货主提供的发票、装箱单、装货单及海关需要提供的相

关单证，打开与海关联网的电脑，进入海关电子报关系统的"录入出境备案清单"界面，按格式要求将有关数据输入电脑，准确填制完毕，界面显示出输入单证的内容，背景显示"校验单"三个字，发送海关电子审核，海关电子审核正确的话，海关的电子回执上"校验单"三字不显示，即可打印中华人民共和国海关保税区出境货物备案清单报关单。打印此单据后，海关盖章有效，手写涂改无效，凭以办理出区报关。

3. 按海关规定办理保税货物出境报关。

4. 仓储货物出区时，保税区卡口凭盖有海关放行"已核准通过"章的提货单卡口放行联验核放行（机动车辆出区（库）时应逐辆详细注明车辆发动机号及大梁号等项目）。

5. 按船期进港时间要求，送货进港区装船出境。

6. 保税仓储企业报关员按海关要求办理保税货物仓储核销。

发 票

宁波保税区中秀国际贸易有限公司

NINGBO FREE TRADE ZONE ZHONGXIU INTERNATIONAL TRADING LTD

58 QISHA STREET NINGBO CHINA

商 业 发 票

TO：	COMMERCIAL INVOICE	号码：

SHANGHAI JIHUA TRADING Co., LTD

NO：20110002A

订单或合约号码：

SALES CONFIRMAION NO：20110215－1

日期：

DATE：MAR . 02. 2011

装船口岸	目地港：
FROM SHANGHAI	**TO BUSAN，KOREA**
信用证号数	托收行
LETTER OF CREDIT NO	**COLLECTING**

唛号 MARKS&NOS	货物数量 QUANTITIES AND DESCRIPTIONS	总值 AMOUNT
N/M	PRICE COMMODITY：LDPE LD2426H 54. 00MTS USD 1750. 00MT	TERM：CIF BUSAN， KOREA USD 945400. 00
	QUANTITY：54. 00MTS CONTRACT NO：20110215－1 COUNTRY OF ORIGIN：THAILAND	USD 945400. 00

宁波保税区中秀国际贸易有限公司

NINGBO FREE TRADE ZONE ZHONGXIU INTERNATIONAL TRADING LTD

装箱单

宁波保税区中秀国际贸易有限公司

NINGBO FREE TRADE ZONE ZHONGXIU INTERNATIONAL TRADING LTD
58 QISHA STREET NINGBO CHINA

装箱单/重量备忘录

TO：　　　　　　　　　　PACKING LIST/WEIGHT MEMO　　　号码：

SHANGHAI JIHUA TRADING CO.，LTD　　　　　　　NO：20110002A

定单或合约号码：

CONTRACT NO：20110215－1

日期：

DATE：MAR . 02. 2011

STYLE NO，	PKG NOS	PKGS	QUANTITIES	GR. WT	NET WT.	MEASUREMENT（M³）
			54.00MTS	54324.00KGS	54000.00KGS	
			54.00MTS	54324.00KGS	54000.00KGS	

COMMODITY：LDPE LD2426H

MARKS AS PER INV. NO：20110002A

宁波保税区中秀国际贸易有限公司

NINGBO FREE TRADE ZONE ZHONGXIU INTERNATIONAL TRADING LTD

装货单

Shipper 发货人	D/R No：（编号）
NINGBO FREE TRADE ZONE ZHONGXIU INTERNATIONAL TRADING LTD 28F，NO 58 QIZHA STREET NINGBO，CHINA	KMTCSHA2007674 装货单 场站收据副本

Consignee 收货人
SHANGHAI JIHUA TRADING., LTD

Notify Party 通知人
SAME AS CONSIGNEE

Pre-Carriage By（前程运输） **place of Receipt**（收货地点）

Ocean Vessel（船名）**Voy，No.**（航次）**Port of Loading**（装货港）
NIARAV. 1103E   SHANGHAI

场站章

Port of Discharge（卸货港） **Place of Delivery**（交货地） **Final Destination for merchant's Reference**（目的地）
BUSAN   BUSAN

Container No；（集装箱号）SealNo(封志号) Marks&Nos 标记与号码	No. of Containers or pkgs（箱数或件数）	Kind of Packages Description of Goods（包装种类与货名）	Gross Weight 毛重（公斤）	Measurement 尺码（立方米）
N/M	2160PKGS	LDPE LD2426H CY TO CY 2×20′GP&1×40HQ FREIGHT PREPAID	54324KGMS	122CB
TOTAL NUMBER OF CONTAINERS OR PACKAGES (IN WORD)（集装箱数或件数合计大写）	SAY TWO THOUSAND ONE HUNDRED AND SIXTY-PKGS ONLY			

Container No(箱号)　　SealNo(封志号)　　pkgs(件数)　　Container No(箱号)　　SealNo(封志号)　　pkgs（件数）

Received（实收）　　By Terminal clerk（场站员签收）

FREIGHT & CHARGES	Prepaid（预付地点）	Payable at（到付地点）	Place of Issue（签发地点）SHANGHAI		
	Total Prepaid（预付总额）	No. of Original B/L（正本提单份数）THREE	BOOKING（订仓确认）APPROVED BY		
	Service Type on receiving ———CY——— CFS———DOOR	Service Type on receiving ———CY———CFS———DOOR	Receiver Temperature Required（冷藏温度）	°F	°C
TYPE OF	Ordinary Reefer Dangerous Auto（普通）（冷藏）（危险品）（裸装车辆）		危险品	Class Property IMDG Code Page	
GOODS（种类）				UN NO：	

在海关 H2000 终端录入出境备案清单：

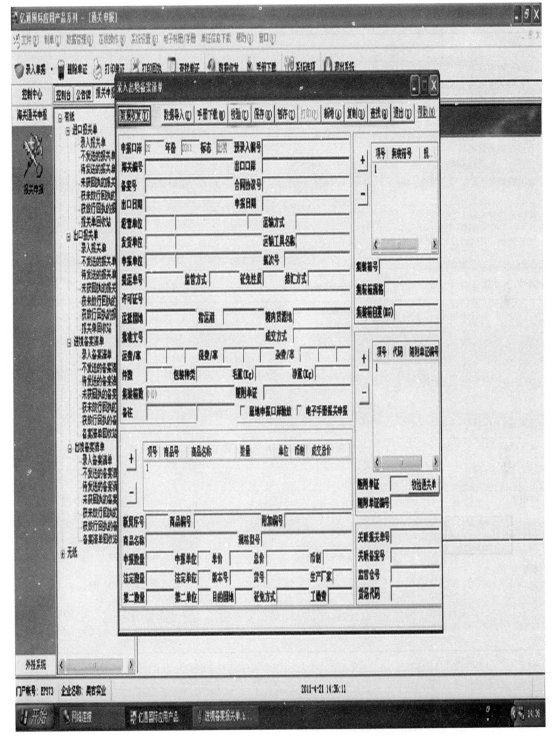

图 3—13　录入出境备案清单的电脑界面

中华人民共和国海关保税区出境货物备案清单
221820110685064482

预录入编号：685064482   海关编号：1820111186195348

出口口岸 外港海关 2225				出境日期	备案日期 2011－03－04
区内经营单位 上海天隆五金有限公司 3122430088	运输方式 水路运输	运输工具名称 NIARA/1103N		提运单号 KMTCSSHA2007674	
区内收货单位 上海天隆五金有限公司 3122430088	贸易方式 保税区仓储转口 1234		起运国（地区） 韩国 （133）		
境内目的地 上海外高桥保税区 （31224）	成交方式 CIF	运费	保费 0.27%	杂费 0.3%	
合同协议号	毛重（公斤） 54324	净重（公斤） 54000	随附单据		

备注
      2160 其他/0322/
集装箱号：KMTU7112628　KMTU9205801 TGHU0353140

项号	商品编号	商品名称、 规格型号	数量及单位	原产地 （地区）	单价	总价	币制
1.	3901100090	低密度聚乙烯	54000.000 千克 2160.00 包	韩国 502	43.7500	94500.00	USD 美元

录入员	兹声明以上申报无讹并承担法律责任	海关备案审核
申报人 22002256 报关员 ××× 312228022 单位地址	上海奥吉国际货运有限公司 报关专用章 申报单位（盖章）	审结人代码：9999 审结人：计算机 审核日期：2011/03/04
邮编　　　电话　　　填制日期		审核日期

第一联　出境地海关存查

外高桥保税区仓储货物出区（库）提货单

仓库号码：0322　　　　NO：2011000295 (1/1)

仓储企业名称	上海天隆五金有限公司	出库单号	0322011000295
货主十位数代码	3122430088	提货单位名称	SHANGHAI JIHUATRADING Co., LTD
发票号	20110215－1	封志/唛头	
报关单号	1820111186195348	报关日期	2011－03－03
运输单位名称	自运	预计出区日期	2011－03－03

HS 编码	货名	数　量	单　位	毛重(KG)	净重(KG)	金额(USD)
3901100090	(未)低密度聚乙烯/颗粒状/薄膜级/	2160.0000	包	54324.000000	54000.000000	94500.00
	总计	2160.0000		54324.000000	54000.000000	94500.00

第一联仓库核销联

备注：
车辆型号＿＿＿＿＿＿　发动机号＿＿＿＿＿＿　大梁号＿＿＿＿＿＿
排气量＿＿＿＿＿＿　颜　色＿＿＿＿＿＿

以上申报无讹。 经办人签名： 仓储企业章 上海奥吉实业有限公司 2011 年 3 月 3 日	提货单位 上海奥吉实业有限公司 仓储物流分公司 提货专用章 货主章 年　月　日	海关确认。 盖海关放行章 海关签章 年　月　日

（六）保税仓库货物转入保税仓库、保税物流中心（A，B 型）

1. 转入方保税仓库应按照《报关单填制规范》填写进口货物报关单时，应注意事项如下：

（1）“备案号”填写转入方保税仓库电子账册号；

（2）“经营单位”填写实际经营单位名称及编码；

（3）“运输方式”填写“其他，9”；

（4）“收货单位”填写转入方保税仓库名称及编码；

（5）“贸易单位”填写“保税仓库货物，1200”；

（6）“征免性质”为空；

（7）"征税比例"填写"全免，3"；

（8）"起运国"填写"中国，142"；

（9）"装货港"填写"中国，142"；

（10）"备案序号"填写保税仓库电子账册中的备案序号。

2. 转出方保税仓库应填写出口货物报关单时，应注意事项如下：

（1）"备案号"填写转出方保税仓库名称及编码；

（2）"经营单位"填写实际名称及编码；

（3）"运输方式"填写"其他，9"；

（4）"发货单位"填写转出方保税仓库的名称及编码；

（5）"贸易单位"填写"保税仓库货物，1200"；

（6）"征免性质"为空；

（7）"征税比例"填写"全免，3"；

（8）"起运国"填写"中国，142"；

（9）"指运港"填写"中国，142"；

（10）"备案序号"填写保税货物备案序号；

（11）"关联报关单"填写本次对应的 18 位进口报关单号码（指转入方保税仓库填写的进口货物报关单 18 位进口报关单号码）。

（七）货物进保税仓库视为正式出口报关流程、单证填写实例

国内货物进入保税仓库，视为正式出口。

1. 发货人或其代理人向海关办理出口报关手续，提交出口报关单证、发票、装箱单、出口货物收汇核销单及相关单证（因国内送货进库，报关不需要装货单）。

2. 报关程序：

（1）货主办理出口货物非保税区货物进区登记单，此单为视同出口货物进区登记时使用，由区内收货仓储企业（进仓库）或区内收货人（进手册）电脑打印完成。货到卡口时仓储企业派员凭单检查，经海关盖章确认后有效，货物方可进入保税仓库存储。货物入区（库）后，应在 7 个工作日内向海关进行事后申报。

（2）到海关指定窗口预录入，打开海关预录入出口报关电脑界面，按海关预录入出口报关电脑界面表格要求正确填制数据，填制完毕，界面显示出输入单证的内容，背景显示"校验单"三个字，发送海关电子审核，海关电子审核正确的话，海关的电子回执上"校验单"三字不显示，打印出口货物报关单，海关审核放行，收汇核销单给货主到外汇管理局办理收汇核销用。

非保税区货物进区登记单

经营单位（公章）：上海乔治费歇尔管路有限公司　十位数编码：3116940501　区内收货企业：上海奥吉实业有限公司

货　名	重量（毛重/净重）	件　数	进区原因	备　注
氯乙烯聚合物制硬管	280/ 244.02	134	视同出口	/
塑料管件（接头）	20/12.47	78	视同出口	/
/	/	/	/	/
区内企业同意接受货物确认： 上海奥吉实业有限公司 盖章：_____	出口经营单位发货确认： 上海乔治费歇尔管路有限公司 盖章（正本）：_____	海关验讫栏： 海关放行章 2011 年 7 月 22 日		区内企业收货确认： 仓库号 或 区内手册号：0576 上海奥吉实业有限公司 盖章(正本)：_____

注意事项：
1. 此单为视同出口货物进区登记时使用，由区内收货仓储企业（进仓库）或区内收货人（进手册）电脑打印完成，产生空行内容一律用"/"填充。
2. 货到卡口时企业派员凭单检查，经海关盖章确认后有效，入区后应在 7 个工作日内向海关进行申报。
3. 此单仅供以上货物报关时使用，不作为出区凭证。

在海关 H2000 终端录入出口报关单：

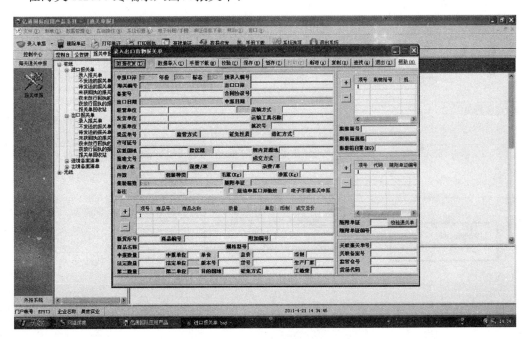

图 3－14　录入出口报关单的电脑界面

中华人民共和国海关出口货物报关单

223120110680048481

预录入编号：680048481   海关编号：223120110680048481

出口口岸 外港海关 2215	备案号 /	出口日期 /	申报日期 2011/07/22
经营单位 　上海乔治费歇尔管路有限公司 3116940501	运输方式 非保税区	运输工具名称	提运单号
发货单位 　上海乔治费歇尔管路有限公司 3116940501	贸易方式 一般贸易　0110	征免性质 一般征税　101	结汇方式 电汇

许可证号	运抵国（地区） 中国　142	指运港 中国境内　142	境内货源地 南汇　31169
批准文号 796100391	成交方式 FOB	运费 000//	保费 000//	杂费 000//
合同协议号 120452776－55339	件数 212	包装种类 其他	毛重（公斤） 300	净重（公斤） 256.49
集装箱号 0 (0)	随附单据		生产厂家

标记唛码及备注
　　进库/0576/212 PCS G1：134 根 G2：78 PCS

项号	商品编号	商品名称、 规格型号	数量及单位	最终目的地 （地区）	单价	总价	币制	征免
1	39172300	氯乙烯聚合物 制硬管 用于水处理设 备系统中　氯 乙烯	244.02000 244.02000	中国 142	14.0640	3431.90	USD 美元	照章征税
2	3917400	塑料管件 （接头）	12.47000 12.47000	中国 142	153.2141	1910.53	USD 美元	照章征税

税收征收情况

录入员　　　　录入单位	兹声明以上申报无讹并承担法律责任	海关审单批注及放行日期（盖章）
报关员 **110998001020×××＊** 报关员　×××	上海唯凯国际货物运输有限公司 报关专用章	审单　　　　　审价
单位地址	申报单位（盖章）	征税　　　　　统计
邮编　　　电话　　　填制日期：2011/07/22		查验　　　　　放行 签发关员：××× 签发日期 2011/07/22

（八）海关规定的其他情形

1. 从异地提取保税仓储货物出库的，可以在保税仓库主管海关报关，也可以按照海关规定办理转关手续。

2. 出库保税仓储货物批量少、批次频繁的，经海关批准可以办理集中报关手续。

3. 出境货物出境口岸不在保税仓库主管海关的，经海关批准，可以在口岸海关办理相关手续，也可以按照海关规定办理转关手续。

六、货物出保税区确认流程

货物待出保税区前，企业凭报关所需相应文件（包括合同、发票、提单等）生成出库数据及提货单，再将此数据上传至仓储数据管理中心并形成库存虚扣数据。同时，企业凭上述单证至报关预录中心通过电子预录入，并向 H2000 系统进行电子申报，待 H2000 系统电子审单放行后，企业持书面单证至通关科办理报关出区手续，通关科核对书面单证和电子数据无误后结关放行。H2000 系统随后将已经结关放行数据传到仓储数据管理中心。企业同时根据结关放行的报关单在企业端电脑的电子提货单数据中输入已结关放行的报关单号，然后上传至仓储数据管理中心。仓储数据管理中心随后将企业上报的数据与结关放行数据进行电脑自动核对匹配，如相符，则进行库存数据实扣及生成允许放行出区数据；若不相符，则由人工进行核对，通过则进行库存数据实扣及生成允许放行出区数据。待生成允许放行出区数据后，通过电子邮件发送该批货可以出区的信息给企业，企业此时方可出货。

货物出区分两种情况并进行确认：

1. 当货物一次性出区时，卡口凭企业提交的已放行提货单与仓储管理数据中心允许放行电子数据核对相符后确认出区。

2. 若货物分批出区时，企业原先在已结关放行的提货单的基础上打印分批出区提货单，并上传到仓储管理数据中心。卡口凭企业提交的分提单与仓储管理数据中心的分提单数据核对放行，待货物全部出区后，卡口将货物实际放行出区的数据向 H2000 系统发送并同时上传至仓储管理数据中心。若货物一个月内未出保税区，仓储管理数据中心电子系统自动报警。

七、分拨出保税区流程

企业在货物分拨出库前，先根据订单自行输入分拨出库数据，并将该电子分拨出库单上报至仓储数据管理中心，海关端电脑自动核对分拨商品是否超出备案范围及核算分拨出库金额是否超过担保限值，然后向企业发送允许分拨电子回执，由企业根据海关回执自动打印出分拨出库提单。当企业分拨货物运至卡口时，将该分拨出库提单交给卡口，卡口经与仓储数据管理中心保税科允许放行的数据相核对后，予以放行；同时将放行信息反馈给数据中心，此时库存数据实扣。

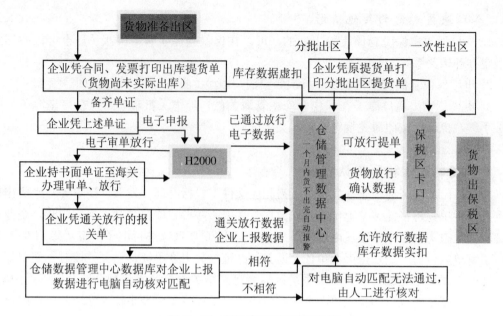

图3－15　货物出保税区确认流程

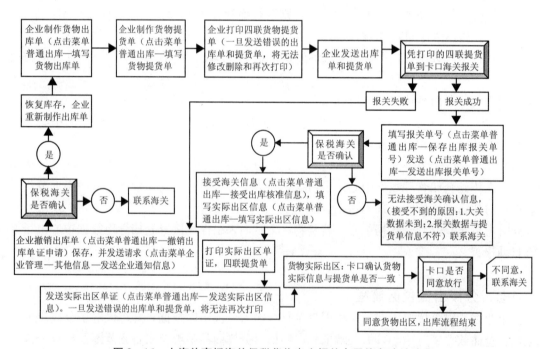

图3－16　上海外高桥海关保税货物出库报关电子信息确认流程

　　分拨货物实行集中报关时，先由企业根据货物分拨出区已确认的电子数据打印集中报关提货单，并上传至仓储数据管理中心，企业凭报关所需单证（包括合同、发票、集中报关提单等）至报关预录中心通过电子预录入，并向H2000系统进行电子申报，待H2000系统电子审单放行后，企业持书面单证至通关科办理集中报关手续，通关科核对书面单证和电子数据无误后结关放行。通关放行后，卡口将货物已实际结关放行数据传至仓储数据再向 H2000 系统发送，H2000 系统随后将已经结关放行数据传到仓储数据管理中心。企业同时根据结关放行的报关单在企业端电脑的电子提货单数据中输入报关单号，上传至仓储数据管理中心。海关仓储数据管理中心对企业上报的数据与海关结关放行数据进行电脑自动核对匹配，若电脑自动匹配无法通过，再由人工进行核对，并将核对通过数据反馈给仓储数据管理中心，对相应货物的流向予以最终确认。

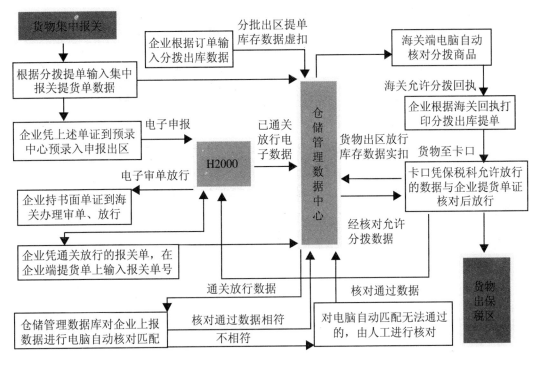

图 3—17　分拨出保税区流程

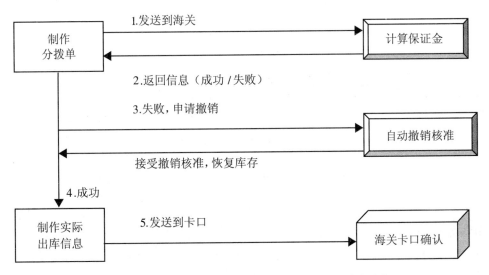

图 3—18　仓储企业制作单分拨出区（库）电子信息流程

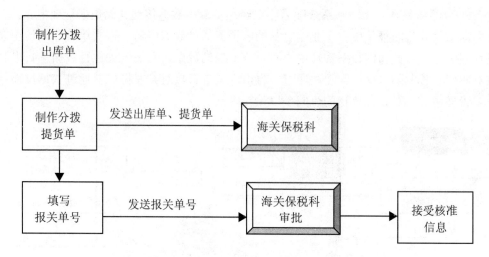

图 3－19　仓储企业制作分拨提货单电子信息流程

八、保税区内货物转让移库信息流程（适合所有仓库）

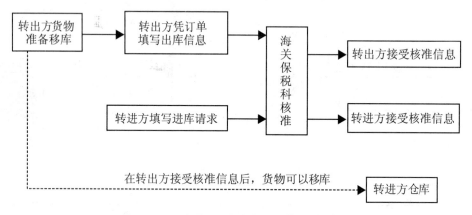

图 3－20　保税区内货物转让移库信息流程

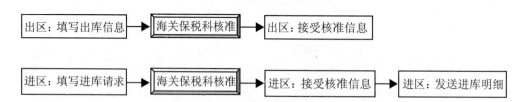

图 3－21　保税区内货物临时进出区信息流程（适合所有仓库）

保税仓储货物区内转让出库单

出库单号：0027T11000012　　　　出库类型：区内转让　　　　仓库编号：0027
原货主：上海沪光电源仪器有限公司　10 位编码：3118900372　　出库日期：2011－03－17
收货单位：珊华电子科技（上海）有限公司　收货单位 10 位编码：3122442753　收货仓库编号：1276

HS编码	货物名称	规格型号	进库单号	数量	单位	净重（kg）	毛重（kg）	金额（美元）	目的地	合同发票
85049020	稳压电源板	Sp281－2－E/	0027111000031	3029.0000	块	1035.500000	1090.000000	33202.990	1276 仓库	2011－3－17
合　计	项数：	1项		3029.0000		1035.500000	1090.000000	33202.990		

上报单位：上海奥吉实业有限公司　　　　　　　　制表人：上海外高桥保税区海关监制

1. 转让移库双方签订合同后，货物出库前由出库方输入出库数据，并上传至仓储数据管理中心进行电子申报，同时形成库存虚扣数据。经办关员在审核无误后，在仓储数据管理中心进行确认放行，仓储数据管理中心对出库方库存数据进行实扣。入库方根据海关审核通过后的数据为依据，在企业端输入货物存放库位等相关入库数据后上传至仓储数据管理中心。企业在向海关办理登记手续的同时，出入库双方可自行进行仓库间货物转移。若一周内入库方未输入入库数据，系统将自动报警。

2. 在本仓库内货物需调整、移动库位时，货物出库前由出库方输入出库数据，并上传至仓储数据管理中心进行电子申报，同时形成库存虚扣数据。经办关员在审核无误后，在仓储数据管理中心进行确认放行，仓储数据管理中心对出库方库存数据进行实扣。入库后根据海关审核通过后的数据为依据，在企业端输入货物存放库位等相关入库数据后上传至仓储数据管理中心。否则，企业数据与仓储数据管理中心数据不相符，海关无法核销。

例：上海奥吉实业有限公司保税仓库把货物"罗尔夫、班得哈莱"年份 2008 酒精从原库位"L"移到库位"K"，仍需要按海关要求办理出入库数据进行电子申报，填写"保税仓储货物临时出区出库单"和"保税仓储货物临时进区进库单"。

保税仓储货物临时出区出库单

出库单号：0027L11000002　　　　出库类型：其他　　　　　　　仓库编号：0027
货　　主：上海奥吉实业有限公司　　10 位编码：312243104　　　出库日期：2011—04—18

HS 编码	货物名称	规格型号	进库单号	数量	单位	净重（kg）	毛重（kg）	金额（美元）	目的地	合同发票
22042100	罗尔夫、班得哈莱	年份2008酒精	0027I11000024	3600.0000	瓶	2619.000000	4800.000000	22317.750	0027	2011—4—18
合　　计	项数：1 项			3600.0000		2619.000000	4800.000000	22317.750	/	/

上报单位：上海奥吉实业有限公司　　　　　　　　　　制表人：上海外高桥保税区海关监制

保税仓储货物临时进区进库单

出库单号：0027 L 11000002　　原出库日期：2011—04—21　出库编号 027L11000002　仓库编号：0027
货　　主：上海奥吉实业有限公司　进库类型：其他　　　　10 位编码：3122543104

HS 编码	货物名称	规格型号	进库单号	数量	单位	净重（kg）	毛重（kg）	金额（美元）	进区日期	库位
22042100	罗尔夫、班得哈莱	年份2008酒精	0027I11000024	3600.0000	瓶	2619.000000	4800.000000	22317.750	2011—04—21	K
合　　计	项数：1 项			3600.0000		2619.000000	4800.000000	22317.750	/	/

上报单位：上海奥吉实业有限公司　　　　　　　　　　制表人：上海外高桥保税区海关监制

九、海关对出保税区货物的监管

1. 对于保税仓储货物，收取由仓储企业打印的"已核对通过"的提货单经海关卡口核对货物及电脑输机后放行出区，提货单必须一次使用，不得分批出区。

2. 对于经海关批准，临时出区展示、维修、测试的保税仓储货物，海关卡口凭盖有海关主管部门"验讫章"的保税区货物出区凭单验放出区。

3. 对于经海关批准，临时出区维修、测试的海关监管期内的免税办公用品、设备，委托区外企业加工的保税料件及半成品，销往非保税区的加工贸易结转料件及半成品、成品，加工过程中产生的边角余料、废料海关卡口凭盖有海关主管部门"验讫章"的保税区货物出区凭单验放出运，如有分批出运，海关卡口应在保税区货物出区凭单上批注后退给企业留存继续使用，直至出运完成。

4. 对于区内加工企业已办妥出境备案手续的加工成品出区，海关卡口凭盖有海关主管部门"验讫章"的保税区货物出区凭单，分以下几种情况验放出运：

(1) 如有分批出运，海关卡口应在保税区货物出区凭单上批注后退给企业留存继续使用，直至出运完成。

(2) 出区货物如为集装箱货物，出区凭单上必须注明经海关主管部门认可的集装箱箱号。

(3) 对于通过 EDI 方式报关出口的加工成品出区，凭出口查验/放行通知书及载货登记本加封验放出区。

5. 对于区内经海关批准开展保税分拨业务的保税分拨企业，凭企业打印的"已核对通过"保税区保税分拨货物出区凭证验放出区。

6. 对于区内经海关批准开展集运分拨、拼拆箱业务企业的进口集运分拨、拼拆箱货物，海关卡口凭海关主管部门核发的区内企业非报关货物进出口凭证验放出区。

7. 对保税区不同区域保税仓库移库出卡口，凭企业打印的保税区仓储货物转让移库出库单，由企业填一式三份跨区联系单，由出区卡口海关封交经营单位或仓储企业有关人员带至入库区域卡口验核并监管入区，出区卡口海关留存有关单证，凭联系单回执核销。

8. 对保税区不同区域保税仓库转入加工贸易手册保税仓库出卡口，凭企业打印的"已核对通过"提货单经输入电脑核对后，填跨区联系单放行出区。

9. 对保税区不同区域加工贸易结转料、件及半成品跨区出卡口，凭海关有效报关资料办理跨区联系手续。

10. 对跨区查验的保税货物出卡口，凭由经营单位或报关单位填写的一式三份保税区卡口跨区联系单操作，出区卡口留存有关报关凭证或报关员证，凭联系单回执核销归还。

11. 对于空运直通式货物出卡口，凭海关主管部门核准的空运直通式货物提货单或 EDI 进口查验/放行通知书，按跨区联系单操作放行出区。

12. 对于随车载运进入保税区即需要复运出区的非保税区货物，凭卡口签发的盖有"限当日使用"的非保税区货物进区登记单验放出区。

13. 对于进区储存、加工、测试、维修、检测的非保税区货物出区，凭海关主管部门签发的区内企业非报关货物进出区凭证验放。

外高桥保税区仓储货物出区（库）提货单

仓库号码：0027　　　　　　　　　　　　　　　　　　NO：2011000068（1/1）

仓储企业名称	上海奥吉实业有限公司	出库单号	0027011000063
货主十位数代码	3122430104	提货单位名称	上海驿坤国际贸易有限公司
发 票 号	210090127－8	封志/唛头	0027110000078/126/128/129
报 关 单 号		报关日期	2011－03－30
运输单位名称	自运	预计出区日期	2011－03－30

HS 编码	货名	数量	单位	毛重（KG）	净重（KG）	金额（USD）
33074100	（全部）芳香液/室内芳香用	348.0000	个	318.000000	305.000000	2627.28
33074100	（全部）芳香液/1L/个/	10012.0000	个	8959.000000	8760.500000	71590.09
	总计	10360.0000		9277.000000	9065.500000	74217.37

备注：
车辆型号＿＿＿＿＿＿＿发动机号＿＿＿＿＿＿＿大梁号＿＿＿＿＿＿＿
排 气 量＿＿＿＿＿＿＿颜　色＿＿＿＿＿＿＿

以上申报无讹。 　　经办人签名： 　　仓储企业章 上海奥吉实业有限公司 　　2011 年 3 月 30 日	提货单位 上海奥吉实业有限公司 　仓储物流分公司 　　提货专用章 　货主章 　　年　月　日	海关确认。 　　　盖海关放行章 海关签章 　　年　月　日

第一联 仓库核销联

备注：
　　1. 本单一式四联。仅限外高桥保税区使用，由仓储企业事先将有关数据输入电脑并打印此单据，盖章有效，手写涂改无效，凭以办理出区报关。
　　2. 仓储货物出区时，保税区卡口凭盖有海关放行章的提货单卡口放行联验核放行。
　　3. 机动车辆出区（库）时应逐辆详细注明车辆发动机号及大梁号等项目。

保税区货物出区凭单

经营单位：　　　　　　　　　　　　　　　　　出区日期：　年　月　日

货名	重量	件数	出区原因	运往地区（单位）	备注

1. 此凭单适用于区内加工一般贸易的出区。 2. 此凭单必须如实填写，经海关盖章确认有效。 3. 货物出保税区时，请将此凭单交卡口海关或保安人员。	海关验讫栏 日期：　年　月　日

十、申请核销的期限

保税经营企业向海关报核是法定义务，报核期限也是一种法定期限，如果企业不按时报核，海关有权进行处理，包括追缴有关货物的税款、罚款，停止批准保税等。

申请核销的期限是指保税货物的经营人向海关申请核销的最后日期。

保税仓库的核销是以保税仓库的经营人为责任人，每月5日前向海关报核上一个月所有保税货物进、出、存的情况。

出口监管仓库的经营人应当编制仓库月度进、出、存情况表，定期报送主管海关。

十一、核销结关

一般进出口货物是以收发货人其代理人向海关申报后，海关进行审单、查验、征税、放行，以放行为结关。保税货物进出口报关是备案、审单、查验、征税、放行、核销，海关盖"放行章"，也同样执行放行程序，但保税货物的放行不是结关，只是监管过程中的一个环节，核销是保税货物监管的最后一个环节，核销才是保税货物结关的标志。所以核销是海关对保税货物监管与对一般进出口货物监管区别的重要特征。

第七节　保税仓库的空运货物入出库手续及报关单的填制

上海浦东机场综合保税区发展国际货物中转、国际采购配送、国际转口贸易、国际快件转运、维修检测、融资租赁、仓储物流、出口加工、商品展示交易以及配套的金融保险、代理等业务，拓展相关功能。

一、上海空运直通货物进保税区确认

1. 凭空运直通海关监管货物申报清单上机场海关加施封志记录，核对海关监管车辆无讹后在申报清单上批注盖章，一份留海关卡口存查，另两份退企业办理相关海关手续，并在空运直通式货物登记本上予以进区登记。

2. 如空运直通式货物为保税仓储货物，负责空运直通式业务的仓储企业待货物进区后凭盖有海关骑缝章的红色进境备案清单、运单、箱单、发票办理进区仓储电子确认，卡口海关在空运直通式货物登记本上予以核销；如企业自运入库的，由相关企业凭盖有海关骑缝章的红色进境备案清单、运单、箱单、发票按上述办法操作；如跨区入库的，由相关企业凭填写一式两份保税海关卡口跨区联系单由海关专门设立的D区卡口验放出区，将一式两份保税海关卡口跨区联系单做关封交由企业带至入库区域卡口办理确认手续。

3. 空运进境三检保税仓储货物进区（除直通式企业外）

（1）空运进境三检保税仓储货物，如由经外高桥进出口商品检验检疫局核定的代检企业做完三检后承运的货物，无论委托方属于保税区何区域管辖，卡口海关（D区）凭盖有"海关放行章"的空运运单在空运进境三检保税仓储货物登记本复印件上先予进区登记，

待货物进区后由代检企业向委托方收取盖有海关骑缝章的红色进境备案清单、运单、箱单、发票办理确认，卡口海关在登记本上核销。

（2）空运进境三检保税仓储货物，如由经外高桥进出口商品检验检疫局核定的代检企业承运至三检场地，但委托方自运入库的，如委托方属于 D 区管辖的企业，由保税仓储企业盖有海关骑缝章的红色进境备案清单、运单、箱单、发票办理进区确认手续，D 区卡口海关在登记本上核销。如委托方属于 B 区管辖的企业，D 区卡口海关办理跨区联系手续，由进区卡口海关凭跨区联系单办理确认。

（3）对于通过 EDI 方式通关货物进区，卡口海关验核载货登记本与运输工具无讹，核对口岸海关加施的封志后放行入区，在进口查验/放行通知书上签注；如为加工贸易货物，经予 H2000 终端做卡口实物放行；如为保税仓储货物，同时在 H2000 终端和仓储电子系统电脑上进行输机做实物放行和电子确认。

（4）对于办理销保（保证金、担保金、保证函）复运进区的保税货物、免税货物，凭海关主管部门签发的保证金、担保金、保证函审核表和保证金收据办理非保税区货物进区登记单，登记单上加盖"此单不作出区凭证"。

（5）按有货报关要求，视同出口一般贸易货物进区，验核非保税区货物进区登记单上的品名、数量、进区原因，备注栏内注明货物发票金额、外汇核销单号、经营单位栏内加盖成交双方之一的企业印章无讹验放进区，进区登记单上必须加盖"此单不作出区凭证"，经营单位凭进区登记单办理视同出口手续。凭进区登记单、红色进境备案清单办理电子确认手续。

（6）视同出口加工贸易手册结转货物，验核备注栏内结转手册编号，验核非保税区货物进区登记单上的品名、数量、进区原因，备注栏内注明货物发票金额、外汇核销单号、经营单位栏内加盖成交双方之一的企业印章无讹验放进区，进区登记单上必须加盖"此单不作出区凭证"，经营单位凭进区登记单办理视同出口手续。凭进区登记单、红色进境备案清单办理电子确认手续。

（7）进区储存、测试、维修、检验的非保税区货物（含国产、进口完税货物），验核由海关主管部门核发的区内企业非报关货物进出区凭证验放进区。

（8）对于接受非保税区企业委托加工的料、件和半成品（含国产、进口完税货物、区外保税料件及半成品）进区，验核由海关主管部门核发的区内企业非报关货物进出区凭证验放进区。

（9）对于随车载运进入保税区即复运出区的非保税区货物，凭承运单位负责人填写的非保税区货物进区登记单验放进区，海关卡口加盖"即当日有效"章。

二、保税仓库料件电子账册申请和保税货物出入境电子报关操作要求

由于在上海电子报关系统存在"斯科达"和"亿通国际"两家公司开发的系统，为客户区别使用，所以把亿通国际"特殊区域（保税仓储联网）信息化管理系统"放在此处介绍。

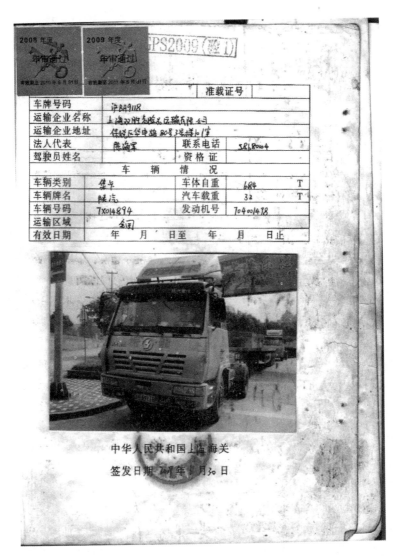

图3—22　中华人民共和国海关境内汽车运输载运海监管货物载货登记本

　　EDI 电子通关采用的是上海亿通国际开发的"特殊区域（保税仓储联网）信息化管理系统"操作流程，该系统主要适用于上海各特殊区域内保税仓储型企业；提供与企业内部系统的数据导入/导出的处理，以及与物资调拨系统的交互，实现上海各特殊区域内保税仓储型企业保税料件的归并关系，电子账册（H 账册）进境报关建议书、出境报关建议书、组合关系、简单加工的数据处理，主要涉及单证包括：归并关系，进境报关建议书、出境报关建议书、组合关系、简单加工、十日库存、销毁库存等。

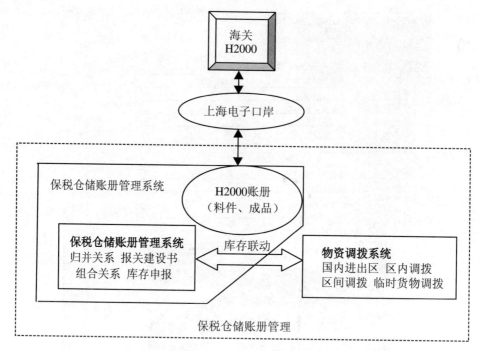

图 3—23 亿通国际"特殊区域（保税仓储联网）信息化管理系统"结构

1. 打开"特殊区域（保税仓储联网）信息化管理系统"，录入企业信息

经营单位编号、关区代码、海关短代码、公司名称、地址、地块、面积、库位划分、仓库房屋使用性质（自建/租赁）分拨（是/否）仓库管理员、身份证号、联系电话、E-MAIL、备注，填写完毕发送，等待接收到海关入库成功通信回执，再接收海关审核通过回执后，企业方可以开展正式业务。

2. 归并关系界面

企业按照归并关系界面表格需先将企业的料号级货物信息对应到海关 HS 编码的对应表进行预归类，然后通过文件形式提交并发送海关，由海关审核通过。收到海关审核通过信息的回执，该归并关系完成。

3. 保税仓库料件电子账册申请

企业将料件账册数据包括设备账册提交给海关，初审通过后转由 H2000 系统复审，复审通过生成正式账册号，开设账册流程完成。

4. 报关建议书

如果企业以直接报关形式进货，除了需要正式报关之外，在保税物流联网监管系统中也需要进行进境报关建议书的录入并向海关发送，系统通过建议书增加企业库存数。

企业提交进境报关建议书（预增）EDI 海关，海关系统处于实增海关入库成功的状态下，海关系统会查询与之对应的报关单已放行信息进行数据对比，比对通过后，企业才能接收到实增海关审核成功的回执。企业提交报关建议书的日期与报关单放行日期之间不能超过 7 天，否则系统不会自动对比，需现场联系海关进行人工对比。

货物信息只有在其归并关系通过海关的审核后才能录入报关建议书，录入内容参照报关单。注意以下几点：

报关建议书号——一份建议书只能对应一份报关单；

备案号即账册号，根据现场海关要求来确认是否为必须填；

归并后信息应与报关单一致。

当接收到实增海关审核成功的回执后，建议书全部流程完成。

5. 出境报关建议书

如果企业以直接报关形式进货，除了需要正式报关之外，在保税物流联网监管系统中也需要进行进境报关建议书的录入并向海关发送，系统通过建议书扣减企业库存数。

企业提交出境报关建议书（扣减）EDI海关，海关系统处于实扣出库成功的状态下，海关系统会查询与之对应的报关单已放行信息进行数据对比，比对通过后，企业才能接收到实扣海关审核成功的回执。企业扣减库存。提交出境报关建议书的日期与报关单放行日期之间不能超过7天，否则系统不会自动对比，需现场联系海关进行人工对比。

6. 十日库存

海关要求企业定期上传企业的库存信息，以核对企业库存数量，内部货号、库位及申报数量为必填项。形成十日库存数据有三种方法：

（1）从企业的内部系统中生成数据导入"特殊区域（保税仓储联网）信息化管理系统"；

（2）通过EXCEL的文件导入"特殊区域（保税仓储联网）信息化管理系统"；

（3）手工输入。

7. 简单加工

部分仓储企业由于业务需要（如进口葡萄酒的分装，贴标），经海关批准后，可以从事货物简单的装配，这种装配不改变货物本身的物理性质。

（1）组合关系

企业向海关提交备案，列出简单加工前和加工后的货物成品之间的对应关系：输入加工前表体信息——内部货号、归并序号、品名、商品编号、规格型号、申报单位、数量、备注、组合关系、内部货号、数量、备注及加工后表体信息——内部货号、归并序号、品名、商品编号、规格型号、申报单位、数量、备注、组合关系、内部货号、数量、备注。按回车键弹出具体货物信息，填入数量，发送海关，海关审核通过。

（2）简单加工

企业每加工一批货物时，均需向海关提交该信息。经过简单加工后，系统会根据简单加工单证相应扣除涉及的材料库存，另外增加相应成品库存。简单加工可以看做是企业仓库范围内部调整，不涉及报关建议书。

8. 库存销毁

企业如需销毁仓库中的货物，必须先向海关提交销毁信息，在海关按规定处理后，方可办理。

9. 实盘库存

实盘库存就是在一个库存计算时期开始时，仓库中存放某物品的数量。库存信息汇总企业当前仓库中的货物进、存、出的信息，主要方便企业查看货物的库存量。

10. 账册核销

指加工贸易企业在一定的核销期间（一般为6个月），将有关单证递交海关，由海关通过审核或核查，在账册中核查注销或核查扣减，最后确定该期间加工贸易货物的征、免、补税等结关方式的过程。用户生成归并前的报核报文通过亿通国际的"特殊区域（保税仓储联网）信息化管理系统"进行核销计算，然后发送给海关，接收海关回执。如果客户通过"斯科达"系统报核，与亿通国际的"特殊区域（保税仓储联网）信息化管理系统"无关。

使用亿通国际的"特殊区域（保税仓储联网）信息化管理系统"，如通过货物调拨方式进出货物，该仓储系统会根据调拨回执生成与调拨单证相同的建议书记录，无须再做进/出境报关建议书。

表3-18　货物调拨之间的库存联动关系表

货物调拨范围	单证	显示状态	保税联网监管系统的库存
国内	送货单	卡口实收确认	实增
		修改为"报关申请审批"或"已过机"	实增
	退运单	卡口出区确认	实扣
	出区调拨单	卡口出区确认	实扣
区间调拨	区间调拨单	入区卡口实收确认	实扣（拨出方）
			实增（拨入方）
区内调拨	调拨单	拨出企业再确认	实扣（拨出方）
			实增（拨入方）
临时	临时出区申请单	已出区	实扣
	临时入区申请单	已入区	实增

11. 报关方式关系表

表3-19　报关方式联系表

报关类型	进/出境	报关方式	报关单证
分送集报	国内进区	双向报关	进境备案清单，出口报关单
	国内出区	双向报关	出境备案清单，进口报关单
	区内调拨	双向报关	进出境备案清单
	区间调拨	各自	洋山→其他区域，洋山企业出境报关单
			其他区域→洋山，洋山企业进境报关单
直接报关	进口	进口/进境	进口/进境
	出口	出口/出境	出口/出境

三、空运保税货物出入境报关单证填制实例

1. 国内货物从苏州出口加工区的出境、进境上海综合保税区、复出境上海综合保税区空运到重庆西永综合保税区的全称运输报关流程

以苏州三星电子有限公司生产的笔记本内存条存放在"苏州得尔达国际物流有限公司"的保税仓库，按客户指令从苏州出口加工保税区出境转存入上海浦东机场综合保税区上海中远空运港保税物流有限公司仓库，再从上海浦东机场综合保税区上海中远空运港保税物流有限公司仓库空运到重庆西永综合保税区的"三星电子台湾有限公司"的货物

为例：

"苏州得尔达国际物流有限公司" 2011 年 11 月 15 日下午，将苏州三星电子有限公司提交的出口货物发票、装箱单交委托报关单位 "苏州工业园区报关有限公司" 代理报关（并将货物出境信息预先传送给上海浦东机场综合保税区的转关代理 "上海中远空运港保税物流有限公司"），"苏州工业园区报关有限公司" 填制 "中华人民共和国海关出口转关运输货物申报单" 和 "中华人民共和国海关出口加工区出境货物备案清单" 报关出境（出苏州出口加工区），货物装入海关监管车辆，车号：苏 E2RD06，苏州工业园区保税海关制作随车关封（关封号 J71903），并在中华人民共和国海关境内汽车运输载运海监管货物载货登记本（俗称白卡）填写货物明细，盖章放行，交驾驶员随车运输。

16 日上午货物运到上海浦东机场综合保税区海关卡口，驾驶员出示中华人民共和国海关境内汽车运输载运海监管货物载货登记本，海关关员验讫盖章，上海中远空运港保税物流有限公司在海关卡口接车，办理报关手续，申报 "中华人民共和国海关综合保税区进境货物备案清单"，同时提交发票、装箱单、中华人民共和国海关出口转关运输货物申报单、随车关封、白卡、中华人民共和国海关出口加工区出境货物备案清单在仓库主管海关报关办理货物进境备案手续，海关手续办理完毕允许车辆运送货物进上海中远空运港保税物流有限公司仓库，仓库管理员验收货物入库并签收。

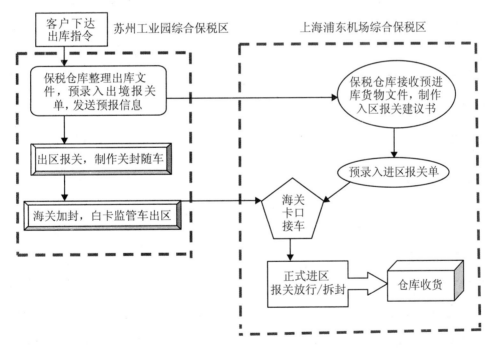

图 3－24　苏州工业园综合保税区—上海浦东机场综合保税区保税货物转关运作流程

17 日，上海中远空运港保税物流有限公司办理空运订舱，电子预录入出境/进口报关建议书发送海关电子审单，海关电子审单通过，并将出境货物信息发送给重庆西永综合保税区的全球物流（重庆）有限公司由全球物流（重庆）有限公司先制作中华人民共和国海关出口加工区进境货物备案清单（仅供核对用）。

在当地仓库主管海关预报关，同时将进境货物备案清单发送给上海中远空运港保税物流有限公司，供上海中远空运港保税物流有限公司向仓库主管海关申报中华人民共和国海关综合保税区出境货物备案清单，提交发票、装箱单、中华人民共和国海关出口加工区进境货物备案清单向上海综合保税区海关报关出境（区），安排货物空运至重庆西永综合保税区。

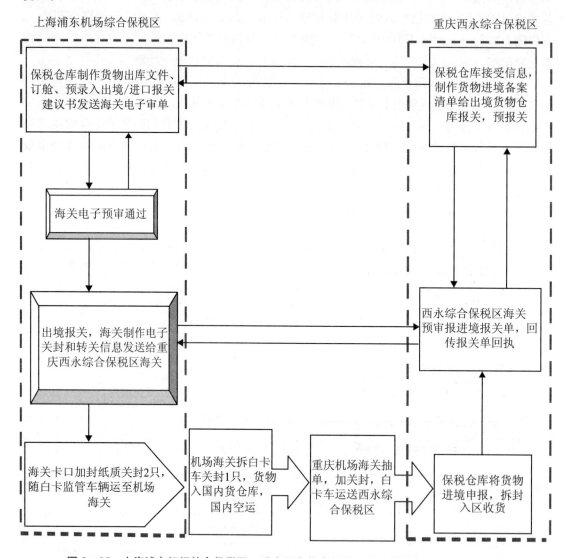

图3—25　上海浦东机场综合保税区—重庆西永综合保税区空运保税货物转关运作流程

该票货物从苏州出口加工区的出境、进境上海综合保税区、复出境上海综合保税区空运到重庆西永综合保税区的全称运输报关单证填写实例（样张），进/出境货物备案有关单证如下：

发　票

COMMERCIAL INVOICE

Seller Samsung Electronics Co., Ltd. 416 Maetan 3Dong. Yeongtong-gu Suwon 443-742 Kyonggi-do South Korea	Invoice No & Date　　15 NOV 2011 9003407106
	Contract No. & Date　　15 NOV 2011 5068335616
Consignee SCHENKER LOGISTICS (CHONGQING) CO., LTD MCD HUB 1 NO. 1ZONGBAO AVENUE AREA B XIYONG CBZ SHAPINGBA DIATRICT CHONGQING DIATRICT CHONGQING 401331，CHINA	Buyer Samsung Electtronics Taiwan Co., Ltd. 10F NO. 399 RUI GUANG RD NEI HU DIST 114 TAIPEI TAIWAN 114
Departure Date 16 NOV，2011 Vessel/Flight From China Suzhou To China Shanghai PU DONG	Remarks： SCHENKER CHINA LTD CHONGQING BRANCH Unit 1701 Tower A International Trade Centre Chongqing 400010 Tel：86 23 6310 7027/29 Fax：86 23 6310 7020
Incoterms and Payment Term CIF Chongqing BL 1－15＋＝15TH OF NEXT M/16－31＝ENDOF NEXT M	
Other References Samsung Electronics Taiwan Co., Ltd.	
Country of Origin Assembled in China From Korea	

NO. & kind of PKGS Good Description	Customer PO	Customer PN	Quantity	Unit Price	Amount
Memory IC (4GB DDR SDRUM MODULE) M471B5273DHO-CH900	DDW78643	536726－953	1. 875PC	17. 76USD	33300. 00USD
TOTAL：			1. 875PC		33300. 00USD

Delivery No：8111935868
ASN No 8111808056

C PO：DDW78634
C PN：536726-953

Shipping Mark
S. E. C.
China Chongqing
Total Carton 5
FREIGHT PREPAID

Signed by：Samsung Electronics Co., Ltd.

-------------------------------- END OF DATA --------------------------------

装箱单
PACKING LIST

Seller Samsung Electronics Co., Ltd. 416 Maetan 3Dong. Yeongtong-gu Suwon 443-742 Kyonggi-do South Korea	Packing List No & Date 15 NOV 2011 9003407106
	Contract No. & Date 15 NOV 2011 5068335616
Consignee SCHENKER LOGISTICS (CHONGQING) CO., LTD MCD HUB 1 NO. 1ZONGBAO AVENUE AREA B XIYONG CBZ SHAPINGBA DIATRICT CHONGQING DIATRICT CHONGQING 401331，CHINA	Buyer Samsung Electronics Taiwan Co., Ltd. 10F NO. 399 RUI GUANG RD NEI HU DIST 114 TAIPEI TAIWAN 114
Departure Date 16 NOV，2011 Vessel/Flight From China Suzhou To China Shanghai PU DONG	Remarks： SCHENKER CHINA LTD CHONGQING BRANCH Unit 1701 Tower A International Trade Centre Chongqing 400010 Tel：86 23 6310 7027/29 Fax：86 23 6310 7020
Incoterms and Payment Term CIF Chongqing BL 1—15＋＝15TH OF NEXT M/16—31＝ENDOF NEXT M	
Other References Samsung Electronics Taiwan Co., Ltd.	
Country of Origin Assembled in China From Korea	

NO. & kind of PKGS Good Description	Customer PO	Customer PN	Quantity	Net weight	Gross weight	Measurement
DELIVERY：8111935868 （ASN：8111808056） Memory IC						
M471B5273DHO-CH900	DDW78643	536726-953	375 * 5	15. 280KG	31. 100KG	
Sub TOTAL：			1. 875PC	15. 280KG	31. 100KG	
TOTAL：			1. 875PC	15. 280KG	31. 100KG	

ASN No 8111808056

C PO：DDW78634
C PN：536726-953

Shipping Mark
S. E. C.
China Chongqing
Total Carton 5
FREIGHT PREPAID

Signed by：Samsung Electronics Co., Ltd.

-------- END OF DATA --------

中华人民共和国海关出口转关运输货物申报单

11223582216500005

预录入号：11223582216500005　　　　　　　　　　　　　　　　编号：

进出境运输工具名称：		航次（航班）：		转关方式：提前报关		境内运输方式：公路运输	
提（运）单总数：1		货物总件数：5	货物总重量：31.10	集装箱总数：		境内运输工具：苏 E2RD06	

境内运输工具名称	提（运）单号	集装箱号	货　名	件　数	重　量	关锁号/个数
			内存条228	5	31.10	J71903/1

以上申报属实，并承担法律责任，保证在 3 日内将上述货物完整运抵　浦机综保　海关。	启运地海关批注： 海关 盖章	出境地海关批注：
申报人：××× 2011 年 11 月 15 日	经办关员：　（签章） 2011 年 11 月 15 日	经办关员：　（签章） 　年　月　日

中华人民共和国海关境内汽车运输载运海监管货物载货登记本

驾驶员姓名	×××	驾驶证号码	××××××××××××
集装箱/箱式车号	苏 E2RD06	海关封志	条形码 J71903
起迄地点	由苏园保税至浦机综保	起运时间	2011 年 11 月 15 日 10 时 30 分

货物名称	数　量	重　量	价　值
内存条	5 箱（1875 个）	31.10公斤	33300.00 美元

海关条形码， 批注签章： 条形码 11223582216500005	经办员：×××　　　2011 年 11 月 15 日	
进境地、启运地海关签章	指运地、出境地海关签章	收货单位签章
海 关 盖 放行章	海 关 盖 验讫章	上海中远空港保税物流 有限公司（盖章）

中华人民共和国海关出口加工区出境货物备案清单
235820110581787467

预录入编号：581787467　　申报现场　苏园保税（2358）　　海关编号：235820110581787467

出口口岸		备案号		出境日期		申报日期
浦机综保（2216）		H23581000034				2011—11—15

经营单位		运输方式	运输工具名称		提运单号
苏州得尔达国际物流有限公司(3205614001)		其他运输	@1123562216500005		

发货单位	贸易方式	征免性质		结汇方式
苏州得尔达国际物流有限公司(3205614001)	保税间货物（1200）			其他

许可证号	运抵国（地区）	指运港		境内货源地
	中国（142）	中国境内（142）		苏州工业园综合保税（32056）

批准文号	成交方式	运费	保费	杂费
	CIF			

合同协议号	件数	包装种类	毛重（公斤）	净重（公斤）
9003407160	5	纸箱	31.10	15.28

集装箱号	随附单据		生产厂商

标记唛码及备注
备注：
随附单证号

项号	商品编号	商品名称、规格型号	数量及单位	原产国（地区）	单价	总价	币制	征免
1	84733090.00	内存条 228	15.28 千克	中国			（502）	全免
(1504)		笔记本用 三星牌：型号 memory		（142）			美元	
		ic M471B5273DHO-CH900	1875 个		17.7600	33300.00		

税费征收情况
转关申报单号：条形码 11223582216500005
　　　锁号：条形码 J71903　　　　　　　　　　　　车号：苏 E2RD06

录入员 1000000065578	兹声明以上申报无讹并承担法律责任	海关审单批注及放行日期（盖章）	
申报人 ×××	苏州工业园区报关有限公司 报关专用章	审单	审价
		征税	统计
单位地址 邮编　　　电话	申报单位（盖章） 填制日期：2011.11.15	查验	放行

注：

1. "运输工具名称"栏：因公路运输，启运地海关向口岸海关发送货物转关申报单号：条形码 11223582216500005 电子信息，为了回执核销，故在"运输工具名称栏"填转关申报单号 @1123562216500005。

2. "项号 商品编号"项下填的（1504）是"内存条"在苏园保税海关的"H"电子账册的登记编号。

中华人民共和国海关综合保税区进境货物备案清单
22162011165001455

预录入编号：165001455　　　　　　　　　　　　海关编号：22162011165001455

进口口岸 苏园保税　　2358		备案号 H22161000002		进口日期 2011-11-15	申报日期 2011-11-16
经营单位 上海中远空港保税物流有限公司 3122610003		运输方式 其他运输		运输工具名称	提运单号
发货单位 上海中远空港保税物流有限公司 3122610003		贸易方式 料件进出区 5000		征免性质	征税比例
许可证号	启运国（地区） 中国（142）		装货港 中国境内（142）	境内目的地 上海浦东机（31226）	
批准文号	成交方式 CIF	运费	保费	杂费	
合同协议号 9003407160	件数 5	包装种类 纸箱	毛重（千克） 31.10	净重（千克） 15.28	
集装箱号	随附单据			用途	

标记唛码及备注
　　W10003201111158902，@11223582216500005，235820110581787467

项号	商品编号	商品名称、规格型号	数量及单位	原产国（地区）	单价	总价	币制	征免
1 (106)	84733090	内存条 M471B5273DHO-CH900	15.280 千克 1875.000 个	中国 (142)	17.7600	33300.00	USD 美元	全免

税费征收情况

录入员 229794	兹声明以上申报无讹并承担法律责任 审结人代码：9999 审结人：计算机 审结日期：2011-11-16	海关审单批注及放行日期（盖章）
		审单　　　　审价
申报人 ××× 3122280176　　上海中远国际航空货运代理有限公司 报关专用章		征税　　　　统计
单位地址 邮编　　　　电话	申报单位（盖章） 填制日期：2011.11.16	查验　　　　放行

注："标记唛码及备注"栏：
　　W10003201111158902 是上海中远空港物流有限公司保税号，@11223582216500005 是出口转关运输货物申报单号，235820110581787467 是出境货物备案清单关单号。

复出境货物从上海综合保税区空运到重庆西永综合保税区的单证如下：

发　票

COMMERCIAL INVOICE

Shipper： Cosco Air Bonded Logistics （Shanghai） Co., Ltd. Zhengding Road 530 Area 3－11 Warehouse Shanghai China Tel：60871201	Invoice No & Date　　15 NOV 2011 9003294371
	Contract No. & Date　　15 NOV 2011 5066572710
Consignee SCHENKER LOGISTICS （CHONGQING） CO., LTD MCD HUB 1 NO. 1ZONGBAO AVENUE AREA B XIYONG CBZ SHAPINGBA DIATRICT CHONGQING DIATRICT CHONGQING 401331，CHINA	Buyer Samsung Electronics Taiwan Co., Ltd. 10F NO. 399 RUI GUANG RD NEI HU DIST 114 TAIPEI TAIWAN 114
Departure Date 16 NOV，2011 Vessel/Flight From China SHANGHAI Shanghai PU DONG Apt To China Chongqing	Remarks： SCHENKER CHINA LTD CHONGQING BRANCH Unit 1701 Tower A International Trade Centre Chongqing 400010 Tel：86 23 6310 7027/29 Fax：86 23 6310 7020
Incoterms and Payment Term FOB	
Other References Samsung Electtronics Taiwan Co., Ltd.	
Country of Origin Made in China	

NO. & kind of PKGS Good Description	Customer PO	Customer PN	Quantity	Unit Price	Amount
Memory IC （4GB DDR SDRUM MODULE） M471B5273DHO-CH900	DDW78643	536726-953	1. 875PC	17. 76USD	33300. 00USD
TOTAL：			1. 875PC		33300. 00USD

Delivery No：8111935868　　　　　　　　　Shipping Mark
ASN No 8111808056　　　　　　　　　　　　S. E. C.
　　　　　　　　　　　　　　　　　　　　China Chongqing
C PO：DDW78634　　　　　　　　　　　　　Total Carton 5
C PN：536726-953　　　　　　　　　　　　 FREIGHT PREPAID

Signed by：Samsung Electronics Co., Ltd.

------------------------------- END OF DATA -------------------------------

装箱单
PACKING LIST

Shipper： Cosco Air Bonded Logistics（Shanghai）Co.，Ltd. Zhengding Road 530 Area 3—11 Warehouse Shanghai China Tel：60871201	InvoiceNo &. Date　　15 NOV 2011 9003294371
	Contract No. &. Date　　15 NOV 2011 5066572710
Consignee SCHENKER LOGISTICS（CHONGQING）CO.，LTD MCD HUB 1 NO.1ZONGBAO AVENUE AREA B XIYONG CBZ SHAPINGBA DIATRICT CHONGQING DIATRICT CHONGQING 401331，CHINA	Buyer Samsung Electronics Taiwan Co.，Ltd. 10F NO.399 RUI GUANG RD NEI HU DIST 114 TAIPEI TAIWAN 114
Departure Date 16 NOV，2011 Vessel/Flight From China Shanghai PU DONG Apt To China Chongqing	Remarks： SCHENKER CHINA LTD CHONGQING BRANCH Unit 1701 Tower A International Trade Centre Chongqing 400010 Tel：86 23 6310 7027/29 Fax：86 23 6310 7020
Incoterms and Payment Term FOB	
Other References Samsung Electronics Taiwan Co.，Ltd.	
Country of Origin MADE in China	

NO. &. kind of PKGS Good Description	Customer PO	Customer PN	Quantity	Net weight	Gross weight	Measurement
DELIVERY：8111935868（ASN：8111808056） Memory IC						
M471B5273DHO-CH900	DDW78643	536726—953	375 * 5	15.280KG	31.100KG	
Sub TOTAL：			1.875PC	15.280KG	31.100KG	
TOTAL：			1.875PC	15.280KG	31.100KG	

ASN No 8111808056

C PO：DDW78634
C PN：536726-953

Shipping Mark
S. E. C.
China Chongqing
Total Carton 5
FREIGHT PREPAID

Signed by：Samsung Electronics Co.，Ltd.

-------------------- END OF DATA --------------------

中华人民共和国海关出口加工区进境货物备案清单（仅供核对用）

预录入编号：131154381　　　　　申报现场：西永综保（8013）　　　　海关编号：131154381

进口口岸 浦机综保（2216）		备案号 H80130070002		进口日期 2011-11-16	申报日期
经营单位 全球物流（重庆）有限公司（5006640001）		运输方式 其他运输		运输工具名称 @1122168013500010	提运单号
收货单位 全球物流（重庆）有限公司（5006640001）		贸易方式 料件进出区 5000	征免性质		征税比例
许可证号	启运国（地区） 中国（142）		装货港 中国境内（142）	境内目的地 重庆西永综合保税区（50060）	
批准文号	成交方式 CIF	运费	保费	杂费	
合同协议号 9003407160	件数 5	包装种类 纸箱	毛重（千克） 31.10	净重（千克） 15.28	
集装箱号	随附单据			用途 其他	

标记唛码及备注
　　备注：由浦机综保转至西永综保/航空运单号：78140743640/微型电脑用/SANSUNG 牌/4GB 内存
随附单据号

项号	商品编号	商品名称、规格型号	数量及单位	原产国（地区）	单价	总价	币制	征免
1 (118)	84733090 536726-953	内存条 M471B5273DHO-CH900	15.280 千克 1875.000 个	中国（142）	17.7600	33300.00	USD 美元	全免

税费征收情况

录入员 8320000001830	兹声明以上申报无讹并承担法律责任	海关审单批注及放行日期（盖章）	
申报人 　×××　 3122280176	重庆三方报关有限公司 报关专用章	审单　　　　　审价	
		征税　　　　　统计	
单位地址 邮编　　　电话	申报单位（盖章） 填制日期：2011.11.16	查验　　　　　放行	

中华人民共和国海关综合保税区出境货物备案清单

221620110665008045

预录入编号：665008045　　　　　　　　　　　　　　海关编号：221620110665008045

出口口岸 西永综保　8013	备案号 H22161000002	出口日期	申报日期 2011-11-17
经营单位 上海中远空港保税物流有限公司 3122610003	运输方式 其他运输	运输工具名称	提运单号
发货单位 上海中远空港保税物流有限公司 3122610003	贸易方式 成品进出区　5100	征免性质	结汇方式 其他

许可证号	运抵国（地区） 中国（142）	指运港 中国境内（142）	境内货源地 上海浦东机（31226）
批准文号	成交方式 CIF	运费	保费	杂费

合同协议号 9003407160	件数 5	包装种类 纸箱	毛重（千克） 31.10	净重（千克） 15.28
集装箱号	随附单据		生产厂家	

标记唛码及备注

W10003201111158902，@ 11223582216500005，国内运单号：

项号	商品编号	商品名称、规格型号	数量及单位	原产国（地区）	单价	总价	币制	征免
1 (106)	84733090.00	内存条 228 ic M471B5273DHO-CH900	15.28 千克 1875 个	中国 （142）	17.7600	33300.00	(502) 用途：	美元 全免

税费征收情况

录入员 229794	录入单位	兹声明以上申报无讹并承担法律责任 审结人代码：9999 审结人：计算机 审结日期：2011-11-17	海关审单批注及放行日期（盖章）
			审单　　　　审价
申报人 ××× 3122280176		上海中远国际航空货运代理有限公司 报关专用章	征税　　　　统计
单位地址 邮编　　　电话		申报单位（盖章） 填制日期：2011.11.17	查验　　　　放行

　　2. 空运进口货物进保税区仓储实例

　　空运进口货物在到达上海浦东机场后，由其空运代理提交"空运电子舱单"向机场海关申报空运货物进口，并存入保税货物单，向收货人或其代理人（或保税仓库经营人）发送到货通知书，通知收货人或其代理人到空运货物服务平台办理抽单、提货手续。

　　保税仓库经营人作为空运进口货物的代理人在办理提货手续后，将货物运送进保税仓库，向仓库主管海关申报货物进境报关，先将进口料件进行电子报关归并，生成《进境/

出口报关建议书》，海关电子审单通过后，填报《中华人民共和国海关综合保税区进境货物备案清单》，同时，提交发票、装箱单、空运运单（主运单/分运单）向海关申报进口手续。

（1）进区报关全套单证

上海浦东机场综合保税区空运货物服务平台
到货通知书

区内企业：中远

编　　号：2011111002

收货人

现有贵司下述货物已于 2011 年 11 月 25 日由民航交我司保税仓库，请速前往办理提货手续：

木质包装□　　　　　　　　非木质包装□×

总运单	分运单	件数	重量	到付运费	银行背书
695-51493666	006377796	3	24		

以上货物完好无损，已被我单位提取。此据

提货单位电话：

提货人身份证件号：

提货人签名：

提货单单位签章：

年　　月　　日

注意事项：

1. 货主或其代理人在接到到货通知书后，应持加盖单位公章的通知书或正本委托书到上海浦东机场综合保税区空运货物服务平台办理抽单、提货手续。

2. 仓库提货时间：9：00—17：00（节假日休息，特殊需要请事先与结算联系，费用另计）。

3. 自货物到港之日起可免费保管 3 天，逾期将收仓储费（危险品、贵重品、冷冻冷藏品均无免费期）。

4. 货物自进口之日起十四天内须向海关申报，逾期每天按货价的万分之五征收滞报金；凡超过三个月不提，根据海关法有关规定将货物上交海关处理。

5. 进口货物及其包装，必须持有关单证向出入境检验检疫机构申报/报检。

6. 提货前，应办妥海关及检验检疫手续，上海浦东机场综合保税区空运货物服务平台凭海关放行章和有关印章在贵司付清全部费用后放货。如收货人为银行，则加盖银行公章或提供正本银行担保书。提货时应携带所需的费用（现金、支票），不办理银行托收。

使用亿通国际的"特殊区域（保税仓储联网）信息化管理系统"进行料件归并，报关单自动比对，下表显示为归并前的进境/出口报关建议书：

进境/出口报关建议书

* 221620111165005026 *   * W10003201111258937 *

报关单号：221620111165005026   报关建议书号：W10003201111258937   内部编号：W10003201111250001

进出口岸 浦东机场（2233）	备案号 H22161000002	进口日期 20111125		申报日期 20111125
经营单位 上海中远空运保税物流有限公司 3122610003	运输方式 航空运输(5)	运输工具名称	航次号	提运单号
货主单位 上海中远空运保税物流有限公司 3122610003	贸易方式 区内物流货物（5034）	征免方式		纳税方式
申报单位 3122280170 上海中远国际航空货运代理有限公司	进出口标志 I	库存加减标志 ＋		内销比例 00
许可证号	贸易国别	指运港		货主单位地
批准文号	成交方式	运费 00	保费 00	杂费 00
合同号	件数 3.00	包装种类 纸箱（2）	毛重（千克） 24.00	净重（千克） 21.00
集装箱数量	监管仓号	关联报关单号		钻石进出所核准单号
收结汇方式	备注： WBOOK 报关单自动对比结果：对比相符			

序号	货号	商品编号	商品名称	规格	数量及单位	原产国（地区）	单价	总价	币制	征免	用途	净重和毛重
1	01－0212825－S01	85423300	集成电路/贴片		16279 个 12.2 千克	台澎金马关税区（143）	1.88	30541.03	美元（502）	全免	(3)	11 11.20 13.20
	01－0212825－S0102											
2	01－0212666－S01	85423300	集成电路/贴片		15000 个 3.7千克 15000 个	台澎金马关税区（143）	61	9146.40	美元（502）	全免	(3)	11 3.70 4.20
	01－0212666－S0102											
3	01－0212666－S01	85423300	集成电路/贴片		22500 个 5.1千克 22500 个	中国（142）	61	13719.60	美元（502）	全免	(3)	11 5.10 6.60
	01－0212666－S0102											

　　因在申报物料品种繁多时，为了申报和核销便利，有些在 HS 编码中可以归入同类，上述表格中的序号 1、2 通过归类放在一起，下表显示为归类后进境/出口报关建议书：

报关建议书

* W10003201111258937 *

报关单号：　　　　报关建议书号：W10003201111258937　　　　内部编号：W10003201111250001

进出口岸 浦东机场（2233）	备案号 H22161000002	进口日期 20111125	申报日期 20111125
经营单位 上海中远空运保税物流有限公司 3122610003	运输方式 航空运输（5）	运输工具名称	航次号	提运单号
货主单位 上海中远空运保税物流有限公司 3122610003	贸易方式 区内物流货物（5034）	征免方式	纳税方式
申报单位 3122280170 上海中远国际航空货运代理有限公司	进出口标志 I	库存加减标志 ＋	内销比例 00
许可证号	贸易国别	指运港	货主单位地
批准文号	成交方式	运费 00	保费 00	杂费 00
合同号	件数 3.00	包装种类 纸箱（2）	毛重（千克） 24.00	净重（千克） 21.00
集装箱数量	监管仓号	关联报关单号	钻石进出所核准单号
收结汇方式	备注：		

序号	商品编号	商品名称	规格	数量及单位	原产国（地区）	单价	总价	币制	征免	用途	净重和毛重
1	85423300	集成电路/ 贴片		22500 个 5.1 千克 22500 个	中国（142）	61	13719.60	美元 （502）	全免 （3）	11	5.10 6.60
2	85423300	集成电路/ 贴片		31279 个 15.9 千克 31279 个	台澎金马关 税区（143）	1.27	39687.4	美元 （502）	全免 （3）	11	15.90 17.40

发　票

台湾表面粘著科技股份有限公司

TAIWAN SURFACE MOUNTING TECHNOLOGY CORP.

No. 437 Taoyuang Rd., Taoyuan City，Taoyuang County 330. Taiwan

Tel：886－3－218－998 Fax：886－3－218－9893

DATE：NOV. 24. 2011

INVOICE NO：TSAE112401/2011

COMMERCIAL INVOICE

Ship To：峻凌电子（苏州）有限公司　　　　　　BILL TO：REGENT MANNER Ltd.

Regent Electron（SUZHOU）Co., LTD　　　峻凌电子（苏州）有限公司

江苏省吴江市松陵镇吴同公路北侧 868 号　　The 20th Floor of No. 168 Queen's Road Central.

TEL：886－5123401633　FAX：886－5123401631　Hong Kong

ATTN：　　　　　　　　　　　　　　　　　　TEL：852－28063360

INVOICE OF ELECTRONIC MATERIALS

SHIPPED PRE. AIR

ITEM NO.	DESCRIPTION	QTY	U/P (USD)	AMOUNT	COUNTRY OF ORIGN
			CIF SHANGHAI		CHINA * 22500
1 01－0212666－S0102	IC AUO L 1101－54ETG＋TQFP	37. 500	0. 609760	22866. 00	TAIWAN ＊15000
2 01－0212825－S0102	IC－AUO－12306 K01 VFBGA84（HF）	16. 279	1. 876100	30541. 03	TAIWAN ＊16279
TOTAL：		53. 779		53407. 03	

TAIWAN SURFACE MOUNTING TECHNOLOGY CORP.

装箱单

台湾表面粘著科技股份有限公司

TAIWAN SURFACE MOUNTING TECHNOLOGY CORP.

No. 437 Taoyuan Rd., Taoyuan City，Taoyuan County 330. Taiwan

Tel：886－3－218－998　Fax：886－3－218－9893

DATE：NOV. 24. 2011

INVOICE NO：TSAE112401/2011

COMMERCIAL INVOICE

Ship To：峻凌电子（苏州）有限公司　　　　BILL TO：REGENT MANNER Ltd.

　　　Regent Electron（SUZHOU）Co., LTD　　峻凌电子（苏州）有限公司

　　　江苏省吴江市松陵镇吴同公路北侧 868 号　The 20th Floor of No. 168 Queen's Road Central.

　　　TEL：886－5123401633　FAX：886－5123401631　Hong Kong

ATTN：　　　　　　　　　　　　　　　　　TEL：852－28063360

INVOICE OF ELECTRONIC MATERIALS

SHIPPED PRE. AIR

C/ NO.	ITEM NO.	DESCRIPTION	QTY	NW K.G	GW K.G	COUNTRY OF ORIGN
1	01－0212666－S0102	IC AUO L 1101－54ETG＋TQFP－24	7.500	1.40	2.40	TAIWAN * 15000
2	01－0212666－S0102	IC AUO L 1101－54ETG＋TQFP－24	30.00	7.40	8.40	CHINA * 22500
2	01－0212825－S0102	IC－AUO－12306 K01 VFBGA84（HF）	16.279	12.20	13.20	TAIWAN * 16279
SAY TOTAL：	3CTNS		53.779	21.00	24.00	

峻凌电子（苏州）有限公司

吴江经济开发区云梨路 1566 号

C/NO

峻凌电子（苏州）有限公司

吴江经济开发区云梨路 1566 号

新厂（同津路）

C/NO

TAIWAN SURFACE MOUNTING TECHNOLOGY CORP.

空运运单（主运单）

空运分运单

695	5149	7666						695-51497666	

Shipper's Name and Address / Shipper's Account Number

AIR TIGER EXPRESS CO., LTD.
10F, 1-2 NO.71 NANKING E. RD. SEC 2,
TAIPEI, TAIWAN.
e-mail : aircs@tpe.airtiger.com
TEL:886-2-2567-9788 FAX:886-2-2567-1779

NOT NEGOTIABLE
Air Waybill
Issued by
EVA AIRWAYS CORPORATION

Copies 1, 2 and 3 of this Air Waybill are originals and have the same validity.

Consignee's Name and Address / Consignee's Account Number

SHANGHAI QRH BUSINESS SERVICE CO., LTD.
NO.1-10, 1-11 A5 AREA NO.530 ZHENGDING
ROAD, PUDONG AIRPORT FREE TRADE ZONE.
SHANGHAI 201207

It is agreed that the goods described herein are accepted in apparent good order and condition (except as noted) for carriage SUBJECT TO THE CONDITIONS OF CONTRACT ON THE REVERSE HEREOF. ALL GOODS MAY BE CARRIED BY ANY OTHER MEANS INCLUDING ROAD OR ANY OTHER CARRIER UNLESS SPECIFIC CONTRARY INSTRUCTIONS ARE GIVEN HEREON BY THE SHIPPER, AND SHIPPER AGREES THAT THE SHIPMENT MAY BE CARRIED VIA INTERMEDIATE STOPPING PLACES WHICH THE CARRIER DEEMS APPROPRIATE. THE SHIPPER'S ATTENTION IS DRAWN TO THE NOTICE CONCERNING CARRIER'S LIMITATION OF LIABILITY. Shipper may increase such limitation of liability by declaring a higher value for carriage and paying a supplemental charge if required.

Issuing Carrier's Agent Name and City / Accounting Information

ATE/TPE

Agent's IATA Code / Account No.

34-3 2525

Airport of Departure (Addr. of First Carrier) and Requested Routing

TAOYUAN TAIWAN

To	By First Carrier Routing and Destination	to	by	To	by	Currency	CHGS Code	WT/VAL PPD COLL	Other PPD COLL	Declared Value For Carriage	Declared Value for Customs
PVG	BR5372/24					TWD	P	P		N.V.D	N.C.V

Airport of Destination
PUDONG, SHANGHAI

Reference Number / Optional Shipping Information

Amount of Insurance **NIL** — INSURANCE - If carrier offers insurance, and such insurance is requested in accordance with the conditions thereof, indicate amount to be insured in figures in box marked "Amount of Insurance".

Handling Information

POUCH ATTACHMENT

I 00 1111 002

No. of Pieces RCP	Gross Weight	kg lb	Rate Class Commodity Item No.	Chargeable Weight	Rate / Charge	Total	Nature and Quantity of Goods (incl. Dimensions or Volume)
3	24	K	N	24K	58	TWD 1,392.00	CONSOLIDATED SHIPMENT AS PER MANIFEST ATTACHMENT

NOTIFY:COSCO AIR BONDED LOGISTICS CO., LTD.
3-11, A5 AREA, NO.530 ZHENGDING ROAD,
PUDONG AIRPORT FREE TRADE ZONE
TEL:51963300 FAX:51963337

FREIGHT PREPAID
Job No.AE-11110241
DIM:cm
38*34*30*1
38*38*40*1
38*37*15*1

Prepaid	Weight Charge	Collect	Other Charges
TWD 1,392.00			CCC TWD 40.00
	Valuation Charge		MY TWD 384.00
	Tax		
	Total Other Charges Due Agent		CC FEE TWD 150.00
			Shipper certifies that the particulars on the face hereof are correct and that insofar as any part of the consignment contains dangerous goods, such part is properly described by name and is in proper condition for carriage by air according to the applicable Dangerous Goods Regulations.
	Total Other Charges Due Carrier		
TWD 574.00			Air Tiger Express Co., Ltd RA00036
			Signature of Shipper or his Agent
Total Prepaid	Total Collect		
TWD 1,966.00			Nov 24 ,2011 TPE NICOLE / Nicole
Currency Conversion Rates	CC Charges in Dest. Currency		Executed on (date) at (place) Signature of Issuing Carrier or its Agent
For Carrier's Use only at Destination	Charges at Destination	Total Collect Charges	

ORIGINAL 2 (FOR CONSIGNEE)

695-51497666

中华人民共和国海关综合保税区进境货物备案清单

221620111165005026

预录入编号：165005026　　　　　　　　　　　　　　　海关编号：221620111165005026

进口口岸 　浦东机场 2233		备案号 H22161000002		进口日期 2011－11－24	申报日期 2011－11－25
经营单位 　上海中远空港保税物流有限公司 3122610003		运输方式 航空运输	运输工具名称		提运单号 69551497666
收货单位 　上海中远空运保税物流有限公司 3122610003		贸易方式 区内物流货物 5034	征免性质		征税比例
许可证号	启运国（地区） 台澎金马关税区 (143)		装货港 台湾 (143)		境内目的地 上海浦东机 (31226)
批准文号	成交方式 CIF	运费		保费	杂费
合同协议号	件数 3		包装种类 纸箱	毛重（千克） 24	净重（千克） 21
集装箱号	随附单据			用途 其他	

标记唛码及备注
/W10003201111258937

项号	商品编号	商品名称、规格型号	数量及单位	原产国（地区）	单价	总价	币制	征免
1	85423300 70	集成电路/贴片	22500.000 个 5.100 千克 22500.000 个	中国 (142)	0.6098	13719.60	美元 (502)	全免 (3)
2	85423300 70	集成电路/贴片	31279.000 个 15.900 千克 31279.000 个	台澎金马关 (143)	1.2688	39687.43	美元 (502)	全免 (3)

税费征收情况				
录入员 　229794	兹声明以上申报无讹并承担法律责任		海关审单批注及放行日期（签章）	
			审单	审价
申报人 　××× 3120980014	上海中远国际航空代理有限公司 报关专用章		征税	统计
	申报单位（盖章）		查验	放行
单位地址 邮编　　　电话	填制日期：2011.11.25			

　　（2）出区报关全套单证

　　峻凌电子（苏州）有限公司作为收货人，按来料加工的贸易方式进口集成电路贴片，并由上海中远空港保税物流有限公司保税仓库提货。上海中远空港保税物流有限公司提交以下单证，办理进口报关手续：

　　① 通过电子申请/打印出国内出区调拨单；

　　② 通过电子申请/打印出国内出区报关申请单；

　　③ 发票（同上）；

　　④ 装箱单（同上）；

　　⑤ 填制中华人民共和国海关综合保税区出境货物备案清单；

　　⑥ 填制中华人民共和国海关进口货物报关单。

　　按海关规定缴纳进口相关税费，海关放行结关。保税仓库入境/出境保税货物核销。

国内出区调拨单

* BC100031B0002 *

打印日期：2011－11－25　15：27：46

出区单号	BC100031B0002	调拨日期	2011－11－25	
企业名称				
厂商名称	峻凌电子（苏州）有限公司			
货物类型	成品	送货重量	24	
备注				

货号	货物品名	申报数量	计量单位	保函金额
01－212666－S0102	集成电路/贴片	22500	个	2333.25
01－212666－S0102	集成电路/贴片	15000	个	1555.5
01－0212825－S0102	集成电路/贴片	16279	个	5202.7684

国内出区报关申请单

* EC100031B00253 *

打印日期：2011－11－28　13：27：00　　　　　　报关单号：

报关申请单	EC100031B00253		报关日期	2011－11－28　13：14：20
海关名称	上海浦东机场综合保税区海关	区内企业		
区外厂商组织机构代码	71495630－3	区外厂商	峻凌电子（苏州）有限公司	

报关申请单明细　　注意：商品编码和附加编码有（＊）代表修改过！

电子底账序号	版本号	货物品名	商品编码	附加编码	数量	重量	计量单位	成交总价
70	0	集成电路/贴片	85423300		53779.000	24.000	个	53407.032

中华人民共和国海关综合保税区出境货物备案清单

221620110665008109

预录入编号：665008109　　　　　　　　　　　　　　海关编号：221620110665008109

出口口岸 浦机综保　2216		备案号 H22161000002	出口日期	申报日期 2011－11－28
经营单位 上海中远空港保税物流有限公司　3122610003		运输方式 保税港区	运输工具名称 ／	提运单号
发货单位 上海中远空港保税物流有限公司　3122610003		贸易方式 成品进出区　5100	征免性质	结汇方式 其他
许可证号	运抵国（地区） 中国（142）	指运港 中国境内（142）		境内货源地 上海浦东机（31226）
批准文号	成交方式 FOB	运费	保费	杂费
合同协议号 9003407160	件数 3	包装种类 纸箱	毛重（千克） 24	净重（千克） 21
集装箱号	随附单据		生产厂家	

标记唛码及备注
　／ EC100031B00253，221620111160000371

项号	商品编号	商品名称、规格型号	数量及单位	原产国（地区）	单价	总价	币制	征免
1	85423300	集成电路/贴片	53779.000 个 21.000 千克	中国 （142）	0.9931	53407.03	USD（502） 美元	全免
	（70 ）	43060156099	53779.000 个			用途：加工返销		

税费征收情况

录入员　　录入单位 229794	兹声明以上申报无讹并承担法律责任 审结人代码：9999 审结人：　计算机 审结日期：　2011－11－28	海关审单批注及放行日期（签章）	
		审单　　　　　审价	
申报人 　××× 　3122280176	上海中远国际航空货运代理有限公司 报关专用章	征税　　　　　统计	
单位地址 邮编　　　电话	申报单位（盖章） 填制日期：2011.11.28	查验　　　　　放行	

中华人民共和国海关进口报关单

221620111160000371

预录入编号：794750730   海关编号：221620111160000371

出口口岸 浦机综保 2216		备案号 E23265000012	进口日期 2011—11—28	申报日期 2011—11—28
经营单位 峻凌电子（苏州）有限公司 3225940096		运输方式 保税港区	运输工具名称 ／	提运单号
发货单位 峻凌电子（苏州）有限公司 3225940096		贸易方式 来料加工 0214	征免性质 来料加工（502）	征税比例 0%
许可证号	启运国（地区） 中国（142）		装货港 中国境内（142）	境内目的地 吴江市（32259）
批准文号	成交方式 CIF	运费	保费	杂费 费额 美元20
合同协议号	件数 3	包装种类 纸箱	毛重（千克） 24	净重（千克） 21
集装箱号	随附单据			用途

标记唛码及备注
　／ EC100031B00253，221620110665008109

项号	商品编号	商品名称、规格型号	数量及单位	原产国（地区）	单价	总价	币制	征免
1	85423300	集成电路/贴片	22500.000 个 5.100 千克	中国 （142）	0.6098	13719.60	USD（502） 美元	全免
	（52）	用作放大器，IC 等，无品牌	22500.000 个		用途：加工返销			
2	85423300	集成电路/贴片	31279.000 个 15.900 千克	台澎金马关 （143）	1.2688	39687.43	USD（502） 美元	全免
	（52）	用作放大器，IC 等，无品牌	31279.000 个		用途：加工返销			

税费征收情况

录入员　　　录入单位 229794 申报人 ××× 3122280176 单位地址 邮编　　　电话	兹声明以上申报无讹并承担法律责任 审结人代码：9999 审结人：计算机 审结日期：2011—11—28 上海中远国际航空货运代理有限公司 报关专用章 申报单位（盖章） 填制日期：2011.11.28	海关审单批注及放行日期（签章） 审单　　　　　审价 征税　　　　　统计 查验　　　　　放行

3. 货物在保税区（库）"一日游"

"保税一日游"业务是出口复进口业务的俗称，是利用保税物流园区的"入区退税"政策，以"先出口，再进口"的方式，解决加工贸易深加工结转手续复杂、深加工增值部分不予退税等问题。在保税物流园区"一日游"业务出现前，加工贸易企业一般将货物出口至香港等地，再办理进口手续，较之物流园区"一日游"业务，境外一日游周期长，手续复杂，运输成本高。现在，企业进料加工、深加工结转货物如需内销不用先出口到香港再申报进口，运用保税区"境内关外"的特殊功能，即货物出口到保税区即视同离境，可办理退税。企业只需再从保税区将货物进口即可完成进出口程序，这样可大大节省运输费用和时间。保税区的特殊功能和政策优势不但为企业节省了大量的运费成本，而且增强了企业产品的价格竞争力。

保税区一日游的流程：出口复进口（俗称一日游）

发货人或其代理人提供出口销售合同、发票、装箱单、出口报关单和海关需要的相关单证，按海关规定办理出口货物报关、货物备案出境，可办理相应的收汇核销、退税；保税仓库填制中华人民共和国海关出境货物备案清单→运货进保税仓库→收货人或其代理人提供进口发票、装箱单、进口报关单和海关需要的相关进口单证，按海关规定办理进口报关手续，缴纳进口关税；保税仓库填制中华人民共和国海关进境货物备案清单→结关、备案进境核销后，收货人安排拖车入区到仓库提货→工厂卸货。

"保税一日游"业务的优势：

（1）货物进保税区视同出口，既可办理出口收汇核销、退税、核销手册。

（2）报关、报检可以一批进，分批出。

（3）取代货物境外游、香港游，节省物流成本，缩短供货时间，进出保税仓库存放不用移场，费用低。

（4）加工贸易企业的产品可供国内其他的加工贸易企业作为出口产品的料件，或者供国内可以享受该产品免税政策的企业使用。

（5）通关速度快，如进、出口货双方都是用手册报关，则只需海关编码前四位相同即可，若是一般贸易方式报关则须海关编码十位都得相同。

（6）对于原材料提供厂商，可以享受到国家出口退税的优惠，以退税后的商品价格参与市场竞争。

（7）对于原材料接收厂商，可以将采购国内料件及配件的退税时间提前，有效降低资金成本。

第八节　出口监管仓库货物入出仓手续及报关单的填制

一、出口监管仓库货物在仓库主管海关办理出口货物入仓报关手续的

1. 出口监管仓库货物在仓库主管海关办理出口货物入仓手续的，仓库经营企业应先向主管海关提出申请，并提交下列单证：

（1）出口监管仓库货物进（出）仓申请表（一式两份）；

（2）加盖出口监管仓库经营企业报关专用章的出口监管仓库货物入仓清单（一式三份）；

（3）货物所有人与仓库经营企业签订的仓储合同（协议）（复印件一式两份）；

（4）对外签订的货物出口合同或海关加工贸易手册（纸质或电子数据）；

（5）属于许可证件管理的货物，需提交相关证件；

（6）非自理报关的，应提供"代理报关委托书"；

（7）填制完整、准确的出口货物报关单。

2. 进仓报关单填制注意事项：

一般贸易出口货物、加工贸易出口货物存入出口监管仓库，由存入方填写出口报关

单，以下未列名的报关单其他栏目填制内容，仍按照《报关单填制规范》要求填制：

（1）"申报单位"填写实际报关单位的名称及编码；

（2）"经营单位"填写实际经营单位的名称及编码；

（3）"发货单位"填写实际发货单位的名称及编码；

（4）"贸易方式"按实际贸易方式填报；

（5）"运输方式"填写"监管仓库 1"；

（6）"运抵国"填写"中国，142"；

（7）"指运港"填写"中国境内，142"；

（8）"最终目的国"填写"中国，142"；

（9）"备注"栏填写存入出口监管仓库的名称，以及出口监管仓库货物入仓清单的编码。

3. 货物拼箱出口时，出口货物报关单和出口监管仓库货物出仓清单可按原入仓货物实际状态分别申报，但需在备注栏注明"拼箱货物"。

二、货物正常拼箱出口的

货物拼箱出口时，"出口货物报关单"和"出口监管仓库货物出仓清单"可按原入仓货物实际状态分别申报，但需在"出口货物报关单"和"出口监管仓库货物出仓清单"备注栏注明"拼箱货物"。

出口监管仓库货物在仓库主管海关办理出口货物入仓手续的，仓库经营企业应先向主管海关提出申请，并提交下列单证：

1. 出口监管仓库货物进（出）仓申请表（一式两份）；

2. 加盖出口监管仓库经营企业报关专用章的出口监管仓库货物入仓清单（一式三份）；

3. 货物所有人与仓库经营企业签订的仓储合同（协议）（复印件一式两份）；

4. 对外签订的货物出口合同或海关加工贸易手册（纸质或电子数据）；

5. 属于许可证件管理的货物，需提交相关证件；

6. 非自理报关的，应提供"代理报关委托书"；

7. 出口货物报关单。

注：一般贸易出口货物、加工贸易出口货物存入出口监管仓库，由存入方填写出口报关单。以下未列名的报关单其他栏目的填制内容，仍按照报关单填制规范填制，进仓报关单填制注意事项：

1. "申报单位"填写实际报关单位的名称及编码；

2. "经营单位"填写实际经营单位的名称及编码；

3. "发货单位"填写实际发货单位的名称及编码；

4. "贸易方式"按实际贸易方式填报；

5. "运输方式"填写"监管仓库 1"；

6. "运抵国"填写"中国，142"；

7. "指运港"填写"中国境内，142"；

8. "最终目的国"填写"中国，142"；

9. "备注"栏填写存入出口监管仓库的名称，以及出口监管仓库货物入仓清单的编码。注明"拼箱货物"。

三、为拼箱出口货物而进口的货物，以及为改换出口监管仓库货物包装而进口的包装材料存入出口配送型出口监管仓库的

填写进口报关单注意事项以下未列名的报关单其他栏目的填制内容，仍按照《报关单填制规范》填制：

1. "申报单位"填写实际报关单位的名称及编码；

2. "经营单位"填写实际经营单位的名称及编码；

3. "收货单位"填写出口监管仓库经营单位的名称及编码；

4. "贸易方式"填写"保税仓库货物，1233"；

5. "运输方式"填写实际运输方式；

6. "备注"栏填写存入出口监管仓库的名称，以及出口监管仓库货物入仓清单的编码。

四、以转关运输方式存入出口监管仓库的

在启运地海关办结出口报关手续的出口货物的，以转关运输方式存入出口监管仓库的，仓库经营企业应向主管海关提交以下单证：

1. 出口监管仓库货物进（出）仓申请表（一式两份）；

2. 加盖出口监管仓库经营企业报关专用章的出口监管仓库货物入仓清单（一式三份）；

3. 进/出口转关货物申报单或进/出境载货清单；

4. 货物所有人与仓库经营企业签订的仓储合同（协议）（复印件一式两份）；

5. 对外签订的货物出口合同；

6. 海关监管需要的其他单证。

经海关审核同意货物进仓的，主管海关在出口监管仓库货物进（出）仓申请表（第二联）加盖"验讫章"，并附出口监管仓库货物入仓清单（一式三份）、仓储合同（协议）、出口货物报关单制作关封交企业签收，企业凭关封到通关现场办理出口报关手续。

出口监管仓库货物办结出口报关手续后存入仓库的，仓库企业应在出口监管仓库货物入仓清单上签名确认，并于办结出口报关手续后5个工作日内交送仓库主管海关登记确认。仓库经营企业未在规定限期内办理报关手续的，应将有关单证退还仓库主管海关。

五、办理入仓货物集中报关的

出口监管仓库货物原则上应按入仓票数逐票办理出口货物报关入仓手续。对批量少、批次频繁的入仓货物，经主管海关批准后，可以按集中报关方式办理货物入仓手续。入仓

集中报关应采取事前申请、事后报关的方式办理。

1. 出口监管仓库申请以集中报关方式办理货物入仓手续的，应在货物入仓前填制出口监管仓库货物集中报关申请表向仓库主管海关提出申请。对准予集中报关的，海关予以签发出口监管仓库货物集中报关审核表，并批注相关要求。

对办理集中报关出口监管仓库企业的要求：

（1）申请集中报关的出口监管仓库应具备与海关联网监管条件，每一批入库货物的信息应通过网络向海关报送；

（2）根据企业资信状况，仓库主管海关可收取保证金；

（3）入库货物集中报关的期限不得超过1个月，并且不得跨年度办理；

（4）对集中报关入仓的货物，在办结进仓报关手续前，不得提前办理出仓报关手续。

2. 申请办理集中报关方式的出口监管仓库企业，经海关审核后以集中报关方式办理货物入仓手续的，经营企业应汇总规定时间段内的出口监管仓库货物入仓清单数据，并备齐以下单证，在规定的时间内向主管海关通关部门申请办理集中报关手续：

（1）加盖出口监管仓库经营企业报关专用章的出口监管仓库货物入仓清单；

（2）对外签订的货物出口合同或海关加工贸易手册（纸质或电子数据的）；

（3）属于许可证件管理的，需提交相关许可证件；

（4）海关认为需要提供的其他资料。

六、海关签发出口货物报关单证明联

海关签发出口货物报关单证明联（包括出口退税和结汇核销联）分两种情形：

1. 存入享受入仓退税政策出口监管仓库的货物，仓库主管海关在货物办结出口报关和入仓手续后，即予签发出口货物报关证明联；对转关存入享受入仓退税政策出口监管仓库的货物，仓库主管海关在货物入仓后核销转关申报单，向启运地海关发送结关核销电子回执，由启运地海关签发出口货物报关证明联。

2. 存入不享受入仓退税政策出口监管仓库的货物，仓库主管海关在核实货物已经全部实际离境后，予以签发出口货物报关证明联；对转关存入不享受入仓退税政策出口监管仓库的货物，仓库主管海关在货物实际离境后，再向启运地海关发送结关核销电子回执，由启运地海关签发出口货物报关证明联。

七、出口监管仓库出仓货物的报关

1. 口岸海关与仓库主管海关在同一隶属海关（办事处）的

出口监管仓库在仓库主管海关申报出仓，并从本仓库主管海关口岸出境的，即口岸海关与仓库主管海关在同一隶属海关（办事处）的，企业直接在主管海关通关现场办理报关手续，并提交以下单证：

（1）出口监管仓库货物进（出）仓申请表（一式两份）；

（2）加盖出口监管仓库经营企业报关专用章的出口监管仓库货物出仓清单（一式三份）；

（3）非自理报关的，应提供代理报关委托书；

（4）运输工具装运单证；

（5）海关监管需要的其他单证；

（6）"出口货物报关单"。

注：出口监管仓库货物出仓运往境外的（填写出口报关单）（未列名的其他报关单填制内容，按照报关单填制规范填制），出口报关单的填制注意事项：

（1）"申报单位"填写实际报关单位的名称及编码；

（2）"经营单位"填写出口监管仓库经营单位的名称及编码；

（3）"发货单位"填写出口监管仓库经营单位的名称及编码；

（4）"贸易方式"填写"保税仓库，1233"；

（5）"运输方式"根据实际运输方式按海关规定的《运输方式代码表》选择相应的运输方式；

（6）"运抵国"填写实际最后运抵国；

（7）"指运港"填写实际最终港；

（8）"最终目的国"填写出口货物的最终实际消费、使用或进一步加工制造国家（地区）；

（9）"备注"栏填写对应出口监管仓库的名称，出口监管仓库货物出仓清单的编号，以及出口监管仓库原进仓报关单编号；

（10）出口监管仓库货物出仓实际离境，应申报报关单电子数据。

2. 在同一直属关区，但不在同一隶属海关（办事处）的

出口监管仓库在仓库主管海关申报出仓，如口岸海关与仓库主管海关均属在同一直属关区，但不在同一隶属海关（办事处）的，原则上按"转关运输"方式办理通关手续，经企业申请、主管海关审核同意的，企业可凭主管海关出具通的关封，在口岸海关办理通关手续；如口岸海关与仓库主管海关不在同一直属关区内的，按转关运输方式办理相关通关手续。企业应提交以下单证：

（1）出口监管仓库货物进（出）仓申请表（一式两份）；

（2）加盖出口监管仓库经营企业报关专用章的出口监管仓库货物出仓清单（一式三份）；

（3）非自理报关的，应提供代理报关委托书；

（4）进/出口转关货物申报单或进/出境载货清单；

（5）海关监管需要的其他单证；

（6）出口货物报关单。

注：出口监管仓库货物出仓运往境外的（填写出口报关单）（未列名的其他报关单填制内容，按照报关单填制规范填制），出口报关单的填制注意事项：

（1）"申报单位"填写实际报关单位的名称及编码；

（2）"经营单位"填写出口监管仓库经营单位的名称及编码；

（3）"发货单位"填写出口监管仓库经营单位的名称及编码；

（4）"贸易方式"填写"保税仓库，1233"；

（5）"运输方式"根据实际运输方式按海关规定的《运输方式代码表》选择相应的运输方式；

（6）"运抵国"填写实际最后运抵国；

（7）"指运港"填写实际最终港；

（8）"最终目的国"填写出口货物的最终实际消费、使用或进一步加工制造国家（地区）；

（9）"备注"栏填写对应出口监管仓库的名称，出口监管仓库货物出仓清单的编号，以及出口监管仓库原进仓报关单编号；

（10）出口监管仓库货物出仓实际离境，应申报报关单电子数据。

3. 不在仓库主管海关申报出仓，从口岸海关直接申报出境的

出口监管仓库不在仓库主管海关申报出仓，从口岸海关直接申报出境的，按以下程序办理手续：仓库主管海关对仓库经营企业提交的"出口监管仓库货物进（出）仓申请表"和"出口监管仓库货物出仓清单"进行审核，并开具"海关出口监管仓库货物口岸申报业务联系单"。企业在口岸海关办理报关手续时，应提交以下单证：

（1）出口监管仓库货物进（出）仓申请表（一式两份）；

（2）加盖出口监管仓库企业报关专用章的出口监管仓库货物出仓清单（一式三份）；

（3）非自理报关的，应提供代理报关委托书；

（4）进/出境载货清单及随附单证；

（5）海关出口监管仓库货物口岸申报业务联系单；

（6）海关监管需要的其他单证；

（7）出口货物报关单。

注：出口监管仓库货物出仓运往境外的（填写出口报关单）（未列名的其他报关单填制内容，按照报关单填制规范填制），出口报关单的填制注意事项：

（1）"申报单位"填写实际报关单位的名称及编码；

（2）"经营单位"填写出口监管仓库经营单位的名称及编码；

（3）"发货单位"填写出口监管仓库经营单位的名称及编码；

（4）"贸易方式"填写"保税仓库，1233"；

（5）"运输方式"根据实际运输方式按海关规定的《运输方式代码表》选择相应的运输方式；

（6）"运抵国"填写实际最后运抵国；

（7）"指运港"填写实际最终港；

（8）"最终目的国"填写出口货物的最终实际消费、使用或进一步加工制造国家（地区）；

（9）"备注"栏填写对应出口监管仓库的名称，出口监管仓库货物出仓清单的编号，以及出口监管仓库原进仓报关单编号；

（10）出口监管仓库货物出仓实际离境，应申报报关单电子数据。

八、出口监管仓库货物出仓转国内进口的

出口监管仓库货物出仓转国内进口的，出口监管仓库经营企业应向主管海关提交书面申请报告及出口监管仓库货物进（出）仓申请表（一式两份）。海关审批同意后，根据贸易管制有关规定，按照实际贸易方式和货物实际状态在仓库主管海关办理进口手续。分以下三种情况报关：

1. 出口监管仓库货物出仓转为加工贸易进口或转入国内市场销售的

由实际提货单位填写进口报关单，未列名的其他报关单填制内容，按照《报关单填制规范》填制：

（1）"申报单位"填写实际报关单位的名称及编码；

（2）"经营单位"填写实际经营单位的名称及编码；

（3）"收货单位"填写实际收货单位的名称及编码；

（4）"贸易方式"填写实际贸易方式；

（5）"运输方式"填写"监管仓库，1"；

（6）"运抵国"填写"中国，142"；

（7）"指运港"填写"中国境内，142"；

（8）"备注"栏填写对应出口监管仓库的名称，以及出口监管仓库货物出仓清单的编号；

（9）"关联备案号"填写"CJ＋出口监管仓库10位数编码"。

随附单证："出口监管仓库货物进（出）仓申请表"（一式两份）。

2. 出口监管仓库货物出仓转至保税仓库继续实施保税监管的

由出口监管仓库填写出口报关单，保税仓库按《保税仓库报关单填制注意事项》填写进口报关单，（未列名的其他报关单填制内容，按照《报关单填制规范》填制）：

（1）"申报单位"填写实际报关单位的名称及编码；

（2）"经营单位"填写转出出口监管仓库经营单位的名称及编码；

（3）"收货单位"填写转出出口监管仓库经营单位的名称及编码；

（4）"贸易方式"填报"保税间货物，1200"；

（5）"运输方式"填写"其他运输，9"；

（6）"运抵国"填写"中国，142"；

（7）"装运港"填写"中国境内，142"；

（8）"备注"栏须填写"转至＋转入保税仓库的名称及电子账册编号，对应转出出口监管仓库的名称，以及出口监管仓库货物流转申请表编号"；

（9）"关联备案号"填写保税仓库电子账册编号。

随附单证："出口监管仓库货物进（出）仓申请表"（一式两份）。

3. 从其他出口监管仓库（保税仓库）转出的出口货物存入出口监管仓库的

由转出方填写出口报关单，未列名的其他报关单填制内容，按照《报关单填制规范》填制：

(1)"申报单位"填写实际报关单位的名称及编码；

(2)"经营单位"填写转出出口监管仓库经营单位的名称及编码；

(3)"收货单位"填写转出出口监管仓库经营单位的名称及编码；

(4)"贸易方式"填报"保税间货物，1200"；

(5)"运输方式"填写"其他运输，9"；

(6)"运抵国"填写"中国，142"；

(7)"指运港"填写"中国境内，142"；

(8)"最终目的国"填写"中国，142"；

(9)"备注"栏须填写"转自＋转出出口监管仓库的名称，出口监管仓库货物流转申请表编号，（"转自＋转出保税仓库的名称及电子账册编号，保税仓库货物流转申请表编号）存入出口监管仓库的名称；

(10)"关联备案号"填写"CJ＋转入出口监管仓库 10 位数编码"。

随附单证："出口监管仓库货物进（出）仓申请表"（一式两份）。

九、货物因故退运进境的

已经出仓离境的出口监管仓库货物因故退运进境的，按海关退运货物的有关规定在口岸海关办理通关手续，退运进境的货物不得再转入出口监管仓库。海关已签发报关单退税证明联的货物退运时，出口企业应向海关提供税务机关证明相关货物未办理出口退税或所退税款已退还税务机关的证明文件。

十、办结出仓报关手续

出口监管仓库货物申报出仓后，应在 3 天内及时办结出仓报关手续，出口监管仓库经营企业应在经口岸海关签印的报关单以及"出口监管仓库货物出仓清单"上签名确认，并予办结出仓报关手续后 5 个工作日内送主管海关登记确认。经营企业未在规定期限内办理报关手续的，应将有关单证退回仓库主管海关。

中华人民共和国海关出口转关运输货物申报单

预录入号：1147019999503448　　　　　　　　　　编号：1147012248501627

进出境运输工具名称：RIVER WISDOM	航次（航班）：164E	监管方式：批量转关	境内运输方式：水路运输			
提(运)单总数：1　货物总件数：2200　货物总重量：19720.8　集装箱总数：1　境内运输工具：赣南昌货0939						
境内运输工具名称	提(运)单号	集装箱号	货名	件数	重量	关锁号	个数
4007550007 赣南昌货0939	COSU6016585630	CBHU5554835	桔子罐头	2200.00	19720.80	N896678	1

以上申报属实，并承担法律责任，保证在　日内将上述货物完整运抵　　海关。
申报人：　年 月 日

启运地海关批注：

经办关员：　　　（签章）　年 月 日

出境地海关批注：

经办关员：　　　（签章）　年 月 日

中华人民共和国海关进口转关运输货物申报单
1122489999528401

预录入号：1122489999528401　　　　　　　　　　编号：1122484708502164

进出境运输工具名称：RIVER WISDOM	航次（航班）：163W	监管方式：批量转关	境内运输方式：水路运输			
提(运)单总数：1　货物总件数：10　货物总重量：31116.000　集装箱总数：2						
境内运输工具名称	提(运)单号	集装箱号	货名	件数	重量	关锁号/个数
2243550258/ FANYATAICANG	COSU8005420520	CBHU1694762 CBHU6272348		10	31116.000	N962235/1 N962238/1

以上申报属实，并承担法律责任，保证在　日内将上述货物完整运抵　　海关。
申报人：　年 月 日

进境地海关批注：

经办关员：　　　（签章）　年 月 日

指运地海关批注：

经办关员：　　　（签章）　年 月 日

十一、非保税区专门从事进/出口集装箱分拨/拼箱的保税监管仓库（集装箱场站CFS）

对于早期设立在非保税区专门从事进/出口集装箱分拨/拼箱的保税监管仓库（集装箱场站CFS），进/出口集装箱分拨/拼箱保税监管仓库经营人应向海关申请进/出口集装箱分拨/拼箱保税监管仓库的经营资质，经主管仓库海关审批同意并设立现场办公场所，方可经营进/出口集装箱分拨/拼箱业务。其业务流程比在保税区内的保税仓库/出口监管仓库的操作简单。

（一）进口集装箱分拨货物

进口集装箱分拨经营人（无船承运人）接到船舶代理人进口集装箱分拨舱单电子或纸质通知后，向进口口岸海关提交电子或纸质的进口集装箱分拨货物申请表，并同时通知进/出口集装箱分拨/拼箱保税监管仓库经营人接箱、入库、拆箱、分拨。

1. 货物进库场，接受单证，凭委托人传真或通知安排拆箱计划

进/出口集装箱分拨/拼箱保税监管仓库业务室按进口集装箱分拨货物申请表通知海关批准的具备海关监管条件的承运车队到船舶代理取设备交接单，安排提箱计划，提箱进集装箱分拨/拼箱保税监管仓库。保税监管仓库凭委托人指令缮制进库单，货物进场后安排拆箱/派单作业。

（1）进库货：如集装箱内货物暂存入库，进库单（一式三联）按一箱一单缮制。

（2）直提货：如收货人从集装箱内直接提货，进库单按收货人的提货单一批一单缮制。同时缮制出库单一批一单与进库单对应。

（3）特殊货物（大件、易碎、贵重）：在货物包装上加盖装卸识别印章后，交现场主管派单卸装。

2. 拆箱理货，持进库单核对箱号，拆箱理货

（1）大件、易碎、贵重货物：等现场指挥到场后，按要求开箱操作卸装。

（2）进库单：理货验收填写实收数，遇包装破损、数量不符时在进库单上加批注，并同时在理货单上加批注。

（3）直提货：收货人现场验收，在出库单上签收。

3. 货物入库堆码，安排指定库位堆存

（1）在进库单上填写库位。

（2）库位卡贴在所存库位的货物上。

4. 货物信息录入，进库单（含出库单）返回业务室

（1）进库货：进库单第一联按货物流向归入进口集装箱分拨货物申请表核销。

（2）直提货：向收货人收取相关费用，出库单第三联交收货人（或驾驶员）留存。

（3）出库提货：凭货主或提货人提供的海关放行提货单缮制出库单，与库存货物复核、验放。

（4）单证归档：发货人操作完毕，单证交回业务室归档，由业务人员把进出仓货物数据输入电脑发送海关数据库核销。

5. 月度业务量报核

每月初，按海关规定向海关报送《海关监管场所业务量情况一览表》（月度报表）核对。

进口集装箱分拨货物申请表
（代进口集装箱分拨舱单）

船舶呼号：**VREC**   分拨编号：**110217900228**

英文船名/航次	COSCO PACIFIC/008E		提单号	HAMSHA110000827	港区	洋山一期	到港日期	2011-8-20
中文船名	中远太平洋		境外委托公司	SEVEN SEAS			联系电话	53854526
箱号/封号	PCIU2969899/SK025437		申请公司	上海中远物流货运分公司			联系电话	63645660

序号	分拨提单号	H B/L NO	合约或唛头	品名规格	件数	重量（KGS）	体积（M³）	收货单位
1	HAMSHA110000827＊01	300711310908D	AVANTI WIND	控制箱	2 P'KGS	422.00	1.501	WEISS—ROHLIG CHINA CO., LTD
2	HAMSHA110000827＊02	300711310908E	FEBI/FEBI TRADING	汽车零件	11 P'KGS	1453.50	7.210	WEISS—ROHLIG CHINA CO., LTD
3	HAMSHA110000827＊03	300711310912	0032187101	原材料制品等	5 P'KGS	5155.00	10.725	WEISS—ROHLIG CHINA CO., LTD
4	HAMSHA110000827＊04	300711310913	0032174382	原材料制品等	3 P'KGS	3196.50	3196.50	WEISS-ROHLIG CHINA CO., LTD
	1×20′			合计	21P'KGS	10227	26.980 CBM	

上海远洋国际集装箱储运公司
进出库单（库位卡）

打印日期：

船名/航次		集装箱号	
分拨提单号		唛头	
货名	数量		包装
重量	体积		库位
备注：			
入库签字：	发货签字：		保管员签字：
日期：	日期：		日期：

制单人：

注：进出库单（库位卡）一式三联：第一联仓库业务留存，第二联库位卡（随货入库，贴货物明显处），第三联驾驶员回执。

进口分拨货物仓库业务量月度报表
海关监管场所业务量情况一览表（月度报表）

序号	场所名称	监管运输工具	监管运输工具总数	进口提货单数量（票）	出口提货单数量（票）	进出口货单运总量（吨）	集装箱总数
2010年6月	上海远洋国际集装箱储运公司	汽车	245 次	2492 票	2684 票	13107 吨	544 自然箱

制单人：

6. 进口分拨货物报关

收货人或其代理人按一般贸易进口货物的报关手续办理报关，提交进口货物提单、发票、装箱单及海关需要的相关单证，若属于进口许可类的货物提交进口货物许可证等。缴纳进口关税，办理结关手续，海关放行后，凭该有海关放行章的提货单到进/出口集装箱分拨/拼箱保税监管仓库付清仓库产生的费用、提货，海关现场关务人员核对有海关放行章的提货单放货。

（二）出口拼箱货物

发货人向出口集装箱拼箱经营人（无船承运人）订舱，提交全套出口报关单证及相关文件；出口集装箱拼箱经营人（无船承运人）通知发货人将货物送到指定的进/出口集装箱分拨/拼箱保税监管仓库，仓库按委托人通知进行接货、签收、入库工作。

出口集装箱拼箱经营人（无船承运人）把不同发货人到同一目的港的拼箱货收集，缮制集拼货予配清单，到船舶代理人处海运整箱订舱。

1. 货物进库场

（1）接受单证：凭送货人提交送货单的相关内容缮制进库单（一式三联）。

（2）派单收货：登记后指派仓库管理人员收货。

① 一般货物由接单员依次派单卸装；

② 特殊货物（大件、易碎、贵重）：在货物包装上加盖装卸识别印章后，交现场主管派单卸装。

2. 理货验收

持进库单核对车号、理货验收、填写实收数；遇包装质量问题加批注由送货人签字确认。

3. 货物入库堆码，按集拼货予配清单的货物流向存放指定库位堆存

（1）在进库单上填写库位。

（2）库位卡贴在所存库位的货物上，同目的港的货物用同色标签。

4. 货物信息录入，进库单（含出库单）返回业务室

（1）进库货：进库单第一联返回仓库业务室，电脑录入登记。

（2）向发货人收取相关费用，进库单第三联收货、盖章交发货人（或驾驶员）留存。

（3）货未到齐，包装异样等情况即与客户联系并做记录。

5. 货存异常处理

（1）当日进库货物查验，打印当日库存清单复核。

（2）发现包装破损、异状应填写异状报告；联系客户处理货物异状报告。

6. 货物拼箱出库

（1）按集拼货予配清单照单与已存仓库的货物对货。

（2）按出口集装箱拼箱经营人（无船承运人）指令落实集装箱设备交接单，调运空箱进场待装箱。

（3）如出口集装箱拼箱经营人（无船承运人）对集拼货予配清单进行更改、调整，要求其发送书面通知并签名确认。

（4）制作箱单：核对集拼货予配清单或装箱单后制装箱清单（一式三份；外轮理货、装箱员、仓库管理员各执一份），在装箱清单上要注明具体要求或注意事项。

（5）货物出库装箱：装箱人员认真阅读装箱清单，了解货物包装情况、重量、尺码，

按配载顺序依次出库；货物出库验放时要核对装箱清单和库位卡上的货物是否相符；装箱时应考虑货物重下轻上；装箱完毕，应回库检查，防止货物遗漏。

（6）审核单证：以仓库管理员提交的库位卡和处理的理货单为依据，对照装箱人的装箱清单审核。

（7）制图施封：制作集装箱积载图，把集装箱积载图贴在箱门内；关箱门施封志。

7. 拼箱货物出口报关

出口集装箱拼箱经营人（无船承运人）按一般贸易出口货物的报关手续办理报关，提交出口货物装货单（场站收据）、发票、装箱单及海关需要的相关单证，若属于出口许可类的货物提交出口货物许可证等，办理结关手续，海关放行、货物出境后，出口集装箱拼箱经营人签发分提单（HOUSE BILL OF LADING）给发货人，发货人凭海关签发的外汇核销单结汇。

8. 集港调渡，及时联系车队送箱集港。

9. 单证归档：进库单、予配清单、装箱清单、装箱单应归档仓库业务室存放。

拼箱货物入库验收单

当天气象情况：　　　　送货车号：　　　　总托数：

验收单号：		进仓编号：		进库标志：	
货主：		货名：	应收件数：		实收件数：
受潮件数：		破损件数：	每件托数：		体积：
唛头：		存放库位：	进库人签字		出库人签字
送货人签字：					
备　注					

制单人：　　　收货人：　　　仓库保管员：　　　审核员：

集拼货予配清单

8月　"COSCO SHENZHEN"轮　　　航次：0067W　　　　第　页

提单号	品名	件数	毛重（公斤）	尺码（立方米）	目的港	运价	委托方	备注	进仓编号
COSU6016787654	汽车零件	50CASES	15.000	15	LONDON		A.B.	1#	0001
COSU6016787655	塑料制品	80 CASES	1.600	10	LONDON		X.Y.	2#	0002

拼箱积载图
STOWANG PLAN OF CONSOLIDATION

VESSEL 船名：COSCO SHENZHEN   VOY. NO. 航次 0067W   PORT OF DISCHARGE 目的港：LONDON

```
                                              ┌──────────┐
                                              │          │
                                              │  箱门    │
    0002♯   80CASES 塑料制品                   │  DOOR    │
                                              │          │
                                              │          │
    0001♯   50CASES 汽车零件                   └──────────┘
```

CONTAINER NO   TYPE OF CONTAINER   MADE BY 制图：

箱号 CBHU 1989789   箱型 20′/40′   DATE 日期：2011 年 6 月 18 日

附件

海关特殊监管区域进出口货物报关单、
进出境货物备案清单填制规范

一、海关特殊监管区域（以下简称特殊区域）企业向海关申报货物进出境、进出区，以及在同一特殊区域内或者不同特殊区域之间流转货物的双方企业，应填制《中华人民共和国海关进（出）境货物备案清单》。特殊区域与境内（区外）之间进出的货物，区外企业应同时填制《中华人民共和国海关进（出）口货物报关单》，向特殊区域主管海关办理进出口报关手续。

货物在同一特殊区域企业之间、不同特殊区域企业之间或特殊区域与区外之间流转的，应先办理进口报关手续，后办理出口报关手续。

二、《中华人民共和国海关进（出）境货物备案清单》原则上按《中华人民共和国海关进出口货物报关单填制规范》的要求填制，对部分栏目说明如下：

（一）进口口岸/出口口岸

实际进出境货物，填报实际进（出）境的口岸海关名称及关区代码；

特殊区域与区外之间进出的货物，填报本特殊区域海关名称及关区代码；

在特殊区域内流转的货物，填报本特殊区域海关名称及关区代码；

不同特殊区域之间、特殊区域与保税监管场所之间相互流转的货物，填报对方特殊区域或保税监管场所海关名称及关区代码。

（二）备案号

进出特殊区域的保税货物，应填报标记代码为 H 的电子账册备案号；

进出特殊区域的企业自用设备、基建物资、自用合理数量的办公用品，应填报标记代码为 H 的电子账册（第六位为 D）备案号。

（三）运输方式

实际进出境货物，应根据实际运输方式，按海关规定的《运输方式代码表》选择填报相应的运输方式；

同一特殊区域或不同特殊区域之间、特殊区域与保税监管场所之间流转的货物，区内企业填报"其他运输"（代码 9）；

特殊区域与境内（区外）（非特殊区域、保税监管场所）之间进出的货物，区内、区外企业应根据实际运输方式分别填报，"保税港区/综合保税区"（代码 Y），"出口加工区"（代码 Z）。

（四）运输工具名称

同一特殊区域或不同特殊区域之间、特殊区域与保税监管场所之间流转的货物，在出口备案清单本栏目填报转入方关区代码（前两位）及进口报关单（备案清单）号，即转入 ××（关区代码）××××××××（报关单/备案清单号）。

（五）贸易方式（监管方式）

特殊区域企业根据实际情况，区内企业选择填报下列不同性质的海关监管方式：

1. 下列进出特殊区域的货物，填报"料件进出区"（代码 5000）：

（1）区内物流、加工企业与境内（区外）之间进出的料件（不包括经过区内企业实质性加工的成品）；

（2）上述料件因故退运、退换的。

2. 区内企业从境外购进的用于研发的料件、成品，或者研发后将上述货物、物品退回境外，但不包括企业自用或其他用途的设备，填报"特殊区域研发货物"（代码 5010）。

3. 区内加工企业在来料加工贸易业务项下的料件从境外进口及制成品申报出境的，填报"区内来料加工"（代码 5014）；

4. 区内加工企业在进料加工贸易业务项下的料件从境外进口及制成品申报出境的，填报"区内进料加工"（代码 5015）。

5. 下列进出特殊区域的货物，填报"区内物流货物"（代码 5034），不得再使用"5033"填报：

（1）区内物流企业与境外进出的用于仓储、分拨、配送、转口的物流货物；

（2）区内加工企业将境内入区且未经加工的料件申报出境。

6. 下列进出特殊区域的成品，填报"成品进出区"（代码 5100）：

（1）区内企业加工后的成品（包括研发成品和物流企业简单加工的成品）进入境内（区外）的；

（2）上述成品因故在境内（区外）退运、退换的。

7. 下列进出特殊区域的企业自用设备、物资，填报"设备进出区"（代码 5300）：

（1）区内企业从境内（区外）购进的自用设备、物资，以及将上述设备、物资从特殊区域销往境内（区外）、结转到同一特殊区域或者另一特殊区域的企业，或在境内（区外）

退运、退换；

（2）区内企业从境外进口的自用设备、物资，申报进入境内（区外）。

8. 区内企业从境外进口的用于区内业务所需的设备、基建物资，以及区内企业和行政管理机构自用合理数量的办公用品等，填报"境外设备进区"（代码 5335）。

9. 区内企业将监管方式代码"5335"项下的货物退运境外，填报"区内设备退运"（代码 5361）。

10. 区内企业经营来料加工业务，从境外进口的料件复出境的，填报"来料料件复出"（代码 0265）。

11. 区内企业经营来料加工业务，进境的料件出境退换的，填报"来料料件退换"（代码 0300）。

12. 区内企业经营来料加工业务，出境的成品返回区内退换的，填报"来料成品退换"（代码 4400）。

13. 区内企业经营进料加工业务，从境外进口的料件复出境的，填报"进料料件复出"（代码 0664）。

14. 区内企业经营进料加工业务，进境的料件出境退换的，填报"进料料件退换"（代码 0700）。

15. 区内企业经营进料加工业务，出境的成品返回区内退换的，填报"进料成品退换"（代码 4600）。

16. 特殊区域与境外之间进出的检测、维修货物，以及特殊区域与境内（区外）之间进出的检测、维修货物，区内企业填报"修理物品"（代码 1300）。

17. 区内企业将来料加工项下的边角料销往境内（区外）的，填报"来料边角料内销"（代码"0844"），将进料加工项下的边角料销往境内（区外）的，填报"进料边角料内销"（代码"0845"），不得再使用"5200"填报。

18. 区内企业将来料加工项下的边角料复出境的，填报"来料边角料复出"（代码"0864"），将进料加工项下的边角料复出境的，填报"进料边角料复出"（代码"0865"）。

19. 区内企业产品、设备运往境内（区外）测试、检验或委托加工产品，以及复运回区内，填报"暂时进出货物"（代码"2600"）。

20. 区内企业产品运出境内（区外）展览及展览完毕运回区内，填报"展览品"（代码"2700"）。

21. 无原始报关单的后续补税，填报"后续补税"（代码"9700"）。

三、上述填制规范适用于保税港区、综合保税区、出口加工区、珠澳跨境工业区（珠海园区）、中哈霍尔果斯边境合作区（中方配套区），保税区、保税物流园仍按现行规定填报。

二〇一〇年四月一日

本章小结

通过本章的学习，使学生能够把学习的书本知识与实际开展货物进出保税仓库的报关、报检业务相结合，做到理论联系实际。

本章关键词

1. 报检
2. 代理报检
3. 代理报检行为
4. 出境货物通关单
5. 出境货物换证凭单
6. 电子转单
7. 电子通关
8. 发货人
9. 收货人
10. HS 编码
11. 产地
12. 贸易方式
13. 报关单
14. 报关单位
15. 报关企业
16. 进出口货物收发货人
17. 报关
18. 通关
19. 报关员
20. 《关区代码表》
21. "一般征税" 货物
22. 保险费
23. 杂费
24. 毛重（千克）
25. 净重（千克）
26. 商品编号
27. 征免（规定）
28. 申报单位

29. 电子数据申报
30. 电子通关

本章习题

一、简答题

1. 在办理货物进出口时，哪些适应报检范围？
2. 检验检疫机构如何认定报检单位和个人的资格？
3. 代理报检单位的注册登记应当具备什么条件？
4. 申请代理报检单位如何办理注册登记？
5. 接受委托的代理报检单位应当完成哪些代理报检行为？
6. 简述代理报检单位的报检行为规则。
7. 简述代理报检单位的法律责任。
8. 在什么情况下，检验检疫机构可以取消其代理报检资格？
9. 如何办理出口货物出境报检？
10. 如何办理进口货物入境报检？
11. 说明出境货物的报检时限。
12. 说明货物入境的报检时限。
13. 写出入境货物报检应提供的单据。
14. 写出出境货物报检应提供的单据。
15. 申请电子报检的报检人应符合的条件和提供的资料？
16. 写出电子报检的一般工作流程。
17. 简述出境电子转单程序。
18. 简述入境电子转单程序。
19. 简述海关的报关管理制度。
20. 报关和通关有何区别？
21. 报关业务包括哪些内容？
22. 报关员在填制报关单时，合理审查包括哪些内容？
23. 企业报关员可以代理其他单位报关吗？为什么？
24. 报关员按照报关单位的要求和委托人的委托应依法办理哪些业务？
25. 报关职业基本技能主要体现在哪些方面？
26. 进出口货物报关单按使用性质分为几种？
27. 报关员在填制报关单时，应按照海关的要求做到哪几点？
28. 写出报关员配合海关办理出口查验流程步骤。
29. 写出海运进口货物报关流程。
30. 写出海运进口货物换单一般步骤。

31. 陆运报关流程和海运报关流程有哪些不同之处？
32. 国际铁路货物运输的进出口报关报检和其他运输方式有哪些不同之处？
33. 保税仓库货物进口时，如何办理货物入库手续？
34. 请根据本章内空白提单样张填写进境货物备案清单（221820111185095915）：

上海国瑞信物流有限公司（企业代码3122411392）于2011年7月22日从意大利（地区代码307）通过浦东机场（代码：2283）空运进口手提包196个。（非野生黄牛头层皮制），成交方式CIF，空运单号：05771121912－11248416，毛重363公斤，净重294公斤，单价：165.2925欧元，总价：48596.00欧元，收货人上海国瑞信物流有限公司委托上海奥吉实业有限公司于2011年7月26日通过电子输入数据到海关，办理进口备案报关，海关电子审核通过。货物放行后进上海外高桥保税园区（代码31224）保税仓库1548仓。

随附单证：发票，装箱单，提单。

二、案例分析

案例1

保税区转厂（跨关区）：东莞的Q公司和深圳的A公司都是来料加工厂，Q公司生产的成品如电阻要卖给A公司作料件，以往办理这种跨关区的"转厂"，手续很繁琐。现在他们选择了保税仓库后一切都变得简单了：Q公司办理东莞至福保的出口转关交货至福田保税区海格仓库视同出口，再用A公司的进口报关单办理货物进口手续，货物运输可由国内车辆完成。

案例2

美国某大型石油化工公司为了拓展在华南地区的市场，在深圳设立办事处。将化工塑胶粒大批量进入保税区，再根据客户的需求从保税区仓库提货，大大提高了买卖成交的速度及效率，节省了大量物流成本，提高了客户的可信度。目前美国菲利浦斯化工、中东卡塔尔化工已将货物大量存入广州保税区，并取得非常好的效益。

案例3

"保税一日游"

上海某家居股份有限公司正是利用了"保税区一日游"的政策，它把部分家具先是办理出口运入上海保税物流园区，然后再办理进口从里面运出来，运到上海的仓库，投放市场冒充进口家具。整个过程就是出口和进口这批货，其实还是在中国的国境里面，从它的进/出口报关单、产品出入境检验检疫单上可以看出：原产国写的是中国，贸易国别也是中国，启运的国家是中国，入境口岸是上海。

该公司此前一直宣称，他们销售的家具100%都是原装进口的，并一再强调他们不卖国产家具，同时还声称他们销售的家具都是实木的，但是经过消费者举报后，有关执法部门调查的情况显示，该公司所销售的家具有一部分是在国内生产的，生产厂家就在广东、浙江等地区，这些家具有的被运往国外，有的运到上海保税物流园区，再从上海保税物流园区报关进口，就成了该公司所说的原装进口的家具。

第四章　保税仓库经营者与存货人双方的责任和义务

本章导读

本章主要介绍了保管人与储存货人双方的责任和义务，仓储合同的格式、内容和相关条款，有利于学生理论与实践相结合。

学习目标

通过本章学习，使学生了解仓储合同是保管人储存存货人交付的仓储物，存货人支付仓储费的重要文件。了解存货人的责任与义务，保税仓库应当履行的责任和义务。对仓储合同洽谈有切身体会，更好地开展仓储业务。

第一节　仓储合同双方的责任与义务

一、仓储合同

仓储合同是保管人储存存货人交付的仓储物，存货人支付仓储费的合同。仓储合同自成立时生效。

保税仓库企业在接受委托方（存货人）交付的仓储物储存入库前，应当与委托方（存货人）签订书面的委托协议（仓储合同）。委托协议应当载明受托企业名称、地址、委托事项、双方责任、期限、委托人的名称、地址等内容，由双方签章确认。

二、保税货物存货人的责任与义务

1. 作为保税货物的存货人，应遵守国家有关法律规定和规章制度。存入保税仓库储存的货物，必须按海关对保税仓库货物入库存放的规定，不得存放国家明令禁止进境货物；不得存放按规定需提供许可证而企业不能提供的货物，如易制毒化学品、军民用化品、废品等，以及不是保税的货物。

我国《合同法》第 383 条第 1 款规定："储存易燃、易爆、有毒、有腐蚀性、有放射性等危险物品或者易变质物品，存货人应当说明该物品的性质，提供有关材料。"第 2 款规定："存货人违反前款规定，而造成货物的损坏，或给仓储方带来的直接损失和由此产生的费用由存货人承担。"

2. 保税货物的存货人不能把存放在保税仓库的储存货物作为舱单质押去向银行贷款。

3. 存货人要求保税仓库提供保税货物仓储物流管理和服务，对进出保税仓库的货物应提供进出口报关的提单、发票、装箱单、贸易合同、海关注册的企业代码、商品 HS 编码、准确的商品中文名称、商品数量和应提供给海关的关联单证资料，所有资料信息应准确无误。

4. 存货人储存的保税货物入库前应外包装完好交付保税仓库。

5. 应按仓储合同规定，交付货物储存期间发生的存储管理费、装卸费、理货费、增值服务费等和发生的其他相关物流费用。

三、保税仓库的责任

1. 保税仓库必须按照海关批准的保税仓库经营范围和商品种类经营保税仓储业务。

2. 保税仓库不得存放国家禁止进境货物，不得存放未经批准的影响公共安全、公共卫生或健康、公共道德或秩序的国家限制进境货物，以及其他不允许存入保税仓库的货物。

3. 我国《合同法》第 383 条第 2 款规定："存货人违反前款规定的，保管人可以拒收仓储物，也可以采取相应措施以避免损失的发生。"第 3 款规定："保管人储存易燃、易爆、有毒、有腐蚀性、有放射性等危险物品的，应当具备相应的保管条件。"该法还规定，保管人应当按照约定对入库仓储物进行验收。保管人验收时发现入库仓储物与约定不符合的，应当及时通知存货人。保管人验收后，发生仓储物的品种、数量、质量不符合约定的，保管人应当承担损害赔偿责任。存货人交付仓储物的，保管人应当给付仓单。保管人应当在仓单上签字或者盖章。仓单包括下列事项：

(1) 存货人的名称或者姓名和住所；

(2) 仓储物的品种、数量、质量、包装、件数和标记；

(3) 仓储物的损耗标准；

(4) 储存场所；

(5) 储存期间；

(6) 仓储费；

(7) 仓储物已经办理保险的，其保险金额、期间以及保险人的名称；

(8) 填发人、填发地和填发日期。

保管人根据存货人或者仓单持有人的要求，应当同意其检查仓储物或者提取样品。因仓储物的性质、包装不符合约定或者超过有效储存期造成仓储物变质、损坏的，保管人不承担损害赔偿责任。

4. 保税仓库货物，未经海关批准，不得擅自出售、转让、抵押、质押、留置、移作他用或者进行其他处置。

5. 保税仓库在完成存货人交付的任务后，按合同向存货人收取保税货物在储存期间发生的相关费用。

四、保税仓库应当履行的义务

1. 保税仓库经营企业负责人、保税仓库管理人员及专门负责货物进出保税仓库的关务人员应当熟悉海关有关法律法规，遵守海关监管规定，接受海关对保税仓库管理人员的培训。依法履行保税仓库应尽的职责，配合海关监管工作，不得违反海关监管的有关规定。

2. 保税仓库管理人应当按照约定对入库仓储的保税货物按海关批准的入库单据明细进行验收。管理人验收时发现入库仓储物与约定不符合的，应当及时通知存货人。

3. 保税仓库经营者应妥善保管储存期间的货物。

4. 保税仓库经营者不得将保税仓库转租、转借给他人经营，不得下设分库。

5. 保税仓库经营企业应当如实填写有关单证、仓库账册，真实记录并全面反映其业务活动和财务状况，编制仓库月度收、付、存情况表和年度财务会计报告，并定期以计算机电子数据和书面形式报送主管海关，完整保留委托单位提供的各种单证、票据、函电，接受海关稽查。

6. 海关对保税仓库实施计算机联网管理，并可以随时派员进入保税仓库检查货物的收、付、存情况及有关账册。海关认为必要时，可以会同保税仓库经营企业双方共同对保税仓库加锁或者直接派员驻库监管，保税仓库经营企业应当为海关提供办公场所和必要的办公条件。

7. 海关对保税仓库实行分类管理及年审制度，具体办法由海关总署另行制定。

8. 不得以任何形式出让名义，供他人办理与本保税仓库的货物进出库无关的报关业务。

9. 对于保税仓库的货物涉及走私违规情事的，应当接受或者协助海关进行调查。

五、海关对保税仓库经营人违规行为的行政处罚

1. 保税仓储货物在保税仓库内存储期满，未及时向海关申请延期或者延长期限届满后既不复运出境也不转为进口的，海关应当按照《中华人民共和国海关关于超期未报关进口货物、误卸或者溢卸的进境货物和放弃进口货物的处理办法》第五条的规定处理："保税货物、暂时进口货物超过规定的期限三个月，未向海关办理复运出境或者其他海关有关手续的；过境、转运和通运货物超过规定的期限三个月，未运输出境的，进口货物的收货人应当自运输工具申报进境之日起十四日内向海关申报。进口货物的收货人超过上述规定期限向海关申报的，由海关按照《中华人民共和国海关征收进口货物滞报金办法》的规定，征收滞报金；超过三个月未向海关申报的，其进口货物由海关提取依法变卖处理。"

2. 海关在保税仓库设立、变更、注销后，发现原申请材料不完整或者不准确的，应当责令经营企业限期补正，发现企业有隐瞒真实情况、提供虚假资料等违法情形的，依法

予以处罚。

3. 保税仓储货物在存储期间发生损毁或者灭失的，除不可抗力外，保税仓库应当依法向海关缴纳损毁、灭失货物的税款，并承担相应的法律责任。

4. 保税仓库经营企业有下列行为之一的，海关责令其改正，可以给予警告，或者处 1 万元以下的罚款；有违法所得的，处违法所得 3 倍以下的罚款，但最高不得超过 3 万元：

（1）未经海关批准，在保税仓库擅自存放非保税货物的；

（2）私自设立保税仓库分库的；

（3）保税货物管理混乱，账目不清的；

（4）经营事项发生变更，未按第十九条规定办理海关手续的。

5. 根据《海关行政处罚实施条例》，保税仓库经营单位如发生下列情形之一，在补征应纳税款（指进出口货物、物品应当缴纳的进出口关税、进口环节海关代征税之和）的基础上，处以货物价值（指进出口货物的完税价格、关税、进口环节海关代征税之和）5% 以上 30% 以下罚款，有违法所得的，没收违法所得；构成犯罪的，依法追究刑事责任：

（1）经营海关监管货物的运输、储存、加工、装配、寄售、展示等业务，有关货物灭失、数量短少或记录不真实，不能提供正当理由的；

（2）经营海关监管货物的运输、储存、加工、装配、寄售、展示等业务，不依照规定办理收存、交付、结转、核销手续的；

（3）有违反海关监管规定的其他行为，致使海关不能或者中断对进出口货物实施监管的。

违反本规定的其他违法行为，海关依照《中华人民共和国海关法》、《中华人民共和国海关法行政处罚实施细则》予以处罚。构成犯罪的，依法追究刑事责任。

第二节　保税仓储合同（范本）

合同编号：

保税仓储服务合同

甲方：　　　　　　　　　　　　　　　　　（保税货物存储人）

十位数代码：　　　　　　　　　　　　　　（企业在海关注册的代码）

法定代表人：

法定地址：　　　　　　　　　　　　　　　邮编：

经办人：　　　　　联系电话：　　　　　　传真：

银行账户：

乙方：　　　　　　　　　　　　　　　　　（保税仓储服务商）

法定代表人：

法定地址：　　　　　　　　　　　　　　　邮编：

经办人：　　　　　联系电话：　　　　　　传真：

银行账户：

鉴于：

一、乙方在从事保税仓储物流领域的丰富经验，具备完善的仓储设施和海关监管条件。

二、甲方希望获得乙方提供保税仓储、物流、额外服务和信息服务。

三、乙方愿意在合同期间为甲方提供保税仓储物流管理和服务。

甲、乙双方按照平等互利的原则，根据中华人民共和国法律、法规和海关法就以下条款达成一致：

第一条　定　　义

除非双方另有约定，本合同下列用语具有如下定义：

一、"合同"指本合同及双方达成一致并签章认可的与本合同有关的文件、附录及附录中所提到的其他文件。

二、"服务"指乙方为甲方提供的仓储、作业、相应的信息传递、反馈和相关的物流组织实施工作。

三、"通知"指甲方向乙方发出的书面需求通知，如合同书、信件、电子数据信息（电报、传真、电子邮件、电子交换数据等）可以有形地表现所载内容的形式。

四、"仓储责任期间"为乙方在入库单上签字表示接受货物起，至在入库单上签字表示交付货物止的时间（甲方到期不提货风险除外）。

五、"额外服务"指甲方因自身原因，要求乙方提供本合同之外的其他相关物流服务，可由双方另行书面约定。

第二条　服务与要求

一、甲方应遵守国家有关法律规定和规章制度，存入保税仓储存的货物，必须按海关对保税仓库货物入库存放的规定，不得存放国家明令禁止进境货物；不得存放按规定需提供许可证而企业不能提供的货物，如易制毒化学品、军民用化学品、废品等；不得存放未经批准的影响公共安全、公共卫生或健康、公共道德或秩序的国家限制进境货物，以及其他不允许存入保税仓库的货物。

二、甲方向乙方下达任何指示均应采用书面形式（信件、电报、传真、电子邮件、电子交换数据等），应明确、可辨识。甲方如因时间紧急，可采用口头指令，但必须在24 小时之内以书面形式对口头指令进行确认。乙方已经按照口头指令履行，是有效的履行。

三、乙方必须遵守国家有关法律法规，按照海关批准的保税仓库的经营范围和商品的种类经营保税仓储业务。乙方提供的仓库应当具备安全和防火措施、防水、干燥通风等基本条件。

四、乙方对本合同列名货物，根据甲方入库附件列名的服务要求，在双方选定的仓库内提供出入库装卸和存库期间的管理。在货物存库管理期间，乙方仅对货物的外包装负责，如果货物的外包装完好，则乙方不对包装内产品的损坏和质量的瑕疵负责。除非甲方有足够的证据证明乙方对包装内产品损坏负有直接责任的，乙方应当承担相应的损坏赔偿责任。

第三条　进库货物的交付与验收

一、货物交付前的通知和入库海关手续的办理

（一）甲方应当在货物到达前合理的时间内提供到货通知，以利乙方安排库容和人员。

（二）甲方在到货通知中应告知乙方与本合同中货物有关办理海关手续和仓储作业的信息，包括：

1. 对进保税仓库的货物应提供进口报关的提单、发票、装箱单、贸易合同、海关注册的企业代码、商品 HS 编码、准确的商品中文名称、商品数量和应提供给海关的关联单证、手册资料；所有资料信息应准确无误并委托乙方代为办理海关进口手续；甲方货物需要办理进口检验检疫手续的，甲方应当把有关办理进口检验检疫手续的文件和委托书交给乙方办理完手续后，货物方能存入仓库。

2. 货物名称、性质、重量、数量、规格、型号、批次、标记、安全并适合仓库储存的包装、特殊储存要求、储存量和周转期、货物的合理堆码方式以及所需最大最少面积等重要信息资料。

二、货物入库及验收

（一）乙方在接受入库货物时，应核对经海关审核同意货物入库的放行单，有权对货物的外包装进行验收。乙方验收时发现入库货物的外包装及外包装标志与到货通知中规定不相符的，有权拒收并通知甲方。

（二）甲方有权参加或授权第三方参加入库货物的验收。

（三）交货和验收工作完毕以乙方或者乙方与甲方/甲方授权的第三方共同签署入库单为标志。

第四条　货物的储存保管

一、甲方因需要，要求乙方对甲方在库内存储物进行非日常性的整理，甲方应支付库内整理所发生的如人工、搬运费等，如库内整理涉及的再移库，甲方应按照移库操作支付乙方费用。

二、在甲方包仓的情况下，如需增减仓容，则应提前通知乙方。如果甲方要求增减的仓容超过或者低于包仓仓容的_____％，则甲方必须提前_____个工作日通知乙方，在乙方同意后进行货物的增减并按新的仓容结算。

三、在长期储存非包仓的情况下，甲方应书面提供给乙方储存货物的最大最小量所需的仓容，乙方不承担超出该范围仓容所需的一切责任。如甲方实际占用仓容或实际储存量低于甲方提供的最小值，则应按照最小值结算仓租费用。

四、乙方按照甲方的要求分门别类摆放货物，甲方对货物堆码和仓库利用率的要求应明确合理，符合仓库条件和乙方管理的实际情况。

五、在仓储责任期间，乙方若发现货物有变质或者有其他损坏的可能性，危及其他货物的安全和正常保管的，乙方应立即通知甲方，并在征得甲方书面同意后做出必要的处理，将处置的结果及时告知甲方，由此行为而产生的合理费用应当由甲方承担。发现甲方货物临近失效期或有异状时应及时通知甲方，甲方未告知的除外。

六、在仓储责任期间，乙方有义务确保甲方货物的安全、完整；因乙方未按合同约定

义务对入库货物进行仓储、作业而导致货物变质、毁坏、灭失的，乙方应当承担损坏赔偿责任。赔偿金额以货物发生损失时所在仓储地的市场价格为准。

七、甲乙双方商定每月底共同对库内实物进行全面盘点，双方对盘点结果签名确认。如盘点账实不符，双方应在_____个工作日内查明原因予以调整；若无法查明原因，则乙方应赔偿盘亏价值减去盘盈价值与盘亏免赔额之后的差额。

第五条　货物出库交付和验收

一、甲方提货或需分批提货应提前通知乙方办理保税货物出库（或出保税区）的海关手续，甲方或甲方指定的提货人员应当凭乙方出具的海关核发正本入库单（或分批提货单）货单。

二、甲方或甲方指定的提货人员有权对货物的外包装进行检验。

三、货物出库交付和验收工作的完毕以乙方与甲方或甲方指定的提货人员共同签署的正本入库单（或分批提货单）。

第六条　信息服务

一、应甲方要求，乙方为甲方提供如下信息服务：各类报表、单证、海关检验检疫查验、报送信息的时间等。乙方应按照甲方要求提供信息服务，保证所提供信息的准确、及时。

二、信息服务内容需要变更增减，应得到乙方的同意认可。甲方应相应增加乙方增加信息服务内容的信息服务费。

第七条　额外服务

一、若乙方在甲方的书面指示下同意并为甲方提供了额外服务，如代理报关报检、安排运输、分拣包装、分级分类、加刷唛码、分拆、拼装等简单加工，甲方应依照乙方的通常服务费用标准向乙方支付额外服务费用，双方另有书面约定除外。

二、若情况紧急，为了甲方的利益，乙方可在未取得甲方书面指示的情况下为甲方提供了额外服务，但乙方应当事先以电话等口头形式与甲方协商一致，甲方应及时补充提供相应的书面文件，并向乙方支付由此而产生的额外费用。

第八条　财务结算

一、合同费率参见附件内容（由双方另外议定）。

二、双方以实际作业量或入库单（或其他原始单据）作为结算依据。

三、乙方每月于_____号前将上月费用账单核算完毕报给甲方，费用金额保留至小数点后两位。

四、甲方在每月_____号前确认上月费用账单，如甲方对账单没有疑义则应在_____号前确认，否则视为甲方认可；账单争议部分，双方应在 5 个工作日内解决，若无法如期解决，可将争议部分留至下月结算。

五、乙方在甲方确认账单后的_____天内，按要求开具发票寄给甲方，甲方于每月_____号前付款。逾期甲方须向乙方额外支付应付款额每日万分之五的违约金，违约金的计算期间为自款项到期之日起至甲方的款项付至乙方的账户上之日为止。

六、若乙方开具发票不及时而影响费用结算、付款，由乙方承担责任；因甲方核算、确认不及时，造成乙方不能及时开发票而影响付款，由甲方承担责任。

七、费率调整：费率在合同期间原则上不变，但在发生下列情况下可以调整费率：

（一）甲方未能提供有关产品的周转率、库存量、销量等必要信息或所提供的信息不实或有误，在此情况下，调整后的费率应追索调整到合同的生效时刻，并覆盖整个合同期间。

（二）经谈定的合同费率所依赖的客观形式发生了变化，如政府行为、法律法规的调整等。

第九条　免责条款

如发生下列情形，乙方不承担损害责任：

一、不可抗力。

二、因包装缺陷造成货物受损。

三、包装外表完好而内装的货物毁坏或灭失。

四、货物本身的自然性质变化或合理损耗。

五、因甲方或甲方代理人员、甲方指定提货人员的责任和过错造成的货物灭失或损坏。

六、甲方因违反国家有关法律、法规，致使货物被有关行政机关、司法部门查扣、弃置或其他处理。

第十条　保　险

一、乙方根据甲方委托可代理办理货物保险，险种为财产一切险（或根据甲方要求办理保险险种）。保险费由甲方承担。

二、乙方应给甲方储存的货物购买存储责任险。

三、发生保险范围内的事故后，乙方应当协助甲方向保险公司索赔。

第十一条　保密条款

一、甲乙双方不得泄露任何涉及与本合同双方有关的未公开的秘密信息，包括：双方的业务经营，营销渠道、标准、程序、价格、财务记录、协议、备忘录等（经合同双方事先同意的除外）。

二、合同一方如违反本条款规定，应当赔偿对方损失。

三、保密条款不因本合同终止而终止。合同双方对秘密信息承担的保密义务自获得秘密信息之日起算为期_____年。

第十二条　不可抗力

一、不可抗力事件是指不可预见、不可避免、不能克服的客观情况，包括战争、暴乱、骚乱、戒严、地震、台风、水灾、火灾等其他受影响一方不能控制的客观情况和自然灾害。

二、一方因不可抗力情况而不能履行本合同义务时，应及时通知另一方不可抗力的情况，出具不可抗力的有效证据，并应当采取合理措施尽量减少不可抗力事件的影响，尽可能地在最短时间内恢复履行本合同。

三、若发生不可抗力事件，任何一方无须对另一方因未能履行或延迟履行本合同而遭受的损失承担责任，不应视为违反本合同。

四、在发生不可抗力的情况下，本合同的义务履行期间可随情况的发展相应推迟。如不能履行义务超过_____天，履约双方中任何一方因利益得不到保证，有权解除合同。

第十三条　违约责任

一、任何一方不履行本合同项下的义务，或履行义务不及时不完整，则构成违约。违约方应当赔偿因其违约而导致合同对方当事人的费用和损失。

二、双方在履约合同中均出现违约行为，各自承担违约责任。

第十四条　一般性条款

一、本合同经双方有授权的代表签署并互换之日生效。

二、本合同的订立、效力、解释、履行、修改、终止和争议的解决，均适应中华人民共和国法律。

三、因市场变化和合同双方协作的要求，任何一方均可向对方提出修改、变更、补充合同的要求，并以书面协议方式进行，经双方签字盖章生效。

四、本合同未尽事宜，由合同当事人协商解决。若不能协商解决，本合同项下发生的任何争议或纠纷，应提交_____法院审理。

五、本合同正本一式两份，合同双方各执壹份。

甲方：　　　　　　　（签章）　　　　年　　　月　　　日

乙方：　　　　　　　（签章）　　　　年　　　月　　　日

本章小结

通过本章学习，使学生了解仓储合同保管人与存货人的责任与义务，熟悉仓储合同的内容，做到理论与实践相结合。

本章关键词

仓储合同

本章习题

一、简答题

1. 保税货物存货人的责任与义务是什么?

2. 保税仓库存储保税货物应负的责任有哪些?

3. 保税仓库应当履行哪些义务?

二、思考题

一般的仓储合同中,仓库经营人都会在合同中写上"置留"条款,以防止货物存储人破产或恶意不支付仓储费用时,仓库经营人通过"置留"存储的货物来要求货物存储人支付仓储费用,或通过"置留"存储的货物来抵押、变卖支付货物存储费。

1. 为什么在"保税仓储合同中不写入"置留"条款?请分析原因。

2. 如发生货物存储人破产或恶意不支付仓储费用时,你如何解决?

参 考 文 献

1.《中华人民共和国海关法》

2.《保税区海关监管办法》1997 年 8 月 1 日　海关总署发布

3.《海关总署关于公布〈海关监管方式名称及代码对照表〉的通知》1998 年 12 月 30 日　海关总署发布

4.《中华人民共和国进出口货物申报管理规定》2003 年 9 月 18 日　海关总署发布

5.《中华人民共和国进出口关税条例》2003 年 11 月 23 日　海关总署发布

6.《中华人民共和国海关对保税仓库及所存货物的管理规定》2003 年 12 月 5 日　海关总署发布

7.《中华人民共和国海关对出口监管仓库及所存货物的管理规定》2005 年 11 月　海关总署发布

8.《中华人民共和国海关进出口货物报关单填制规范》2008 年　海关总署发布

9.《中华人民共和国进出口货物申报管理规定》2003 年 9 月 18 日　海关总署发布

10.《上海外高桥保税区海关仓储物流电子监管系统操作手册》上海外高桥保税区海关

教学课件索取说明

各位教师:

  我社为方便本考试教材的教学需要,免费提供此教材的教学课件(PPT)或电子教案或教学大纲。为确保此课件仅作为教学之用,烦请填写如下内容并签字盖章后发送电子邮件至: 278056012@qq.com。我们核实无误后,将通过电子邮件发出。如对本教材编写有任何意见或建议,均可发送电子邮件至上述邮箱。如有不明之处,请询: 010—64243016 谢星光。

....

证　　明

  兹证明大学(学院)_____院/系_____年级_____名学生使用书名《　　　　》、作者:　　　　的教材,教授此课教师共_____位,现需要教学课件(PPT)或教学大纲或电子教案一套。

教师姓名:_____联系电话:_____

E-mail: _____

通讯地址: _____

邮政编码: _____

院/系主任:_____签字

(院/系公章)

_____年___月___日